穿越三个世纪

程怀澄　著

文匯出版社

代 序

世纪随想

程先生：

收到书稿后，两天读毕。有点亢奋，竟至失眠难寐。忆及那个在 JC penney 小小咖啡厅里，第一次与你和玉兰大姐的初识，转瞬已过去了三十多年。这些年里，我们共同经历了生命的跌宕起伏、快乐悲伤，也愈发理性真切地认识了彼此。如今连我们都步入逾越七旬的晚年，可谓历尽千帆，阅人无数。而在我们心里，程先生始终是一位温润如玉、高贵典雅的谦谦君子。无论风云变幻，世态炎凉，程先生总是宠辱不惊，从容淡定，一如故我，如纯真年代留下的一枚璞玉，难觅难寻。有时，常暗中思忖，是什么造就了一个如此不寻常的出类拔萃之辈?

读了《穿越三个世纪》，仿佛随先生穿越于时光隧道，走进杭州程家的深宅大院，稚子的读书声朗朗入耳。太平天国战乱中，程家逃出劫难的仅七人。其中唯一的女子钱太夫人背着五岁的幼儿颠沛流离。劫后以弱女子的双肩独自撑起程氏家业。她的深明大义，远见卓识，为程氏家族推开了走向世界的大门。以至后来的仰坡公程学銮仅二十岁考取举人，并出使日本，1918 年又成为中国驻法国参赞。他就是程先生的祖父。此后程先生的父亲亦留学美国，毕业于康奈尔大学。

都说三代才能造就一个贵族之家。注重文化教育，是程氏一族薪火相传、生生不息的根基。程先生的曾祖、祖父、父亲出身书香世家，皆不重权位钱财，却重学识才华和情义，亦痴迷于艺术欣赏及精美文物藏品。

初抵美国时，程先生靠一人的工资收入支撑一家生活，但竟收容一个访美画家在家中滞留两年多，衣食住行都由程先生从拮据的收入中支付。程先生在文中并无渲染他们一家的艰难付出。多年前偶尔与玉兰大姐闲聊，才听到大姐两年多将一位画家当贵客相待的点点滴滴。他们从未让客人知道自己的窘迫和难处。时时授人以鱼，却对自己获鱼之艰讳莫如深。这是对他人尊严发自心底的尊重。画家归国后成为国内颇负盛名的大家，其间程先生夫妇诚挚厚道，无怨无悔地默默付出，让人体悟到什么是真正的富有和高贵。

波澜壮阔的中华历史洪流，在无数个家庭的悲喜剧中汹涌奔流。程先生笔下程氏家族的故事，是中华历史交响乐中的一支短笛和双簧管，时而明亮跳跃，时而喑哑呜咽。那些血火飘摇，妻离子散，无名沉冤，都是整个家国无法忘却的创痛。难能可贵的是程先生的文字中，没有煽情的激愤，没有情绪化的怒不可遏，更没有呼天抢地的哀告。他的叙述从不失态，理性而克制。这是一种教养，一种修为，也是世世代代先人留在后代基因中的文化沉淀。但这并不是说君子无刚毅，无血性。

临出国前两年半，当中学教师的程先生临危受命，接下了全校最乱、最差的一个高中班的班主任。刚进教室第一天，一个小混混学生当众大打出手。教室里鸡飞狗跳，无人理睬第一次走进教室的摘帽右派班主任。见此情景，新班主任出手了。

“我要捣蛋的学生服，不能软而要硬。当时我是摘帽右派，帽子还在群众手里。我对我的处境很清楚，但我愿意帮校长解忧，我可以不计个人得失……我出手了，一把抓住捣乱的头头，使尽全力将他向一排课桌推去。只听哗啦啦一片响，那个同学倒在那儿。我立即宣布，大家把课桌放好放整齐，统统坐下，刚刚发生的乱象以后不准再有。我的行动使捣乱的学生意外，也使好学生感到意外。我以暴制暴，这个乱班从此不乱了。而那个被我一把推倒的学生是邻厂保卫科长的儿子。‘我的爸爸是李刚’，就是他当时的心态。我一动手，告诉全班同学，我是不怕李刚的。后来这个最乱的班成了好班，成了先进班。”

我把这段文字抄下来，是想说明，这些写出个性，写出人性的文字，有强烈的穿透力。程先生是君子，但也是有风骨的汉子，这才是真正的君子之风。

《红楼梦》中有名有姓的人物有七百多人。而程先生回国近一个月，会面的朋友就二百多人。若将诸多人物详细展开，将是一幅多么丰富绚丽的生活画卷！程先生笔下的程家后人，大多是素质优异、凭良心做事的中国读书人。而程先生自己，以独特的视角审视评价自己，以顽强的努力逆流而上，他心中有一套屹立不倒的价值观，深信深知自己是什么人，强加于他的欲加之罪根本不屑一顾。谦谦君子的心里，埋藏着倔强不屈的灵魂。他的锋芒深埋于心，关键时刻霹雳炸响，摄人心魄，但最后总以悲天悯人之心化干戈为玉帛。他的智慧化作高超的情商，让他在迷离的乱世红尘中闲庭信步。

程先生故乡杭州，原乡徽州，地地道道江南人。五七年之后因蒙冤贬居陕西，殊不知那竟是其先祖乔伯的发迹之地。多年之后，程先生从陕西登上飞往美国的航班，一天天走上事业人生的巅峰。命运给乔伯后世子孙的恩赐，每一样都要付出异乎寻常的辛劳。

“文锡兆锦良学本怀宝昌，福其祖有德善乃家之祥。”

这是一幅高悬于杭州义井巷二号程氏宗祠堂前的一副木刻对联。二十个字是程氏学名的排行，也是杭州程氏的家训。

程先生的名字排在“怀”字。两个儿子排在“宝”字辈。孙子为“昌”字辈。

二十字的家训，言简意赅，庇佑了程氏一族延绵不绝，百代不衰。文化与文明是有区别的。食人族以噬人为乐是一种文化，它没有共性。文明则是全人类共同的憧憬和追求。“福其祖有德善乃家之祥”，德与善是程氏家族最古老淳朴的向往，也是美好人性的基石。朴素简洁的真理，给程家以人格及灵魂的滋润和自律，使他们成为中华民族大家庭中健康优秀的人群。

近年家族史，私人史喷涌而出，然真正史料翔实者鲜见。先生此部家族史，令人眼前一亮；其扎实厚重的史料，皆有出处，真伪可鉴。不仅泽被程氏后代，更是近年鲜见的有价值的家族史。也是一个民族筚路蓝缕、艰辛跋涉的悲壮历程。我们想，程家后辈定会永远感恩他对这个家族的贡献。将来，定会有喜欢中文的儿孙，把此书译成英文。它将成为照亮后辈足迹的一盏明灯。程先生做了一桩千秋万代的功业。

达　理

2022 年 7 月 23 日

目 录

第三篇　返乡

第四篇　寻宗

第五篇　回首

第一篇 思 往

星岛日报的同事们光临赠书会。

逢七之年

一

2017年我写的《穿越三个世界》终于出版。为什么要加"终于"二字呢？说明出版的不容易。出名作家的作品是不用担心出版的，如果作者是个当官的，如果作者是个演戏的，总之如果作者是个有地位、有名气的，出版社很乐意签约出书，因为书出版以后，发行是不用愁的。对于我这样一个老头儿，没有地位又没有名气，又没有出过书的前科，给这么一个老汉出书，从商业角度考量是有风险的，那么出版社为什么要为这个老汉去背风险呢？出版社是个文化单位，但更是一个要计算盈亏的商业单位，承接出版当然不能亏本，这是很正常的。因而像我这样的人写的书出版就不容易了。

《穿越三个世界》终于由文汇出版社出版了，这是我的大幸。在征询文汇之前，征询过三家知名的出版社，均被婉言拒绝。那么文汇出版社怎么接受了呢？因为我遇到了贵人。不管办成一件事情多么不容易，有贵人就有奇迹，有贵人多困难的事情都可望成功。人的一生总有高潮，也有低潮；有顺风顺水的时候，也有背时背运的时候。在最彷徨的时候，在最失落的时候，在最困难的时候，出现一位贵人，帮你逢凶化吉，帮你反败为胜，帮你举重若轻，那就是福分，大大的福分。这份福是祖祖辈辈积德攒存起来的，不是简单地因为运气好。

人的一生中总会遇见贵人的，或许不止一次地遇见贵人。有的人一路顺风、万事如意，好像没有贵人相助，也不需要贵人，其实是有贵人暗中在帮助他，他不觉得而已。

二

《穿越三个世界》出版于2017年，这一年我虚龄九十岁，九十岁出版了处女作。这话很肉麻，别人会笑话的。有人会打趣说那是“老处女作”。既然老了，就不要“作”了。

我自己可不是这么想，老了，这年龄多么宝贵，不是每个人都有九十岁，也不是每个九十岁的人都能“作”，如果九十岁的人还能“作”，上帝保佑，为什么不“作”呢？不过九十岁才出第一本书，是晚了一点。中国人有个成语叫“大器晚成”，但晚得不能离谱，九十岁出第一本书，还指望靠写作出名吗？做梦去吧！

我在星岛日报任职期间的最后一位同事卓肇君和她的先生、儿子光临赠书会。

往好处想，因为我的处女作《穿越三个世界》出版，2017年成为我一生中有特别重大意义的一年。文汇出版社的决定像一声春雷，使我和我的家庭成员为之一震。我急忙把我的文稿、作插图用的照片和照片的说明统统拷在一个U盘里，寄给文汇出版社。

2017年4月中旬的一天，我收到宝平从上海带回来的《穿越三个世界》新书，第一眼看到真的很激动。翌日我把一册寄给喻丽清。

喻丽清收到书后给我短短的微信：

> 书刚刚收到　真是与有荣焉　谢谢
>
> 封面设计上可惜作者的名字太小
>
> 而且颜色淡了些　有点看不大出来
>
> 不过你的经历百看不厌
>
> 期待你的下二本书
>
> 谢谢第一本就送给了我

这是喻丽清给我的最后一小段微信，今生今世朋友一场，这就划上句号。丽清心里明白，她对人生的任何方面都不愿意划上句号，所以她在这一小段微信中，干脆不用任何标点符号。只在句与句之间留一丝空隙。我丝毫不改地把她的微信按原样排列出现在我的文字里。

接下来，2017年有两次比较热闹的活动，对我个人来说都是有纪念意义的。这是我一生中第一个逢七之年过得喜气洋洋，非常快乐。

三

我已经过了九次逢七的年份，有两次不好的纪录。我出生后的第一个逢七之年是 1937 年，那一年的七月七日日军在宛平县卢沟桥挑起事端，进攻中国驻军，是为卢沟桥事变。中国人民艰苦卓绝的全面抗战从此开始。对我的直接影响是我的十岁生日泡了汤。那一年是虚龄十岁，姑母在一年之前就对我说过：明年十岁送你一套小西装。结果鬼子来了，生日被忘记了，任何礼物都没有收到，那时候我恨死鬼子了。

第二个不吉利的逢七之年是 1957 年，一场“反右”运动轰轰烈烈地展开，我应声落马，沦为右派分子，这当然比没有过十岁生日严重千倍万倍。

2017 年就完全不一样了，我有两次喜庆的日子，可敲锣打鼓，可鸣炮放花。还有两次意外，也给我额外的快乐。

四

处女作问世以后，我弟怀洵、弟妹洁瑜决定为我办一次赠书签名会。4 月中旬，三百册《穿越三个世界》运到，4 月的最后一个周六便在家里举办了一次相当盛大的赠书会。来宾七八十人，有曾任香港中文大学工学院院长的陈天机教授和他的女婿；有年过九旬的上海南模学长虞刚年先生伉俪和他们的公子，虞先生是清末知名实业家叶澄衷先生的外曾孙，叶澄衷出资二十万两白银在上海创办澄衷中学，培育了大批人才，包玉刚和董浩云均出自澄衷，我的父辈也均是澄衷学生；参加赠书会的还有星岛日报的一批老同事；居住在湾区的亲戚和我的朋友们。

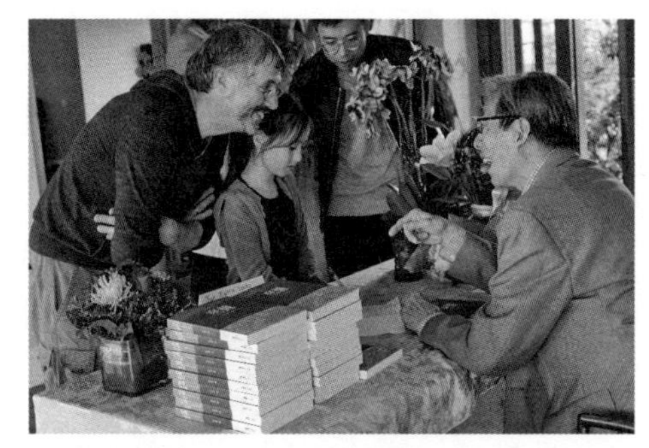

赠书会上最美的画面：女儿爱乐认真地看我在书上签名，父亲 Tom 在旁看着一言不发。

来宾中也有不识华文、不是华裔的亲朋，他们的光临是对我的重视，这一份情非常宝贵，我也送给他们一本书，留作纪念。宝平有个朋友 Tom，他是美国人，在中国工作时娶了一位安徽籍的中国妻子李江丽，因此他也有中文姓名唐高力，他们的漂亮女儿叫李爱乐。那天妈妈没有来，Tom 带着女儿来了。爱乐知道这一天是 book signing party，她知道这一天我是主角，她一直左右在我身边，她在纸上写下她妈妈的、她爸爸的和她自己的中文名字，要我快点在书上写上他们的名字，再签上我的名。她轻轻地用英语对我讲，认真地看我写字，比任何一位客人更加专注。Tom 在旁笑嘻嘻一言不发。这个过程使我非常享受，是那天赠书会上最美的画面。

五

到了 7 月份，宝平对我说要为我做一次九十岁生日，我回答他说虚龄九十就不要做了，明年足九十再做。但是宝平并没有打消此念。一日怀洵洁瑜在座，宝平又提起此事。他的主意深获在座者赞同，洁瑜当即表示她可以承担全部筹办事宜。她立即问我希望在什么地方举办寿宴，我说若要办就在家里。她又问我准备请多少客人，我说限于空间，就请五六十位吧。她还问我喜欢用什么颜色来布置寿宴呢？我不假思索地说：青绿之间吧。我对洁瑜的问题，一一作了很具体的回答，无疑我是同意了。不错，我认真地思考过宝平的想法，虚龄和足龄相隔整整一年，当时玉兰的状态还可以坐在轮椅上来看看热闹，拍几张照片，一年后怎么样就不知道了。所以为了玉兰，应该照中国民间之传统，把八十九岁当作九十大庆。

于是就这么说定了，洁瑜和怀洵立即开始筹划。侄女宝希设计了请柬，请柬的颜色是青绿色的，正面用了我此生的第一张照片，照片旁印着："Look Who's Turning 90 — A Birthday Celebration For Wellington。"请柬设计得真漂亮，我立即寄给我邀请的宾客们。

六

开始筹备之日离我的生日还有一个月的时间，要做的事情很多，洁瑜立即全面铺开，进入紧锣密鼓的状态，使我想起八十年前，在杭州义井巷的大宅门里，为曾祖父曾祖母八十双寿盛典作筹备的情景，那时候总管全局的是我的祖母，我跟进跟出的看热闹。那个喜气洋洋、忙忙碌碌的情景曾经使我兴奋了好一阵子。造物弄人，那鲜活的情景是八十年前在杭州义井巷的大宅门里发生的，在那之后，接连发生过三场大规模的战争：抗日战争、解放战争和抗美援朝战争。战争连续十多年，全国解放以后，整个社会发生深刻的变化，当年我跟进跟出的那大宅门，也随着社会的变化而变，曾经被空置过；曾经被流浪者偷越入内，最后吊死在大厅之侧；曾经被出租过；曾经被用作纺织厂的车间；最后被全部拆除，建造了一大片六层楼的民居。那么大的天翻地覆的变化，那么长久的岁月流逝，当年曾祖父八十大寿，我才八岁。现在我九十岁了，也要做一次生日，也要在自己家里做，我感到真不敢思索，真有点迷茫，也有点激动。我最思念的曾祖母地下有知，你耄耋之年还为之操心的曾孙九十岁了。

贵宾程翠瑜是专程从纽约来的，她是我的弟妹洁瑜的妹妹，她的先生是美国的知名律师。

贵宾 Wayne Johnson 是美国最杰出的科学家之一，他设计的不用燃料的直升飞机于 2021 年 2 月 18 日在火星着陆。他的夫人刘信美是在台湾长大的华人，我的好友。

2017 年我的生日正逢周末，周四、周五就是最忙的日子。宴会用的所有家具、餐具全部是租的，由洁瑜作选择。早一日，桌子椅子、桌布餐巾、碟子杯子全部运到，把客厅的家具沙发统统搬走，安放四张十座的圆餐桌，大餐厅原有的椭圆形大餐桌和小餐厅原有的圆桌不搬动，仅仅搬走椅子，换上租来的银色的餐

应邀参加寿宴的星岛日报同事们。

厅椅子。家里的客厅、大餐厅和小餐厅是通的，没有间隔，成一个大堂。大堂餐桌布置好以后，洁瑜还没有忙完，她正抓着女孩子们用青色的纸折小燕子，放在餐桌上有空隙的地方。最后洁瑜和怀洵叫我和他们一起去试尝蛋糕，在二十分钟车程的邻市新开了一家法国蛋糕店，是迄今旧金山湾区口味最好的蛋糕，我们选了不同口味的一一品尝，最后定了一大三小的蛋糕，第二天弟弟驱车取回。

七

我生日那天的旧金山气温高达三十八度，打破纪录。如此酷热的天气在四季如春的旧金山湾区真的是从来没有的，可是这发生在我的生日这一天，使我的九十寿辰过得很热很火，客人都说

宴会开始，我弟怀洵致辞，欢迎光临的来宾。

这是好彩。

午后，洁瑜请的厨师们运来食材和厨具，开始做准备工作。五时以后宾客络绎光临，六时前客人到齐，我请来宾入座。下面我要用多一点笔墨介绍我请的宾客，因为客人们各有各的精彩故事，而我为有这么几十位尊贵的亲友来和我分享欢乐而深感荣幸。

大餐厅的椭圆形餐桌是主桌，我坐在中间的主位，我的左侧是吴大钧先生和夫人，吴夫人左边是她的女婿和女儿吴玲梨，然后是吴壮先生伉俪。我的右侧是凃继正先生和夫人，凃夫人旁边是蒋维良先生伉俪，然后是茅以勤女士和秦葆锴女士，主桌上宾主共十三人。

吴大钧先生是上海南洋模范中学的校友，他和我同年，是来宾中年龄最长的，他非常健康。大钧的母亲生育了十六个子女，

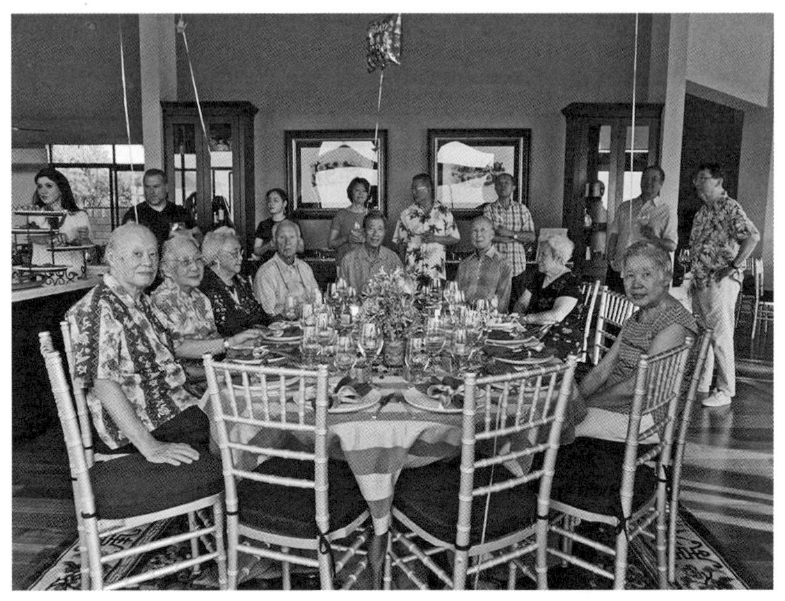

2017 年 9 月我九十虚龄，我弟怀洵、弟妹洁瑜为我筹组寿诞。主桌的贵宾有南模同学吴大钧伉俪，约大同学蒯维良伉俪和约大同学李宜华伉俪，还有情同兄妹的秦葆锴和亲家茅以勤。

大钧行十五，现在兄弟姐妹中只剩他一个了。

我有一个好朋友严仁燕，他的一个姐姐嫁到吴家，是大钧的十一嫂。我因为仁燕的关系，认识大钧十一哥的女儿吴欣荣。欣荣叫仁燕小龙舅，叫大钧小龙叔。欣荣来美经旧金山，因为我是小龙舅的好朋友，她曾与其堂妹玲梨来看过我，因而相识。

大钧同胞十六人，有八位兄长、六位姐姐，比他年幼的，只有一个弟弟。大钧曾问我："你上过圣约翰，又上过沪江，你见过袁美吗？"我说见过，袁美是大美人，她有个妹妹叫袁丑，也是大美人。大钧说袁美是他的嫂嫂，他的十哥曾结婚四次，最后一位夫人是袁美。袁美和袁丑是在抗战胜利后上海最风光的年份里出名的美人。她们的母亲生了两个美女，她们的父亲起了两个美名，因名美而名扬。袁美就读于沪江，袁丑就读于圣约翰，她们是七十多年前上海滩上年轻人谈论的热门人物。这类议论早已烟消云散，无人知晓了，但还存在我的记忆中。

八

坐在我右侧的涂继正先生，他是前上海圣约翰大学校长涂羽卿博士的公子，也是杰出的教育家、物理学家，旁边是他的夫人李宜华女士。

入座在宜华旁边的是蒋维良伉俪，维良与我先后两次同学，先是在圣约翰高中，后又在约大新闻系重逢，我与这位久失联络的老同学在另一位新闻系同学王玮的家中相遇，原来都定居在金山湾区。1984 年第二十三届奥运会在洛杉矶举行，维良是中国新华社派出采访奥运会的记者，可惜我当时不知道。

九

下面我要讲另一个故事，难免又把故事扯远。我是有心把故事中两位主角的后人请来参加我的生日聚会，聊聊近百年前的一段掌故，可惜未能如愿。

这是中国资本主义发展中的故事，很重要的一段历史故事，很多人知道，但大多数人不知道。

上海是中国资本主义经济发展最快的地方，重工业、轻工业、金融业、商业、运输业都领先全国。上海有一家纺织厂名申新九厂，是中国纺织厂的龙头大哥，申九不仅是中国最大，也是亚洲最大的棉纺织厂。申九的发展和成功是很不容易的。

申新九厂前身是李鸿章创办的上海机器织布局（俗称洋布局）属下的三新纱厂，厂址在黄浦江边，占地二百四十亩，地段极佳。人称三新纱厂是中国新式纺织工业的鼻祖，经营四十多年后因设备陈旧，难以为继，面临停工。其二百多亩滨江土地被美商先得，欲建码头。1931 年春“棉厂始祖”面临肢解，此时申新总经理荣宗敬出手，收购三新厂房及机器，成立申新九厂。

荣宗敬随即召来两位老伙伴，一位是吴昆生，另一位是吴士槐，前者任厂长，后者任工程师。吴昆生是江苏无锡人，吴士槐是浙江浦江人。江浙两吴，合建申九，传为美谈。两吴都是难得的人才，荣宗敬慧眼识人，4 月收购手续完成，一周后开工，三天全厂开齐。

两年后申新九厂迁到澳门路新址，早一年购买大量英美新型纺织机械，到 1940 年纱锭总数称冠全国，其中新机占四成。

吴昆生的公子吴中一于 1932 年高中毕业，正值日军侵沪，便辍学进九厂工作。第二年赴英国留学，1936 年归国，仍在九厂工作。1948 年昆生、中一父子均客居香港，上海解放后，中一回沪协助士槐经营申九，后任副总经理，辅佐荣毅仁总经理工作。

吴中一由港返沪，举家同行，其子吴壮，当时还是幼儿。

后逢“十年浩劫”，吴士槐及吴中一两家均受冲击。吴士槐遭残酷折磨，被关押批斗长达二十八个月，最后重病缠身，释放不久，这位一代纺织先驱便去世了。

吴士槐有一女三子，三子均是上海南模校友。锡九高中毕业后，便来美国，后以优异成绩以第一名毕业于柏克莱加州大学电子系，便进麻省理工学院做研究生，和南模四八届校友张忠谋同班。锡九获得硕士学位后，进 Transitron 半导体公司工作。

锡九因报国心切，于 1956 年绕道北非、欧洲回到祖国，被安排在中国科学院工作，第二年研制成功中国第一个晶体管。但在“文革”中不能幸免而受到迫害。

锡九 1978 年申请出国，最后得到国务院副总理、中科院院长方毅批示“礼送出境”。锡九又回到美国，进惠普公司 HP 研究院工作。

锡九曾任美国上海南模校友会会长，因而我经常和他见面。他在 MIT 的同学张忠谋是我的南模同班同学。忠谋是台积电的董事长，常来旧金山湾区，我没有再见过他。

吴壮居住金山湾区日久，近年乔迁至离我家不远处。在一次聚餐中相识，经简短交谈，我猜测他定是吴昆生后人。后与锡九夫人朱丽中电话交谈，证实确是昆生前辈之后。

2017 年我生日，我邀请吴锡九学长伉俪和吴壮伉俪，两家都同意光临。可惜在聚会之前一两日，锡九小有不适，丽中电我不能如约来到，我这一愿望未能成真，只能写成文字。

十

最靠近主桌的一围由我弟怀洵夫妇待客；再西边的一围由

我妹怀令陪客，此席有我的好友马大京、陈愉庆夫妇，好友李国珍和她的孙儿，我的妹夫的姐姐，我的外甥女和她的先生 David Coleman、他们的儿子 Drew，还有我的侄女宝莉和我妻子的孙外甥女彭嘉懿。

西南角的一围的宾客都是星岛日报的同事，相识最早的是陈瑛杰，他是旧金山星岛日报编辑部最早四员大将之一。他是香港人，能说广东音很重的国语，十分风趣，有他在，总是笑声不断。我永远忘不了他的一个原因是他和我同一天生日。那天是我的生日，我问他要不要一起切蛋糕，他很坚决地拒绝，我也就没有宣布。瑛杰的夫人和姐姐也都光临在座，她们心里一定都在祝瑛杰生日快乐。这一围的客人有星岛前总经理梁婉玲、前人事主

我九十虚龄，两个小孙子才九岁和七岁，五年后他们十四岁和十二岁。

管雷香玲、前财务主管虞蓉梅、前计算机操作主管胡文梅。在座星岛同事都已经退休或离职，这一天正是星岛日报举行一年一度的盛大工展会，非常忙碌的一天，所以只能邀请到已离职的人。这一围还有宝平的好朋友吴瑞龙和他的夫人蕙婷，我的孙子昌宁招待着这一围的嘉宾。

客厅里的最后一围由宝平和露露陪伴来宾，来宾中有相识三十多年的好友刘信美和她的先生 Wayne Johnson。Wayne 是一位杰出的航空航天工程科学家，他是美国最权威的直升飞机设计师。他十八岁进麻省理工学院，二十四岁结业，取得博士学位。五十年来，他致力于直升飞机的结构设计而闻名国际。他一直服务于美国太空署。

他从十年前开始设计飞往火星的无人驾驶、不用燃料的直升飞机，由太空署的数百位最优秀的顶级工程师协同设计。十年奋斗，终于 2020 年 8 月起飞，于 2021 年 2 月 18 日下午 4 时许在火星安全着陆，几分钟后传回登陆后拍摄的地表照片。这架直升机的名字叫 INGENUITY，中文译为“毅力号”，是美国太空署公开征名，最后选用了阿拉巴马州的中学生的创意。火星空气稀薄，约为地球空气的百分之一，气温很低，为零下九十度。直升机登陆火星以后将要完成科研任务，时间可能长达十载，绝对是奇迹。在直升机成功登陆火星的同时，WAYNE 获颁杰出政府公职人员奖。

这一围还有两家邻居夫妇：甲骨文公司副总裁和他的华裔妻子梁惠君；另一家是印度裔，他们是印度贵族之后。我的侄女宝希和她的先生 Brian Matthews 也在此席。

以上五席宾主共五十四人，还有小餐厅的一席十人，都是中小学生，有我孙辈四人，弟弟孙辈二人，邻居子女四人。这一桌的座上客都无忧无虑，前途似锦，可称都是最快乐的人，多么叫人羡慕。

我的青绿色的生日晚宴宾主共六十四人，欢聚一堂，以自助餐的形式进行。在来宾入座前，先由服务员端着托盘供应餐前小吃，来宾入座后，怀洵、宝平、昌宁三代人先后致辞，远道来的贵宾翠瑜也作了热情的讲话。然后按桌轮流取食。高朋满座，喜气洋洋间，我心里一直在惦着阿兰，最理想的时间我要去把阿兰接过来。

在晚餐接近结束时，我和昌宁去小屋接阿兰。因为天气热，她只穿一件衬衫、坐着轮椅来到宾客满座的宴会厅。生日宴会的最高潮便是阿兰进场的那一刻。她并不惊讶，见大家鼓掌欢迎她，她很从容。然后把她推到切蛋糕的桌子前，我坐在她身旁。接下来的切生日蛋糕的传统步骤，好像她以平常心看待，毫无表情，插蜡烛、点蜡烛、唱生日歌，几个孙子帮我吹蜡烛。然后我切蛋糕，因为蛋糕好吃，很受欢迎，竟一点不剩。阿兰一直看着这一

晚宴接近尾声，我和昌宁去小屋接玉兰。玉兰见如此多宾客欢迎她，并不惊讶。我心里却很难过，玉兰是应该主持我的生日宴的。

生日宴的最后，我们拍了全家福照片，这是最最珍贵的纪念品。

幅喜洋洋的场景，我想她心里一定明白，这是怀澄的生日，我们手牵手走过了这么长的路程，经过了这么长的时间，在暴风骤雨中我们没有被打散，始终走在一起，从二十多岁走到九十岁。她不会言语，但她心里一定充满喜悦。

大约花了半个小时吃生日蛋糕，接下来又用了半个多小时拍照。阿兰在拍照过程中，始终很平静地坐着，人不断更换，她安详地端坐在轮椅上完成了她今生今世最后一次和亲友们的合影，把她的端庄美丽留给了爱她的亲友们。

这次记录我九旬生日的合影是好友李国珍操作的。其实我平日从来不用国珍之名，甚至也忘了她姓李，大家都叫她 Alice。Alice 花了很多时间和功夫为我拍了几百张照片，然后用各种通讯方式发给我，最后放大成巨幅照片寄给我，所有看到的人都夸奖她的技术和艺术。看到照片的人也都说阿兰神色很好，没有病态，说明提前一年做九十岁生日是完全正确的。

十一

到了下一年，阿兰开始失去吞咽能力，喂食困难，营养不足，明显消瘦了。到了下半年她已经坐不住，神色比早一年差许多，已经完全不可能为切蛋糕和拍照陪大家一个小时。所以第二年我九十岁整，在酒楼设宴，阿兰没有到场。

2018 年 9 月 2 日，宝平在附近酒楼设宴三席，宴请弟妹侄甥三代，只有一席是我的朋友，有吴大钧伉俪、涂继正伉俪、蒋维良伉俪和他们的千金，七十多年前的同学能欢聚一堂，多么难得，多么珍贵。

生日聚会来了一位新朋友马治健，这是特别的缘分。我认识马先生的夫人莉莉，她是绍兴人，杭州大学毕业，我视莉莉为同乡，她正回乡探望父母。8 月下旬我接到文汇出版社通知，我的第二本书《在美国当报人》已经印妥，并已送到宝平上海公司。我希望在生日之前可以拿到书，就可以在宴席上送给客人，因而思索 9 月 2 日之前有谁从上海来，这就想到了莉莉。经与莉莉联络，得知她定于 9 月 2 日回美，并同意给我带书。我便请上海公司寄一批书到绍兴莉莉家中，我去机场接莉莉便可以拿到书了。

结果莉莉谢绝我去接机，由她先生去接，我便邀请他们夫妇当晚参加宴会，这就有了特别缘分带来的特殊精彩，我把新书分送在座的亲友。我多了一位新朋友，我弟多认识了一位校友，他和马君先后在台湾大学主修电机工程。

我的九十岁生日过了两次，从此我被称为“九〇后”。

两个意外

一

逢七之年的故事还没有说完全，前面提到还有两个意外，使我的逢七之年过得特别开心。现在我就要追述这两个意外，两件事都发生在2017年的11月份，接近年尾了。

9月份我的虚龄九十岁生日，我邀请学长吴锡九和他的夫人朱丽中来参加，可惜在我生日之前的一两天锡九偶染风寒，他不能畅约。丽中打电话给我向我说明情况外，还告诉我不久我们还有机会见面。11月的第一个周六上海中西女中的旧金山湾区校友有一次聚会，她会参加，她知道我是小中西的，也可以来参加。聚会地点离我家甚近。我当即告诉丽中我会去，11月初和他们见面。

旧金山湾区的华人很多，最多的是原籍广东的华人，其次是原籍上海的，从上海来的华人中比较多的是知识分子。上海的许多大学在旧金山湾区都有同学会，圣约翰大学和沪江大学都是教会办的大学，1952年暑假以后不再存在了。这两所大学的校友大都年逾九旬，不到九十岁的极少。中西女中也是教会学校，1952 年暑假后改名上海市三女中。中西女中在旧金山湾区也有校友会，包含改名市三女中后的同学。上海中学中还有一所南洋模范中学在旧金山湾区有人数众多的校友会，声势十分浩大。

我落户在旧金山湾区后，就发现我在上海读过的学校，在旧金山几乎都有校友会。圣约翰大学、沪江大学、圣约翰高中、南洋模范中学和中西女中（包含小学），但我过去只参加南模的同学会，我的朋友中最多的是南模的同学。其他几个学校的校友我认识不多，没有去参加校友会的活动，更没有机会遇见老同学、认识新朋友。2017 年丽中告诉我中西校友会的活动，我是第一次去会见中西校友。

旧金山的中西校友会的会长是陈晋明，她是 1947 届毕业生。她在旧金山是知名的社会活动家，她的先生姓顾，因而在旧金山的华人社区里，她的名字是顾陈晋明。她在旧金山湾区创办了一个服务老人的机构，名称是安老自助处。安老自助处有各种各样的活动，通常由行政主任钟月娟组织主持。我在星岛日报任职，自然经常和安老自助处有交往，但一直没有和创办人顾陈晋明女士单独会晤过。

晋明学长居住在一座高级的老人公寓里，此公寓离我家甚近，中西女中校友聚会就在公寓顶层的宴会厅举行。我得知消息后，便给晋明学长电话，约时间去看望她。她同意次日下午在一楼咖啡厅会面。我如约晋见，奉上拙作《穿越三个世界》一册，她赠我《中西女中校史系列》三册，极为珍贵。

二

2017年中西女中旧金山湾区校友聚会之日，我进顶层大厅时，已高朋满座，大厅里筵开十席。我的座位在第一排右边的一席，同席者皆学姐学妹，我认识的唯朱丽中一人。晋明会长在主持聚会，她向大家介绍我是小中西的毕业生，我是唯一的男校友，吸引所有在座者的注意。

何谓小中西呢？中西女中是一所教会学校，论教学质量，当列上海女子中学之首；论校园规模，可列上海所有中学之首。中西女中附设两所小学，目的是为了保证中学招生有合格的学生来源，因为中西是用英语课本的，必须在小学已有一定的英语基础。女中当然不收男生，但小学可以接受男生，两所附小都有不多的男孩子当班里的少数派，成为陪衬。我当年的班始终只有四名男生，坐在第一排，后面整个教室都是女生，我们男生战战兢兢，连头都不敢回。我上女中的附小，完全是因为离家近，近得距离可以不计，学校就在家的对面，我的祖父只考虑安全，至于我在学校里的感受，他是感觉不到的。中西女中的学费特别高，一般孩子是不

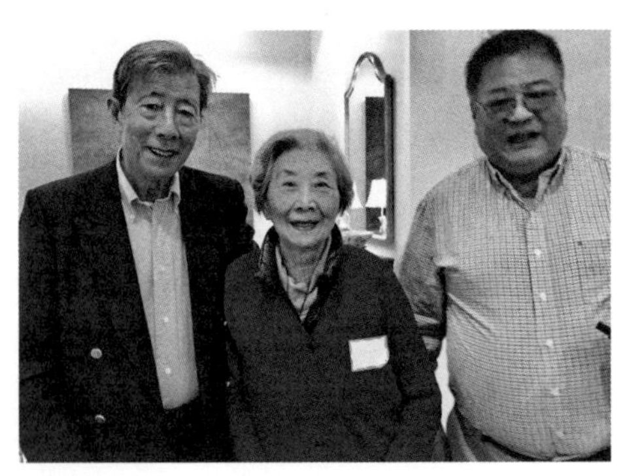

在上海中西女中的校友会上，我见到了一别半个多世纪的王义芳，她由儿子陪护远道前来参加盛会。

进中西的，我们弄堂里有几十个男孩子，只有我一个上女中的附小。

我是中西一附小毕业的，也真是地道的校友，不过在国内时，从来没有参加过中西女中的任何活动，到了旧金山三十多年，此前也没有参加过中西校友的活动，2017 年因丽中的牵线，才第一次参加中西的校友聚会。

我在餐桌前入座，环顾同桌的学姐学妹，向她们行见面礼后，第一个想法毫不留情地向我袭来，那就是五个字："岁月不饶人。"女中的同学，全国最顶尖的女子中学的同学，当年在中西上学的时候，个个都生活在花样年华。光阴飞逝，如今个个都是祖母、曾祖母的范儿，谁也躲避不了时间在人们身上留下的痕迹。我心中暗暗叹息。

三

当年中西女中毕业的学生，最年幼的应已在八十五岁以上。我认识的甚少，认识的也不是上小中西时的同学。小学时男女授受不亲，不相往来，偶尔在校外场合相逢，即使不是冤家，也当陌生人。我认识的中西校友是后来认识的。这次兴冲冲来参加中西校友会，我的目的是希望能见到一位中西的校友，这位我想见的人叫王义芳。

王义芳是中西女中 1947 级校友，我在小中西的时候，不知道她是否在中西，如果我们曾经是同学，她比我高一级呢，我们不可能认识。我认识她是在许多年以后，因为她的先生沈被章是南模校友。

1950年我住在香港的北角，那是一大片新开发的住宅区，居民十之八九是上海人，临街的商店都是上海人开的，大家用上海话交流，生活在北角，广东话就是外地话，上海人不讲的。上海人忘记自己是外地人，在那一片小小范围的住宅区里，好像还在上海，摆出一副看不起外地人的架势。这小小范围内有五名上海南模的同学，我们很快就彼此发现，从此每天都泡在一起。五人中年最长的是张乃兴，他的弟弟张乃赓，然后是我，然后是潘祥麟和他的弟弟潘祥骏。

在异乡遇到相识的同学，我们的兴奋和快乐难以用言语表达。我们都不用上学，我们都不用上班，我们就每天都泡在一起，把我们的青春捆绑在一起消磨，一起浪费。几十年以后，回忆那一段浪费了的青春岁月，终觉无比惋惜，那是一宗集体的惋惜，那是我们这些人适逢其时的无奈。

当时，五个南模人泡在一起有着非常优越的条件，第一我们有房子，也就是有我们自由聚合的地方；第二我们有汽车，也就是有我们方便出行的工具。张氏昆仲的公寓只有他们两人住，他们的父母在台湾，把他们留在香港。家长不在，非常自由，所以我们有一个非常理想、可以无拘无束地成天泡在一起的地方。偶尔我们要出去，我们有汽车代步。汽车是潘伯伯的，但他自己基本不用，大部分时间是祥麟、祥骏在用，实际上是我们这一群在用。当时北角的南模人就是五个，再没有第六个，但我们有巨大的吸引力，吸收了两个不是南模的人：一个是雷士德的严仁燕，另一个是还在读初中的徐廉，这个徐廉最小，跟着我们这群哥们，如果说没有学好，也绝对没有学坏。

虽然我们过着不正经的日子，当时我们没有正经地在做工，也没有正经地在读书，吊儿郎当，不务正业，在很多人的眼里是过着不正经的生活，但我们私底下都很正经，我们都珍惜各自家族的声誉，也珍惜我们的母校上海南模的声誉，所以我们决不胡作非为。我们很懂规矩，我们很懂礼貌，我们不饮酒，不吸烟，说话不出粗口，不讲下流的事，和女孩子们在一起不谈恋爱，非常正经。所以对徐廉丝毫没有坏的影响，他的父母十分放心，经常在家招待我们。

四

说起家族的声誉，张氏兄弟的家族，可称上海豪门望族之最。现在没有豪门望族，只论财富，有单位专门做这事儿，每年为富豪们排出座次。2018 年中国首富是马云，2019 年中国首富是马化腾。当年没有首富二富，豪门望族是凭他们的声誉，上海滩上，或者说江南大地，张家声誉之隆是因为张静江。张家祖籍太湖南岸的湖州南浔，以糕团店起步，后经营茶叶、盐业，当时主张家者名颂贤，他有二子，长子英年早逝，次子名宝善，继承和发展了家业。宝善育有七子，第六个儿子名久香，就是乃兴、乃赓的父亲。

乃兴、乃赓的二伯父张静江跟着孙宝琦到了法国，在巴黎开了第一家中国的贸易公司，把茶叶、真丝、绸缎、瓷器、字画和艺术品大量出口到法国和欧洲，获利甚巨。后在上海至香港的轮船上结识了孙中山，他当即向孙中山表示，如革命需要，他随时可以捐助。张静江在以后的数十年中，资助孙中山的革命经费是天文数字，甚至卖掉了许多产业。有如此豪举，张家的声誉自然非同寻常。

祥麟、祥骏原籍广东，久居上海，其父在上海静安寺路（现南京西路）建造了一座电影院，原名大华，后名新华，现已改为博物馆。此影院为当年上海最高档的电影院之一。

说得远了，回到我们过着不正经生活的七个上海小青年吧。

五＋二＝七，七个最大二十岁、最小十六岁的男生，很无聊。

北角的邻里中还有一些适龄的女生，和我们七个成为朋友能玩到一起的有杨曼英和石慧姐妹三人。杨曼英当时的年龄应该在十九到二十之间，但她比我们强的是她已经上了大学，她是上海沪江大学的学生，到了香港沦为失学青年，降到和我们同样的身份。石慧姐妹三个，当年都是中学生，石慧是最小的妹妹，还是初中生，原名孙慧玲，她最活跃，舞跳得最好。除了这四位邻居家的女孩外，也还认识一些不住在附近的女孩子。

有一个女生叫唐小腴，人如其名，真有一点点小小的腴，为什么一个漂亮的女孩子有这样的名字呢？原来是随父亲。她的父亲名唐腴胪，是宋子文的秘书，有人买凶暗杀宋子文，却错杀了唐腴胪，害小腴幼年失去慈父。唐小腴有个姑母叫唐瑛，是当时上海滩上最出名的大家闺秀，当年有北陆南唐之说，北陆者，陆小曼也。唐瑛是其父唐乃安的掌上明珠，唐乃安不同于上海其他的巨商豪门经商而发迹的，他早年留学德国，攻读医学，回国后在上海开设私人门诊所，成为上海大家族的专属医生，他又先后开小药厂、药房，成为完整的产业，而跻身名门望族的行列。唐瑛从蹒跚学步开始，就有名师教授舞蹈、戏剧、英文。

唐瑛在情窦初开时，认识了哥哥唐腴胪的哈佛校友宋子文，使她无法抵挡。宋子文遇见唐瑛也心醉神迷。当时宋子文年过三十，已有妻室，所以唐父坚决反对。后发生暗杀事件，唐瑛之兄被错杀，宋子文再不敢上门，这段恋情也就结束。后唐瑛下嫁给宁波富商李云书的公子李祖法。这是小港李氏的故事，我另有一章详述。

再回来说说唐小腴吧，我离开香港回上海后再无联络，我移民美国后，向张乃兴昆仲和严仁燕打听这些老朋友的下落，得知唐小腴事业有成，生活美满，居住纽约，仁燕曾与她见过面。还有一个女生姓杨，我忘了她的名字，据说就住在旧金山。我们七个男生泡在一起聊天的时候没有女孩子，我想是根本聊不到一块儿，换句话说是没有共同语言。只有当我们要出去玩的时候，特别是要去跳舞的时候，才想起我们还有一班姐妹。

1950 年的暑假，三位南模的同学来到香港，张氏昆仲的公寓里热闹了好一阵子，七 + 三 =十，这三位上海来的同学是沈被章、董寿宇和王义和。

说了一大圈，主角才出场。沈被章 1947 年南模毕业进了上海交大，他来香港时已经读完大三，再一年就毕业了。本来和他同班的乃兴、乃赓兄弟却还在失学中，我和仁燕也一样，因而这次被章三人来，对我们触动很大。

1950 年尾我离香港回上海，便常与被章、寿宇和义和交往，此时才认识王义芳。

五

我第一次参加旧金山中西女中校友聚会，在指定的座位上就座，环顾同席中西校友，相识者唯丽中一人。我问丽中是否见到王义芳，她并不认识义芳，回答我听说义芳可能去了香港。

餐前校友们相继发言，互诉别来情况，最后有一位中年男士发言，他说是陪其母亲王义芳来会校友的。我闻之大喜，便上前问他令堂座次，并作自我介绍。他领我到中间一席，俯身对其母亲说：程怀澄来看你。只听到王义芳非常激动地说："程怀澄，几十年不见了。"这一声深深地打动了我，几十年不见的朋友重逢了。

义芳穿着红色的上衣，坐在轮椅上，看上去很精神，不像是一位年近九旬的老人。她不便行走，也不便站立，由她的儿子照顾着，住在核桃溪。聚餐结束后，我陪她离开宴会厅，听她介绍别来数十年的情况。改革开放后，沈被章曾任上海市贸易委员会主任，后又派驻美国纽约任上海市的商务代表，义芳一直陪伴在侧，后被章患疾回上海治疗，义芳亦回上海。被章不幸辞世后，义芳来美由其子女赡养。

义芳告诉我，当年过往甚密的同学董寿宇及其妻子胡文梅均已离世，胡文梅是中西女中 1950 届校友，和朱丽中是同一届的。寿宇于上世纪八十年代末移民来美，任职于纽约中国银行，途经旧金山时曾来舍间一聚，其表兄乃兴和乃赓昆仲、祥骏、仁燕均在座，那是北角同伴们的最后一次欢聚，当时谁能知道以后就没有再聚的机会了。

岁月流逝，上一世纪四十年代在香港北角的一群校友同伴，五 + 二 = 七也好，七+三= 十 也好，如今男生中仅存祥麟和我二人。祥麟于数年前移居香港，失去联络。群中年龄最幼的徐廉亦不在人世了，徐廉后主修神学，在洛杉矶一教堂任牧师，我来美国后未曾与他会面，他年龄最小，但走在祥骏、仁燕之前。

还有北角的四位女生呢？她们都在香港，但失去联络。杨曼英的先生辞世后，曼英亲自管理企业，八十高龄仍亲自主政，我曾与她通过电话，但三年前《穿越三个世界》出版，我想送书给她，却未能联络到她。我想要联络到她是不难的，因为她的女婿是唐英年。石慧与我曾通信，我有她的地址，也是因为想送书给她，给她一信却被邮局退回。因而四位女生都失去联络，我托朋友打听都无结果，或许等我自己去香港可以重新联络上。

六

逢七之年的两个意外之一，就是我以附小毕业的男生参加女中的校友聚会。我居住金山湾区三十五年，第一次参加中西女中校友会，是一个出乎我社交活动范围的意外，意外地见到几位朋友，当然最高兴的是见到我想见的王义芳。在中西校友会上还见到一位久未见面的朋友高新园，她是1955届的中西校友，她的一位堂兄名高锟，是诺贝尔物理学奖的得主。在聚会中，有一位中年女士对我说，她是蒋维良的女儿，见过我的照片。对，不久前她的双亲光临我的九十虚度生日聚会，维良是我圣约翰的同学。第二年我的九十足岁生日，不仅邀请了维良伉俪，也邀请了他们的千金蒋世琳。

2017 年的中西校友聚会，吴锡九没有陪朱丽中来参加，好在不久南模校友举行新年聚会，我和锡九学长见面了并坐在一起。这次南模校友聚会认识许多新朋友，当时的会长周孟宇聚会后送我回家。我又认识了第二年的新会长傅翔，2005 届南模毕业生，现在苹果公司工作。

逢七之年还有一个令我非常高兴的意外也发生在 11 月份。在中西校友聚会后，一日宝平对我说，周末我们去温哥华。我很纳闷，为什么要去温哥华？为什么这么突然？原来是我的一个好友，不，是我的一个忘年之交由北京来温哥华开会，公务在身不可以离团探亲访友，她告诉宝平正在温哥华，但不能去旧金山看我们。宝平答复她：你不能来看我们，我们就去看你。于是就订了去温哥华的机票，也订了她的代表团下榻酒店的房间。

因为阿兰病了，我已经七年没有出远门，七年没有乘飞机，温哥华之旅使我兴奋，而最使我兴奋的是可以见到唐学军。

学军是湖南人，嫁给了安徽人观宇。观宇的姑母潘谆是阿兰的同学，她们于 1951 年在安徽大学的法律系相遇，成了好朋友，现代人叫作闺蜜。第二年阿兰投考复旦大学被录取，便离开芜湖到了上海。阿兰和潘谆同窗的时间虽短，既有相逢之缘，便有终身之谊，友情始终没有中断过。1954 年我与阿兰分配到北京工作，潘谆和她的先生亦在中央机关就职，我们两家常在假日相聚。潘谆为人正直，性格豪爽，和她做朋友很容易相处，我们便成为好友。五十年代到六十年代，我职途坎坷，阿兰伴我走过不平坦的道路，来自潘谆的友情却始终常在。

学军就读于北京师范大学中文系，毕业后分配到国家税务局工作。上一世纪九十年代初，学军来旧金山金门大学进修，姑妈潘谆就把我和阿兰介绍给她，她到了美国就联络我们，从此就开始我们的忘年之交。物以类聚，人以群分，姑妈和甥媳竟如此相同，学军和潘谆一模一样，为人正直，性格豪爽，我们非常谈得来，很快成了好朋友，因为年龄的差距，这就可称为忘年之交。

那时候我在旧金山上班，一星期工作六天，只有星期日休息，我常和学军约好，星期日早晨我去旧金山，接她到东湾家里，家常便饭招待，晚饭后又送她回旧金山。学军是学生，我们是新移民，彼此都俭朴，生活很简约。但我们在一起谈天说地，小聚一日，总觉时间过得太快，谈得没有尽兴。

直到第二年的寒假，学军的先生观宇带着女儿唐诗由北京来，他们一家在我家过节。晚餐后宝平递给我一只小小的匣子，说是圣诞礼物。我打开匣子，里面是一枚本田汽车的钥匙。这小小的匣子藏着大大的礼物。我们有一家邻居去香港了，房子空着，我和学军说好他们可以留宿。我拿到新车钥匙后，全家拥出门去看新车，我把钥匙交给观宇，请他用新车前去下榻处，第二天我们驾新车一起游览了斯坦福大学，那是我认识学军后第一次一起出游。

学军学成归国，她的事业在北京，前途似锦。她和我们话别，我有点失落。以后的二十多年，我们保持着联络，我和阿兰每次越洋回国，都和学军会面。或我们上北京，或学军来上海，必有欢聚，学军必盛情款待。学军全家也来过美国看望我们。学军五十大寿那一年她一家来了，我们在金山湾区度过一段美好时光。最后观宇驾驶宝平的福特大型运动车，由加州横越美国到达纽约，他们由纽约飞回北京。宝平则由加州飞往纽约，驾车南下佛州，再牵引一台小型火车头回湾区。观宇和宝平都很享受横跨北美洲的长途驾驶。

七

学军学成回国以后，继续任职于国家税务总局，到 2017 年，她已经是局长级的领导干部，必须遵守国家对高级干部的操守规定。出国参加会议或处理公务，不可以去公务或会议以外地点，所以她不能来旧金山。宝平知情后，决定去温哥华和她会面。宝平告诉学军：在她的会议结束前一天到达温哥华，下榻在她居住的同一家酒店。那天是星期五，会议很晚结束，她回到酒店找到宝平的房间。这时候我从对面的房间开门出来，她见到我十分惊讶，喜出望外。宝平对她留了一手，没有告诉她我也来了。我见了学军好高兴，但不意外；学军见了我也好高兴，却是意外。宝平深知我们是忘年之交，作了美好的安排。

当晚我们花了很多时间寻找一家新开张不久的中餐馆，这是露露早一日向温哥华的朋友打听的，名半岛。餐馆离酒店很远，但是很值得的。我们既不远千里来会好友，当然应不远百里去寻美食。第二天是会议的最后一天，只安排半天时间作总结。到了中午我在酒店大堂等他们回来，一辆大巴停在酒店门口，学军第一个走下车来，后面跟着一长列穿深蓝色西装的男士们，学军是唯一的女士，她是与会中国代表团的团长。午餐之后，我们按原计划驱车去轮渡码头，准备摆渡的汽车排成十多行，工作人员告诉我们要等将近两个小时，我们只好耐心地等着，学军和我下车散步，利用等候的时间聊天。温哥华的外海有个维多利亚岛，整个岛是个游览点，花卉甚美，闻名于世的。这一天是星期六，出海度周末的人特别多，轮渡误了时间，我们还要再多等一个多小时，我们要在下午四点钟以后才能到目的地，我们就来不及当晚回酒店了，而第二天上午学军的代表团要回北京，我们要回旧金山，航班都是上午的。于是当机立断，放弃出海，回到温哥华市中心游览。其实温哥华的市中心是很值得一游的，我们作了正确的选择。我们无缘一游维多利亚公园，有点遗憾，此生或许不再重临温哥华，维多利亚公园的艳丽就无机会一见了。我们此行是为了会见学军，游览并非目的。我们只有半天时间空闲，如果出发前坐下来好好商议，这唯一的半天只能去一个地方，选择哪儿？我会选择市中心。学军会选哪儿呢？宝平、露露又会选哪儿呢？他们对这半天的选择，不需要如此认真，他们有的是时间，来日方长呢！重游温哥华不是小菜一碟吗？

我的忘年之交学军和观宇伉俪。

八

温哥华的市中心保留着十九世纪后期到二十世纪初期的城市建设风貌，我感到一种亲切感，因为温哥华市中心的街景很像我童年时看到的上海靠近外滩的一片。六七层高的办公楼和商业楼，不宽的马路，马路的砖铺路面，马路两侧很典雅的铸铁灯柱，整个街景就是二十世纪初的。

温哥华市中心的一个十字路口有一座很特别的钟，落地的钟有二点五米高，驱使这座钟的秒针、长针、短针十分准确地按分按秒跳动着的不是电力，而是一台蒸汽机，这台小型的蒸汽发动机就在钟的底座里，透过玻璃，行人可以看到小型的蒸汽机在工作着。整座钟的四面都是玻璃，游人走到这个路口，都要驻足仔细地观看这座闻名的蒸汽钟，都会在蒸汽钟前留影。这是温哥华的一景，我们欣赏了。到此一游，我记住了。

九

我们在市中心的一处十字路口，找到了一家以牛排出名的餐厅，餐厅颇大，上下两层，我们上了楼，在一个角落里坐定。在温哥华和学军共进的第二餐就是吃的牛排。名不虚传，牛排做得很好。餐后由露露驾车返回酒店，到酒店后，我们便与学军道别。短短的一个下午、两个晚上，我们畅饮充满友情的佳酿，非常愉快。人生不就是这样的吗，结交一个真心的知己不容易，知己的朋友能聚一聚也不容易，我们是幸运的。

第二天是星期日，学军的代表团返回北京，一清早就要离酒店去机场，所以回到酒店便说好第二天互不送行，下次北京再见了。第二天上午，我们离温哥华回美，在温哥华机场有一闸口要检查护照、机票，过了这个闸口就算进入美国了，再不用拿出护照来。飞三小时抵达旧金山，我2010年后的第一次旅行平安结束，欣喜归来。

回到家，立刻走到阿兰面前，她没有表情，不知道她怎么想，见我出现了，心里高兴吗？阿兰抱病在家十年，这是我唯一一次离开她两晚。如果阿兰不患失忆症，知道去会学军，她也一定高兴得很，也会和我一起去温哥华的。

去温哥华是11月中，逢七之年接近尾声了。这一年过得很好，一连串的活动值得我记录下来，成为永久的回忆。

兰谢留芳

一

2009年10月9日，我和阿兰迁入新居，后将医疗关系转到同一个医疗集团的另一个门诊所，离新家比较近。换了门诊所便换了家庭医生，这一转换变化很大，新的家庭医生怀疑此前对玉兰病情的诊断，请神经科医生重新作详细的检查和研究，最后确定玉兰患老人失忆症。因为科学家和医学家至今没有研究出老人失忆症是如何患上的，因此也没有研究出如何治愈老人失忆症。这种病现在的医学还治不了，这是最可悲的。玉兰为什么会得失忆症？我想不通。她的家庭成员中没有这种病史；她是很乐观、心地善良的人，没有理由这样的不幸落在她的身上。

玉兰得了老人失忆症，医生只告诉我们病人得了什么病，没有告诉我们怎么治疗这种病，甚至没有告诉我们用些什么方法、吃些什么食物可以延缓病情的发展。这真是太可怜了。医生只告诉我这是个长过程，可能十年，可能更久，我们深感无助。

我们没有乔迁之前，玉兰被诊断曾经得过一次小中风，医生的嘱咐是以后要小心。怎么个小心法？天知道。一般老年人有三高，有了三高容易中风，玉兰体质很好，血压、血脂、血糖都正常，那怎么小心呢？总之不用吃药、不用治疗、只要小心，那就是完全正常的生活，我们一切如常。在正常的生活中，我们欢欢喜喜地看房子、买房子、搬房子，想不到玉兰得了老人失忆症，我们的生活就开始不正常了。

怎么了，是风水不好吗？不是的。房子很好，环境很好，景观很好，有山有水，整个海湾尽收眼底，这样的宝地，当然风水很好。问题是不搬新居就不换医院，不换医院就不换医生，不换医生就不知误诊，但总有一天误诊是要被纠正的，早纠正早知道，这是好事。纠正玉兰被误诊的医生朱庆华做了一件好事，但这是至今没有办法治疗的病，朱大夫也无能为力，所以只把病历上的误诊记录删去恢复真相，并不能把玉兰身上的病治愈恢复健康。

于是我们的生活开始新的方式，玉兰是我们全家的中心，照顾玉兰是我们日常生活的主要方面。神经科医师对我说：玉兰现在还在最初的阶段，失去了平衡的能力，很容易摔倒，同时双臂双腿都在逐步地失去正常的活动能力。我们迁入新居以后，玉兰开始不能握笔写字了，不能握筷子进餐了，她自己对于这种种情况的发生很烦躁，很不悦，我知道这是病情在发展，不能逆转。神经科医师告诉我：下一阶段病人将失去语言能力，不会用语言和人沟通了。玉兰的语言能力是慢慢失去的，由说的少、说得简单，到完全不说大概延续三四年时间，她被诊断后的第二年、第三年还能够说话，第四年、第五年还能够作极简短的回答，再后来就完全不出声了。

这位神经科医师名 Jeffrey Javerbaum，他对我说："你的夫人得了失忆症（dementia）。"没有具体说清楚是哪一类失忆症。

二

2009 年 10 月 9 日，我和阿兰由居住了二十年的东湾卡斯楚谷迁到半岛的希尔斯堡，这是值得纪念的人生旅途的转折点。在离开东湾前和迁到半岛后，我们邀请了往来最密切的朋友来参加我们的人生转折。10 月初在旧居，请来了许世敏郑培蒂夫妇、唐梦湘喻丽清夫妇、高德蓉和李国珍，宾主八人，五女三男。

这是一次很有意义的小聚，向这幢我们熟悉的住宅告别。在东湾我们曾多次易屋，而这幢住宅我和阿兰住了整整十年，颇有感情，离去还真有点舍不得。迁出前不久，我刚刚把整幢住宅的大小房间换了樱桃木的地板，厨房、浴室换了漂亮的瓷砖，居住了十年的房子像新的一样。我们请来的六位客人对这幢住宅也颇熟悉，他们来这幢住宅作客应不下十次。这最后的一次人不多，很亲热，谈笑极欢。

有国珍在，必有摄影，这一天摄的影成为极珍贵的纪念。当时五朵金花有一张合影，金花们都侧着身，排成一行，顺序是郑、李、高、喻、黄，后者的手挽着前者的臂，十分亲和。这是十年前的照片了，岁月流逝，人事已非，五朵金花已折了三朵，高德蓉、喻丽清和黄玉兰三人已在另一个世界。

10 月 9 日迁入新居后，我们又于 11 月初请这些朋友来新居一聚，此聚多了王性初夫妇二人。这两次相聚时隔一月，所有烹调厨务都以玉兰为主，她做得高高兴兴，并无异样。

第二年4月末，我和玉兰飞上海，参观上海世博会。由上海归来去医院就诊，才得知玉兰患老人失忆症。

从此我们的生活有了很大的改变，首先是思想上的改变。医生说失忆症可能为时十年，或许更久，所以我们必须有充分的思想准备，玉兰得这样的病，最受直接影响、最需认识清楚、最要思想准备的是我和宝平。我自己作的决定是陪玉兰十年或更长久，任何情况不送玉兰去医院，就在家中护理。我把我的想法告诉宝平，得到他完全的支持赞同。阿兰一生的最后十年便在窗外风景如画的新居里平静地度过，她最后十年的生活单调刻板地、没有变化地重复着，最后的五六年她不说话，没有表情，连个点头摇头都没有。她还有思维吗？她是怎么想的？她感到痛苦吗？我不知道，这漫长的过程对她是多残忍的折磨，我尽努力让她睡好、吃好、坐着舒服。可是她不会说话、不能表达，不舒服我也不知道，她也只好忍受着。

三

如果阿兰没患失忆症，即使她真正有过一次小中风，我们小心一点，格外小心一点，生活仍可以正常地过下去，那么这十年应该是玉兰最幸福、最快乐的十年。我退休了，全部时间可以陪她；新居环境好，天天生活于海湾美景之中；经济比较宽裕，我们可以去各地旅游：欧洲、日本和澳洲。可是她病了，得了日益严重、无法治疗的失忆症，把她应该得到的美好的生活全剥夺了，这对她是太不公平。

2010年年中，我们家又添丁，露露生第二个男孩，宝平、露露有了四个孩子，两女两男，十分美满。他们是怀、宝两辈中儿女最多的。这最小的男孩属虎，家里叫他小老虎，从婴儿时期开始身体特别壮，真像一只老虎。又添一孙，阿兰特别喜欢。

2010年，阿兰被确诊为老人失忆症以后，我们作了一次短程的旅行，由宝平驾车去了洛杉矶。我们下榻堂妹怀凯家，在洛杉矶访友逛街。当时对老人失忆症还知之甚少，不知道以后的日子将怎么过。

我们迁入新居后，有一段时间我们反复讨论要不要拆掉我们买的旧楼，重建新楼。宝平和我都主张拆旧建新，所以2010年2月，就动工了。我们买的房产，包括两英亩多的地，面积虽大，但是坡地，满坡的橡树，有许多橡树树龄百年以上，是不允许砍掉的。在这片土地上有两幢房屋：主楼是旧的，大约造了三十多年了；另有一幢客屋是全新的，我和阿兰迁入新居就住在客屋。客屋二卧二浴，中间一厅较大，起居室、餐室、厨房均包容在内。阿兰的最后十年就是在这座客屋内度过的。

我的嫡堂妹怀凯和她的先生童恩川，由洛杉矶来看望玉兰。

头二年，阿兰还可以走动，不过容易摔跤，阿兰在新居里摔跤不计其数，但始终没有骨折。这三年我陪伴她、照顾她。我一边照顾阿兰，一边兼顾着建筑施工。

我的嫡堂妹怀诗和她的先生高麟书，由洛杉矶来看望玉兰。

在这座面积比较小但房型非常好、景观特别美的新居里，我们常常邀请朋友来聚餐，谈得尽兴，忘了玉兰的病。玉兰以善烹调在朋友圈中知名，慢慢地她不能掌勺了，由我代庖，每逢此时她必站我身后加以指点，以表示她的存在。我知道她的心情，所以喜欢她在我边上，让她觉得她还在主持厨政。

我们也常常一起出门，每星期我去超市买菜，去商场购物，去门诊药房，去银行邮局，我都带着她，她生活正常，似乎不觉得自己患有不治之症。

但是随着时间推移，她的病在慢慢加重，她不能走动了，用轮椅代步；她不能上车了，我抱她上去。那时候每次外出，我用轮椅推她到车门旁，把她抱起来放到车座上，那时我八十五岁了，这一串动作不容易，好朋友陈愉庆在一旁看了，连连叹息不止。

唉，夫妻一场，人生到了最后阶段，健康的就要照顾有病的，我做着一个普通的健康人能够做和应该做的日常事情。

阿兰被确诊后的第四年，有一夜阿兰半夜要如厕，她没有叫我就自己下床了，可移动的轻便马桶就在床边，可是她一下床就摔倒了，这一次把马桶也撞翻了。我听到响声立即起来，把马桶扶正，把阿兰抱起来如厕，然后把阿兰抱回床上。但马桶倒了，地上有许多水，地毯浸在水里，我必须立即清理。我用吸尘器吸去水分，再用清水擦洗，再吸去水分，这样忙碌了一阵子。其实这不是第一次，但是这一次我出了问题。我准备上床再睡的时候，突然耳鸣，不是一般的轻声的耳鸣，而是声音非常响。我想这麻烦了，但是半夜三更，我若把宝平叫醒，会影响全家人，就睡下再说吧。

后来不知是耳鸣停了就睡着了，还是先睡着了耳鸣就停了，天亮才醒，起床后发现了新问题，视觉出现重影，看什么都是成双成对的。于是告诉宝平，他陪我去就诊。先到了眼科，眼科医生说，视神经移动，所以出现重影，会自行恢复，重影会消失，没有办法治疗，不能求快。我问要等多久，他说半年吧。我又去神经科，神经科大夫说重影问题是视神经的问题，会自动康复的。我问他要多长时间，他说三个月，比眼科医生说的半年缩短了一半。后来我在两个半月后重影消失，视觉恢复正常，我又可以驾车了，如虎添翼。这位神经科医师就是 Dr. Javerbaum。

在出现重影问题的几个月后，一天我去中国超市购买食品。我结账付款后，正推着车往外走，突然头痛欲裂，到了站不住的地步。我坐在超市地上，打电话给露露，告诉她情况，要她马上来接我回去。露露很快来到超市，我说先回家吧，我的汽车就先泊在这儿。露露说不能先回家，我们立刻去急诊。到了医院急诊室，一量血压非常高，然后做了 CT，观察我的病情作出诊断的大夫正是 Dr. Javerbaum。他对我说，你有过一次小中风，使我想起三年前他观察玉兰的 CT 后说的话：从来没有发生过小中风。怎么有过小中风的是我？张冠李戴，好像我们夫妻间总得有个人得一次小中风，否则对不起 CT 和大夫。我问大夫我的小中风发生于何时？大夫说很久以前，没法判断具体的年份。在 CT 里只看到绿豆大的小小一个点。他说有过小中风，就要特别小心。他要我每天吃一粒降胆固醇的药，别无他法，小心就是。风水轮流转，现在是轮到我要小心了。

四

耳鸣和重影以后，宝平认为我太累了，护理玉兰的工作不能再由我一人承担，于是开始请护工，那是 2013 年春。几个月后，我在超市几乎昏倒，宝平不让我再和玉兰睡在同一个房间，必须晚间休息好。我就睡在书房里，玉兰看不到我，她就走到书房找我。玉兰起床从卧室走到书房，要穿过起居室和餐室，很容易摔倒。陪她的护工就扶着她，玉兰每夜如此，而且一晚不止一次，只好再作变动。宝平将主楼内的一套房间改为我的卧室，每晚安排好阿兰上床后，我就去主楼就寝。玉兰找不到我一定很失望，这样对待病中的玉兰，我实在不忍，但也别无他法。宝平对我说："如果你也病倒了，情况将不堪设想。"

请护工可不是一件容易的事情，要登报、要接电话，要一一见工，要讲条件，要试工，办妥了，护工请好了，可是过不了多久，请好的护工又辞职了，理由是各种各样的，总之不干了。于是又要登报，又要见工，又要试用，如此反复，没完没了，从2013年的春天到2015年的秋天，换了十个护工。这十个护工中有上海人、浙江人、广东人、四川人、北京人、东北人、台湾人；有大学生、有具医护经验的；年龄从二十多岁到五十多岁。

第一个护工是个学生，刚从中国来，是个聪明灵巧的女孩子，她照顾玉兰蛮长时间，到了第二年，她的男朋友来了，结婚了，这份工作就不做了。从此护工频繁更替，使露露感到很大压力。

2014和2015两年中，护工频繁更换，各有各的原因，但所有离去者都是自己请辞的。我对聘用的人员一律十分友善，决不亏待的。应聘者均为生计，各有各的难处，我与被聘人的关系，是雇主和雇员的关系，我居强的一方，护工居弱的一方，在人际关系上，强者要照顾弱者、体谅弱者、优待弱者，因此来我家做护工的人都觉得关系很好相处。在这些护工中确有多位人品甚佳的人，有两位是我的家乡人。一位是浙江绍兴人，毕业于杭州大学，主修生化，她因婚姻关系来到美国，接连生育三个孩子，待孩子成长，她可以抽身时，已失去继续深造再上学的时机，就职也受局限，于是来应聘护工。另一位是浙江仙居人，丈夫在一贸易公司工作，三个子女都上大学，她本在家忙碌家务，偶有朋友介绍来我家临时替代护工。此人十分文雅，做事认真负责，是一位虔诚的基督徒，她的人品犹如她的家乡地名一样美好。这两位家乡人现在境况都非常好，她们还常想着来看看我。

还有一位上海人，小名金妹，她的长兄嫂毕业于清华大学，来美后就职于惠普公司，她因此来美国，见我登报聘请护工，前来应聘。金妹生活习惯与我们相近，尤其是她善于烹饪，烹得一手上海佳肴。阿兰似乎也很喜欢她，她的护理一定使阿兰感到舒适。可惜遇到了意外，金妹的二哥、一个单身中年男士突患重病，金妹必须回上海去照顾兄长，我们也无法挽留，只好再登报请人。

2013 年到 2015 年是阿兰患老人失忆症的中期，平衡的能力完全丧失，语言的能力逐渐消失，她的日常生活悄悄地在改变，由最初的扶着走路，改变为在室内也用轮椅。每天早晨七时，我起身后来到客房，我先准备早餐，七时半左右，我帮助护工给阿兰起床，我抱她起来放在轮椅上，护工阿姨帮她洗脸漱口穿衣，然后推到起居室，我又抱阿兰从轮椅移到沙发上，打开电视，阿兰就整天坐在电视前，大部分时间电视在播放，阿兰是否看得懂，是否喜欢，不得而知，但在我想来，有个画面有点声音，总比什么都没有好。然后喂阿兰喝水、喂阿兰进食都由护工阿姨按时耐心地进行。最困难的是大小便，阿姨一个人很难处理，也要我帮手抱阿兰上下便盆。中午阿兰要上床躺一会儿，并非午睡，而是换个姿势，以避免长褥疮，我又把阿兰抱上床抱下床。最后到晚上九点钟，阿兰上床睡觉，我抱她上床，每晚这时候我就会想，阿兰又过去了一天。半夜里阿兰有任何动静都是阿姨处理，做护工非常辛苦。

我每天早晨做的早餐是优先考虑阿兰的饮食，均匀地增加阿兰的营养。每晨煮三个鸡蛋，煮一锅红薯生姜汤，我和阿姨除鸡蛋、红薯汤外，还有面包、黄油、果酱。阿兰的早餐是把红薯、鸡蛋打成糊状，加芝麻粉、花生酱、蛋糕、椰子油等，每晨一碗，由阿姨慢慢地喂。椰子油是补脑神经的，这是好友陈愉庆告诉我的，我便一直用椰子油喂阿兰，总有点好处。阿兰的午餐、晚餐也是一碗糊状食品，用芋头代替红薯作为主要成分。芋头是广西的大芋头，我每周买一大个，煮熟后打成泥，置冰箱中，食用前加温，再加鸡蛋、肉松、鸡精、椰子油、线面等有营养食品。用这些食品维持阿兰的营养。这些食品，我每周购买一次，长达十年。

五

2015 年底，在职的护工阿姨辞工，我只好请浙江同乡来临时顶替，解燃眉之急。当时金妹正巧回美国小住，她给我介绍一位上海同乡，是她介绍的我当然放心，但要过了年才能来上班，年前可以由她妹妹先来代替。这俩亲姐妹姓毛，姐名根玲，妹名根芳，姐妹俩人都十分能干负责，请到如此好护工，诚阿兰之福。

2016 年开始，阿兰患失忆症进入后期，凯撒医疗集团的医生朱燕楠每隔两三个月来看玉兰一次。她告诉我："玉兰的病情已进入后期，再过一年左右，她将逐渐失去吞咽能力。"这是残忍的现实，没有有效的药，没有治疗方法，看着她一天天、一月月地消瘦，无法逆转。这时候朱医生要我填个表，当病人垂危的时候，我要求医院做些什么。我说："玉兰得的是慢性病，无法治愈的病，不需要抢救，不要增加病人的痛苦。"

根玲是在玉兰的病情进入后期时来护理病人的，工作量重，责任也重，特别艰辛。根玲非常尽心，她做了许多我们亲属未必能做的事情，我很感激她。我对她说：请你护理玉兰到最后，不可能有其他人做得比你更好，等玉兰走了你再回上海，你想要办的事我一定帮你办妥。后来她答应我的她做到了，我答应她的我也做到了。在玉兰辞世后，根玲在我家住了三个月，有充足的时间处理她要办理的事情，我和露露帮助她办妥所有她想办的事，最后送她登机。别后逾三年，我们一直保持着联络。2019 年我回上海，她来看我三次，每次大包小包带一大堆的食品。根玲回去了，她的妹妹根芳仍在旧金山湾区，继续做照顾幼儿的工作，十分辛苦。她常在忙碌之余制作粽子、饺子等食品送来给我，真是有心人。

2016 年开始，阿兰的失忆症进入后期，失去语言的能力，完全不会与人交流。宝平五十岁生日，她参加了，不知她是否知道她最爱的儿子年到半百。

失忆症患者最后失去吞咽能力是一个缓慢的过程，朱医生对我说了以后，有两年时间退步甚慢，不觉得在退步。到了 2018 年，才发现食物喂到玉兰嘴里，她一直含着不咽下去，我常常坐在她的面前，做吞咽的动作，让她想起来如何吞咽，这样或许有一点用。进入 2019 年，情况就严重了，完全忘了吞咽，没有营养，很快消瘦了。

六

我知道我的阿兰的日子不多了，我守护她十年已快走到尽头，六十五年的不离不弃、相濡以沫的日子很快要到终点。人生苦短，分别在即，我们必须开始做好准备。

这年年初我对宝平说：妈妈的日子不多了，你做准备吧！于是宝平立即购买墓地，联络殡仪馆，定好棺木，准备好所有的事情。我去服装店为阿兰购买衣服，阿兰素来节俭，这最后穿的衣服我选择质量好的。

阿兰的日子不多了，我必须将这不幸的消息告诉亲友，特别是国内的亲友。阿兰还有二弟一妹在家乡安徽，必须让他们尽早知道。

我于4月中通过微信发了致玉兰家人、亲人和友人的一封信：我在信中说：时至今日，我有责任向玉兰的亲人、爱她的人、关心她的人报告她的病情，让我们都有个思想准备，今生今世我们有缘成为一家人、成为好朋友，不久的未来我们要分别了，没有任何力量可以改变这种可怕的不幸，唯一的安慰是玉兰可以最后解脱。她现在的状况很可怜，也应该解脱了。所以我们不准备用鼻饲、插胃管等医术手段延长生命，那会极大地增加她的痛苦。玉兰今年八十六，正走向八十七，也可称高寿了。我们生活在一起整整六十五载，也可称长久了。人世间就是这样：有合有分，有聚有散，有乐有哀，有喜有悲，我们有什么能力可以改变这种状态呢？我把玉兰最后几年的情况报告你们，请你们记着她，她曾经是你们的一个好姐姐，好嫂嫂，好阿姨，好朋友。

我这封信是 2019 年 4 月 17 日发出的。

七

我的阿兰到了最后的日子，她和她深爱的全家人在一起的时间只剩下几天了。我打电话给朱燕楠医生，告诉她玉兰的情况，请她来作个诊断。

朱医生来了，她作了仔细的检查后告诉我们，玉兰已经感染肺炎，呼吸困难，她非常不舒服。不要再喂她任何东西，她已经完全失去了吞咽能力，再喂食物只能流到气管里，使肺炎加重。你们现在要做的就是让她舒服地离开，不要增加她的痛苦。朱医生说：玉兰大约还有三天时间，你们做准备吧。那天是四月十七日。

从那一天开始，玉兰不再睁开眼睛，进入弥留状态，我弟夫妇来看大嫂，玉兰也不睁眼。4 月 20 日星期六，好友马大京陈愉庆伉俪专程来向玉兰告别。4 月 21 日星期日，妹妹来向大嫂告别，还有亲戚王惠芳、王淮、王薇姐弟三人来见玉兰最后一面。唯一在美国求学的玉兰娘家人彭嘉懿也专程赶来向姨婆告别。这一天孙子昌宇从北京来电，祈奶奶一路走好。亲友来看她，我大声告诉玉兰，不知她听到没有。

星期天儿子不上班，孙子不上学，大家都在家。阿兰进入弥留状态已经四天，呼吸微弱，但她舍不得走，舍不得离开她的最亲的人，她还撑着。夜深了，让孩子们向奶奶告别，各自去睡觉。夜间我多次察看玉兰的情况，她还艰难地呼吸着。第二天早晨，阿兰还在微弱地呼吸，我和宝平夫妇、昌宁和他的新婚妻子继续守在阿兰身边，随时准备送阿兰远行。一上午过去，阿兰还坚持着，到了午后，阿兰的呼吸极度微弱了，我们打电话给临终护理医生，请她立刻来。医生记录了阿兰告别人间的准确时间，阿兰于 2019 年 4 月 22 日 13 时 30 分辞世。

阿兰 1932 年 9 月 29 日来到这个世界，2019 年 4 月 22 日离开，在世八十六年七个月。从这一天开始，阿兰永远地离开我们，永远地离开这个家，我永远地失去了阿兰。

下午四时殡仪馆的灵车来接玉兰，我和我弟夫妇、宝平、露露、昌宁、英达、昌安、昌宓、昌宾、昌守和根玲护送玉兰去她远行的第一站。根玲放声大哭，我心里非常凄凉，今晚上阿兰就不在家里了，就睡在这冷冰冰的地方，人生多么可悲，生死之间只差一口气，只隔一扇门，咳！人与人之间，到了生死之别时多么薄情。我舍不得就此与阿兰离别，但我完全是一个懦夫，无所作为。

我的阿兰远行之后，我的处境完全变了，每次进屋，第一眼一定是看本来阿兰坐的地方。阿兰不在了，我非常失落，这时候我明白我失去阿兰了，永远失去了。我的心沉下去，深深地沉下去。我觉得不能自拔。

八

殡仪馆离我们家很近，大约十分钟车程。第二天我们去殡仪馆商讨殡葬细则。在殡仪馆举行追思礼，一般用基督教的仪式，请牧师主持，唱宗教颂歌。宝平认为我们不信教，玉兰也不信教，我们可以不请牧师，不用基督教的仪式，我们把追悼会和葬礼合并在一起，在墓地举行。时间定在4月27日上午十时，我们和殡仪馆、公墓三方商定时间，各方按时完成各项工作。

殡仪馆方面提出，在墓地露天举行追思仪式，不宜瞻仰遗容。我认为这更好，不瞻仰遗容，让亲友的心中永远保留着玉兰甜美快乐的形象。但家人还是要向玉兰告别的，于是定4月25日下午四时在殡仪馆的厅堂里，举行小规模的亲人告别仪式，三日前护送玉兰来的亲人都来了。我们到达时灵柩已安放在前方正中，我们站定后殡仪人员把灵柩打开，我们最后一次瞻仰遗容，我最后一次向我的阿兰告别，心里非常痛。在灯光下，经过化妆的阿兰脸色很好，她换上了我为她准备的衣服，安详地睡着。我上前一步，贴近灵柩，我伸手摸了阿兰的面颊，又摸了阿兰的右手，我把一册《穿越三个世界》放在她的右手边，我祝愿她一路走好，我们来世再见。然后我为阿兰盖上丝质的被子，接着儿子媳妇、孙儿孙女都为他们最爱的妈妈和奶奶盖上一层层的被子。我双眼饱含泪水，生离死别，我的兰，再见了。

九

安葬玉兰的公墓，离我们家很近，从我们家步行去公墓，一路下坡，十五分钟可以走到，回程因是上坡，要多一点时间。这座公墓的名字叫圣约翰（St. Johns），和我在上海读的高中、大学同名。这是一座小公墓，十几英亩土地，现在已快售罄。宝平购买了两个穴，两穴紧贴着。穴很深，已浇注钢筋水泥的椁，可以上下两层安放两具棺木。阿兰占了下层，上层是留给我的。相邻的一穴是宝平为他自己夫妻俩买的寿穴，百年以后我们永远贴近在一起。这个公墓位于旧金山湾区最好的地区，夹在两座城市之间，周围土地都是寸土寸金的，宝平购两穴，价二万二千元，真不贵。我们喜欢这个地方，因为离家近，经常可以走过去看看逝去的亲人。现在有亲朋来，我常陪着去看阿兰。

二十七日晨我们一早到公墓，公墓工作人员已经把土清到一边，露出墓穴，灵柩架空安放在墓穴上。公墓为我们搭了帐篷，安排了座位，座位面对墓穴，墓穴两边堆满了亲朋送的鲜花，正中间有玉兰的巨幅照片。十时整追悼仪式开始，由我弟怀洵主持。他简约地介绍了玉兰，然后由宝平发言介绍母亲可歌可颂的一生，接着是昌宁讲述对祖母的回忆，昌宁是祖母一手培育的，没有祖母，就没有昌宁幸福的今天。接着我上前向阿兰的遗像三鞠躬，向她告别，愿她安息。然后亲友们鱼贯向前，向阿兰鞠躬告别，我和儿孙们站成一行，向亲友回礼。追悼仪式简朴肃穆，没有音乐，没有颂歌，仪式结束后随即举行葬礼，公墓的工作人员将灵柩徐徐降下，安放穴底，然后请在场所有人投一枝鲜花送给玉兰。葬礼完成后，请参加葬礼的亲友在香满楼酒家午餐。整个追悼安葬仪式，堪称庄严隆重。当天有七十人参加追悼仪式，极尽哀荣。

十

有哪些亲友来参加玉兰的追悼仪式呢？

还记得我提到过的五朵金花吗？在玉兰之前，已经有两朵金花去了另一个世界，高德蓉和喻丽清在极乐世界迎接玉兰。人间还有两朵金花，郑培蒂和李国珍来到圣约翰公墓，送玉兰远行。

还记得我提到过的忘年之交吗？唐学军在万里之外，不能亲自前来送别，她电告她的女儿必须去旧金山送行。唐诗和她的先生王乔半夜从洛杉矶驾车出发，九点多钟到达公墓。

还记得我的圣约翰同学蒋维良吗？他以九十高龄由南湾驾车来到半岛，牵着近乎失明的夫人来到公墓悼念玉兰。

还记得我的星岛日报的同事们吗？星岛日报送了一只特大花篮，一群同事前来吊唁。

还记得光临我九十岁生日的邻居们吗？甲骨文公司的副总裁、旧金山加州大学的名医，还有印度贵族之后。

还记得我相识三十多年好友刘信美吗？她和她的杰出科学家丈夫 Johnson 一起来送玉兰最后一程。

葬礼中最多的参加者是我的家族，我弟弟的全家，我妹妹的全家，我弟媳妇娘家的全家，姓程的亲属二十多人。但玉兰娘家的亲属只有一人，是玉兰的妹妹的外孙女彭嘉懿。我虽然早把不幸的消息告诉玉兰的弟妹，但他们不可能快速地办妥出国手续。

4 月 27 日葬礼的参加者，还有许多位我没有提到的，这么多人送玉兰最后一程，玉兰九泉有知，应深感人间有情，亲友都爱她，舍不得她走。

无可奈何花落去。兰花谢了，永留芳香。

谈笑宏儒

一

2019 年 7 月 6 日晨，我收到一条微信。微信甚短，只有五个字：“我是叶宏儒。”五个字的微信，字字珠玑。

我立即复他，我的复信的字数是他来信的六倍。下面便是我的复信的全文：“我的天啊！能联络上你是天大的喜事，你知道我有多想念你。我老泪纵横了。”

为什么是天大的喜事呢？叶宏儒和我失联了半个世纪，大约有五十年我不知道他在何方，他不知道我在哪里。我一直在寻找他，向所有知道他的人打听他的下落，但一直没有他的讯息。五十年在人的一生中是漫长的，是半辈子，甚至大大超过半辈子。他在找我，我在找他，双方都没有放弃。失联五十年而双方没有放弃寻找，这是最最珍贵的坚如磐石的友谊。

突然传来“我是叶宏儒”的声音，我探索了五十年，寻找了五十年，等待了五十年，突然听到了响铛铛的呼声，怎么不激动呢？如果在三十年前，我会热泪盈眶；如果在二十年前，我会泪流满面；而在五十年后的今日，我只剩老泪纵横了。在神圣的友谊面前，年龄又代表什么呢。

五十多年前，我们初识时，我三十多岁，宏儒二十多岁，我俩都属龙。五十多年过去了，宏儒把自己的年龄加上十二，便知道怀澄该过九十了，这人还在人间吗？这是很自然便会想到的。还要不要寻找呢？宏儒也想到了，但他认定怀澄一定还活着，他一点都不犹豫，继续寻找，一定要把他找到。他后来对我说：你自律的能力很强，生活有规律，你一定长寿，你一定还健康地活着。

三十个字的复信中最倾吐真情的是四个字："老泪纵横"。宏儒的五个字换回我的四个字，宏儒是深深地理解的。

使我老泪纵横，这个叶宏儒是何方神圣呢？这可要把时间退回到上个世纪六十年代初，那时我在广东省茂名市参加石油城的建设，叶宏儒大学毕业分配到了我们的公司。我们很快认识而且很快熟悉。那是个特别重视政治的年代，而我当时的身份是右派分子，虽然我不是一个反党反社会主义的什么份子，这顶帽子错误地扣在我的头上可真正害苦了我。当时群众就是这样看待戴着帽子的人的，因此有人好心地对叶宏儒说："程怀澄是右派分子，你不要和他走得太近。"叶宏儒回忆当年，他没有把好心的规劝放在心里。

回忆当年，是什么缘分使我们走近，使我们成为朋友，继而成为好朋友？既然在同一个公司工作，相识是迟早的事。不过我们的第一次见面，不是在工地上，不是在办公室，也不是在上班时间，不是因为工作，当时我在宿舍前的空地上蹲着洗衣服呢。我穿着黄卡其布的裤子和蓝色的上衣，宏儒觉得这个人的装束与众不同，便也蹲下来和我聊起来，我们的交往从此开始。我的天啊！我当时的衣着并没有什么与众不同，真正与众不同的，是那无形的帽子扣在我的头上，初次相识的宏儒看不见的。有好心人对他说了，他却不放在心上。现在想想宏儒的觉悟真不高，同事数以千计，为什么拣个右派分子做朋友呢？

幸运的是这个右派分子是个赝品，此人的右派言论都是一位姓李的项目人员私底下创作的。所以和这个右派分子在一起没有危险，事实证明完全没有危险。

当年分配到我们公司的大学生还有两位，一位是同济大学毕业的谢国安，另一位是大连工学院毕业的何发复，他俩和宏儒住在同一间单身员工宿舍里，因而何发复和谢国安也都成了我的好朋友。

因为有无形的帽子在我头上，因为这么一层关系，我更珍惜我和这三位年轻人之间的友谊。

二

2019 年 7 月，西安一位老同事韩国珍的儿子韩大伟到访故乡天津，大伟拜访宏儒时，宏儒又向他打听我的下落，大伟回答不知道，但答应回西安一定帮助寻找线索。受人之托，终人之事，大伟十分认真，虽然他并不认识我，却真把我当作好朋友四处打听，得知我移居美国，又打听我出国前在何单位工作，和哪些人交往。得知我曾在三中执教，便向三中打听有谁知道我的下落，经过多位同学和老师，最后找到熟悉我的学生黄敏慧，她把我的微信代号告诉大伟。

谢谢高科技的神速发展，天南地北，万水千山，数分钟内就可以联络到失去联络五十多年的老朋友。宏儒和我的联络从 2019 年 7 月 6 日重新开始。我失去宏儒五十年的同时，发复也失去宏儒，宏儒也失去发复。宏儒在第一时间就向我打听发复的情况，我告诉他我一直保持着和发复的联络，从来没有中断过。我把发复的电话和微信代号给了宏儒。

有了发复的微信代号，宏儒很快建立三个人的小群。发复在小群里说：他可以很快去天津看望宏儒。于是我告诉他俩，我也可以去天津会见他们，但要晚一点，因为七八月份气温太高，我也需要时间办签证做准备。我初步确定的时间是 9 月下旬。

这就是我十年没有回国，突然商讨回乡之旅的最早的酝酿。

三

由叶宏儒牵头的故事，似乎讲得有点偏，为什么点了谢国安的名，却没有他的出现？

很遗憾，谢国安已经不可能再出现了。他于三年前去世，虽然我们知道他在西安，我每去西安会和他会面，但日常没有和他通信或通话，最后一次见他是 2007 年 11 月。

国安是一位非常内向老实的人，不善交际，甚至可以说不善与人交流。国安是福建人，当年福建高考的分数线是全国最高的，在福建参加高考，能考上重点大学委实不易。国安有个兄弟考上上海交大，昆仲二人学习成绩都很了得，智商都很高。他的兄弟能言善道，十分活跃，在待人处世方面，昆仲差别很大。

1963年春，宏儒、发复、国安和我同由广东茂名迁到西安。“文革”期间宏儒最早离开西安，发复1979年移居香港，已经整整四十年；我于1983年移民美国，也已三十七载。四人中始终定居西安的仅国安一人。

既然是很亲密的好朋友，怎么会失去联络的，有点不可思议。其实原因很简单，因为我们服务的单位是建筑公司，学土木工程的大学生必须到工地去。迁西安后，工地分散，宏儒、国安大多时间在外地，我们相聚的时间很少，常常一年半载都见不到面。1965年我离开工作多年的公司，去了机械技术学校，和宏儒见面的机会就很少了。差不多时间他调到驻宝鸡的一家公司，他就不需要回西安，我们已经不是同一家公司的同事。那时没有手机、计算机，但总觉得这个朋友就在那儿，丢不了的。日子糊里糊涂地过去，有一天想联络宏儒，却不知道他的下落，完全失联了。从那糊里糊涂之日大致计算，吓人一跳，半个世纪了。

宏儒说：他回过一次西安，到过我家，我在医院做静脉曲张切除手术，他骑了我的飞鸽自行车到医院看我，我一点印象都没有，他也说不出是否见到了我，是否说了话。

我们都说半个世纪没有联络，这话或许要打折扣，但也说不出一个准确的年月，可以断定我们失联了多少日子，多少年。说半个世纪是凑个整数，但也不是完全不靠谱。发复去港四十年了，我移民美国三十七年了，我出国之前在三中执教十年，宏儒不知道，三中之前我在农场三年，宏儒也不知道。这些年份加起来，不是达到半个世纪了吗，只多不少呢。

四

三位青春焕发的大学生，从五湖四海来到酷热荒凉的茂名，都是处男之身的小光棍，入夜在宿舍里多的是共同语言。

迁到西安后，情况在悄悄地发生变化，学土木的搬去工地，学机械的发复不需要搬去工地，但他很快就搬出单身宿舍，他是第一个退出光棍圈的。

机械化施工公司有无数大型重型机械，有修理车间，有零件加工车间，因而有许多年轻的女车工。有一批年轻漂亮的女工是从香港来的，其中有一名车工赢得了何君发复的青睐，他随即展开追求，很快告捷。这位香港小姐姓孙名志群，自从成为发复的女朋友，我们就都称她“小孙”，这个称呼，一直保持到现在。发复当年对我们这些哥儿们讲，他为什么如此快速堕入爱河，是因为小孙的一双漂亮的眼睛特别迷人，把他征服了。这句发自内心深处的心里话也在我们的记忆中保持到现在。而最神奇的是小孙迷人的眼睛和她的容貌也一直保

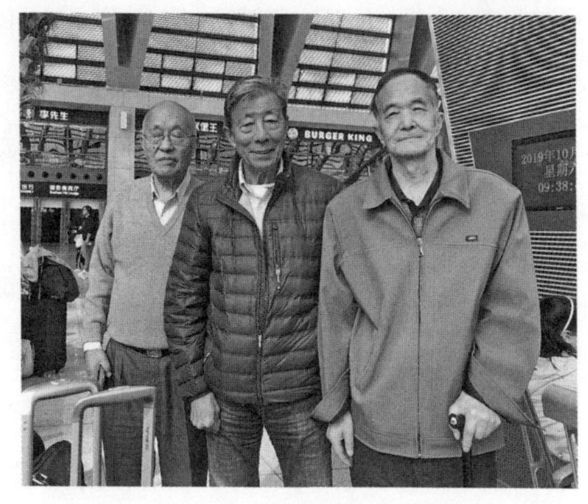

上个世纪六十年代在广东茂名和西安交往甚密的朋友何发复和叶宏儒，终于又在天津重聚了，我们称为“世纪之聚”。

持到现在，没有明显变化。

茂名是一处非常枯燥的地方，这原来是高州县的一部分，因为发现了油页岩，决定在这儿建造干熘炉生产石油，并把这个地方定名茂名市。最初的茂名市市中心只有几幢三四层高的楼房，茂名市委和市政府、石油工业部的茂名石油公司和建筑工程部的第五工程局。有个小小的百货公司，还有一座小小的电影院。

没有公园，没有绿地，没有池塘，没有小溪，望出去一片黄土地。这样的环境亏了发复。多情的、极有情趣的发复只能用他的小提琴创造浪漫的气氛，使小孙略感陶醉。

发复成家了，搬出单身宿舍，和我一样有了独门独户的家，和他同龄的国安在恋爱结婚的问题上，大大落后于发复。到了1969年，他来公司接近十年了，还是单身，还没有女朋友。那一年的夏天，我和发复在西安中医院做痔疮结扎手术，那是没有危险也没有痛苦的手术，我俩被安排在同一间病房里，两张病床紧靠着。闲来无事，我们说起谢国安的终身大事。发复告诉我，国安暗恋着一位小学老师，却没有勇气付诸行动。他建议我们代国安写封信给对方，透露仰慕之情，约她会面。发复要我捉刀，我慨然应允，便躺在病床上动脑筋，写了一封约会对方的信。写妥以后把信交给国安，他看了信既没有肯定的表示，也没有否定的表示。这封信的命运如何？我再没有追问。我想如果真寄出去了，也不会有好的结果。我既不是这方面的高手，而且代人捉刀，写得一点感情也没有，如何打动芳心。这可以说是我们当年做的最无聊的一件事，因为我们都三四十岁了，不应如此幼稚。

宏儒结婚也很晚，他到宝鸡，1969 年认识了宝鸡列车电站的一位女士祝桂萍。婚后宏儒调到列车电站工作，结束了建筑业的流动生活。1983 年调回天津，当年他四十三岁。退休后他就定居家乡，他的职业生涯有一个圆满的结局。

五

我答应宏儒和发复，9 月下旬回国，于是立即着手办理签证。适逢中美贸易战，中美两国的关系降到四十年来的最低点，拖慢了办签证手续的时间。我十年没有出远门了，也需要添置行装，做各种准备，到 9 月中一切就绪，只等出发了。

宝平为我预订了 9 月 26 日旧金山飞上海的机票，他陪我到上海后便折返日本，处理他的商务。

我在国内的全部旅程，宝平委托与他同龄的表姐陪伴照顾我。他的表姐是我妻子的外甥女，当然也是我的外甥女。外甥女姓王名易，在家我们叫她小易。小易极聪明能干，由她陪伴，处理旅途中的一切事务，真是最好的人选了。

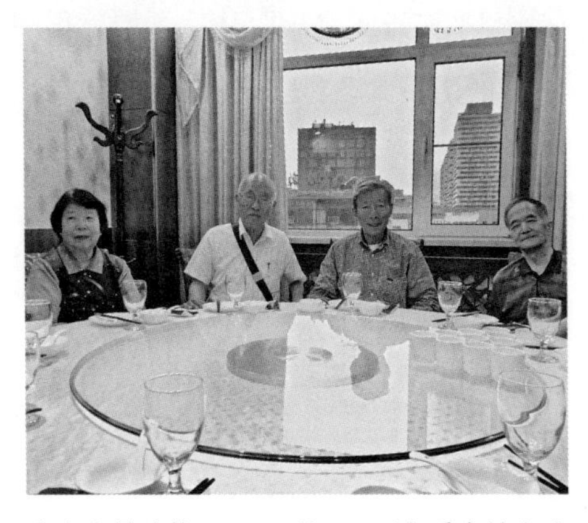

我由小易陪伴，于 10 月 2 日下午乘高铁由沪抵津，当晚宏儒设宴接风。图中左起：孙志群、何发复、怀澄、叶宏儒。

这次回国之旅，陪伴我的是两个人，一是宝平，一是小易，一平一

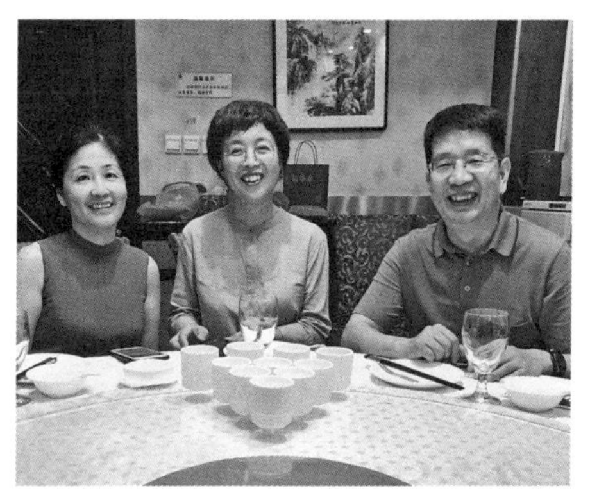

我的学生马建宁、金忆南伉俪受邀参加接风宴，最左者为小易。

易，是我旅途中最亲近的人。所以我把这次回国之旅称为“平易近人之旅”，这儿的近人是指亲近的人，并不是我的作风平易近人。我不是领导人，既不高高在上，何求平易近人。

我的这次回国之旅，计划要走七个城市，上海是国内旅程的起点和终点。第一个旅行的目的地是天津，第一批要见的朋友是宏儒和发复。

因为这次旅程日期接近国庆节，必须避开国庆假期的交通高峰，我在没有出发前便计划好国内旅行日程，由小易负责预订高铁车票。

“平易近人之旅”从一开始就很顺利，我们于 10 月 2 日下午平安抵达天津。我们听从宏儒的嘱咐，在天津西站下车。天津西站非常庞大，大堂一周都是通道，真不知道选择哪一条道、哪一扇门可以最快见到阔别五十年的宏儒，这一过程大约花费了一个小时。

宏儒坐在轮椅上，和四五十年前比变化不大，和周围一群人比，他比较白净清瘦。据他后来说：他在西安工地上负过伤，因而不良于行，在室内走几步是可以的，在室外便需要轮椅代步。轮椅是刚刚买的，为这几天的活动做的准备。我见到宏儒，有点激动。我们的友谊经过半个世纪的中断，一握手就接上了。

半个小时后，我们在宏儒为我们接风的酒店团聚，有两年不见的发复，十多年不见的小孙，十二年不见的我的学生马建宁、金忆南伉俪，还有宏儒的夫人桂芳，宏儒的儿子和孙子，大叶和小叶。当然在我身边还有小易。

10 月 3 日，建宁伉俪在恒大俱乐部设午宴招待。

到访天津的第二天，由马建宁、金忆南作东，宴请全部前一晚在座的人，并参观了恒大公司豪华的酒店、室外漂亮的人造景观，下午造访建宁、忆南的新居。

按我预定的旅程，我们在天津愉快地欢聚三天。短短的三天在宏儒的“陋”室里传出侃侃的谈话声、阵阵的欢笑声，真的是“谈笑有鸿儒，往来无白丁。”

10 月 5 日上午，小易陪我去北京，发复夫妇去长春，宏儒称之为“世纪之聚”的三天就这样结束了。

六

天下没有不散的筵席。畅聚三天要散，从青年到古稀老人，有多大的变化呢？差不多就是一个人一生的变化。见面还相识吗？交谈还相知吗？喜怒还相通吗？而且这次重聚是三方重逢，当年的魏、蜀、吴，现在还是魏、蜀、吴吗？

北魏的宏儒一直是公务员，退休了，安享晚年；西蜀的发复去港后下海从商，在商言商；东吴的怀澄移民美国，改行转业。现在三方坐下来，有共同的语言吗？

不必担心，魏、蜀、吴交谈得很好。三方达成共识：这次能够在失去交往五十年后重聚，起关键作用的不是金钱，不是时间，也不仅仅是三方共同的愿望，而是三者的健康都允许，所以健康是最重要的。不论做任何事情，没有健康做不成。

魏、蜀、吴三方的健康，完全允许参加这一次重聚。怀澄飞越太平洋，又乘高铁由南而北；发复夜行抵达深圳，再换飞机飞到天津；宏儒虽无旅途之劳，准备食宿亲力亲为。怀澄九十一、发复八十一、宏儒七十九，平均年龄八十四岁。这次重聚的成功不能不归功于三人健康均佳。好像上天安排好，给三人一次补偿。宏儒一再说：真是天意。

2019 年欢聚之后，我们三方都不认为是最后一次聚会，我们期盼下一次。我提出一个初步设想：2021 年春天我们在上海再聚。虽然是初步构想，但是完全可行的。三方都没有反对。问题的焦点，不是费用，不是时间，不是心里想不想，而是腿脚健不健。一年半以后，我们的身体能保持现在的状态吗？

不能靠天意，自己的健康要自己重视，如果我们能管好自己的健康，我们就可以再聚，我们就是赢家。

七

我详述失联半个世纪的叶宏儒终于找到了我和何发复夫妇，我们三方在天津重聚的经过，不由我又想起另一个朋友，这个朋友和我也失联了，也找到了，也重聚了。

近三年前，我曾突然收到一名学生的微信，也像突然收到叶宏儒的微信一样，使我非常地兴奋和激动。我回复她的微信也只有五个字：“我好想念你。”这位同学名白桦，她的父亲是我工作单位的党委宣传部部长，一位儒雅的领导干部，姓卜。她的母亲是中学的老师，我们的同事和朋友。在学校里，白桦的学名就是这两个字，她的妹妹的学名是白茹，给人感觉这姐妹俩姓白，可是她们有个弟弟叫寒奇，又避开了白字。我相信这都是她们妈妈的主意，她们的妈妈也有非常美的名字，名方玉，她点子很多又常常别出心裁，我很佩服她。

几十年不见的朋友有许多，白桦是我的学生，她离开中学之后便没有见过，分别半个世纪了。

白桦是我的学生，1974 年高中毕业，当时高中结业就是知青，一律上山下乡的。白桦离开学校去了哪儿，我不知道，想必是在农村。她是知青，经她自己努力考上了大学，就读于西安的一所重点大学“西军电”，因而她的青春没有虚度。我得知她的这一段经历，真为她高兴。在中学时她的成绩优异，斯文典雅，在学生中是佼佼者，使我一直记着她。当我突然接到了她的微信，就复了她五个字。如同我复叶宏儒一样，用“想念”一词，她告诉我这五个字使她十分震动。天地良心，我是一点虚情假意都没有，我和我的妻子真的常说起她想起她，她是我们最喜欢的学生之一，我不可能哄骗自己的学生。自从我们用微信保持联络以后，我和白桦成了很有共同语言的朋友。

我确定 2019 年秋回国，便提前把我的计划告诉白桦，并把西安放在我的行程范围内，会面在即。2019 年 10 月 9 日我到西安，停留四天，白桦在百忙之中来酒店看我三次。我和宏儒、发复约好 2021 年春天在上海再聚，我也和白桦约定一年半后的春天我们在上海见面，我陪她看百年来上海的里弄建筑。

从 1974 年开始到 2017 年，我和白桦也有四十多年音信不通，互不往来。1974 年她离校的时候，还刚刚步入青年队列，如今她早过了退休年龄，已当了外婆。她虽然退休了，但肩上的担子极重，上有年近九旬的父母，下有刚满三岁的孙女，成了当代中国最忙的那一代人中的一员。

八

人生暮年重新找到失联四十年的朋友是幸，重新找到失联五十年的朋友更是幸，失联四十年和失联五十年的故事我讲过了，还有没有失联时间更久的呢？真有。真的是无巧不成书。下面我要讲的是重新找到失联七十年的朋友，不仅是幸，更是奇了。

一日，宝平下班回来，带给我一大包过期邮件，他说：你怎么有这么多的邮件在出租屋里？我不知情，无言以对。我打开这一大包邮件，有十多件是安徽芜湖市侨办发给我的，还有上海南洋模范中学校友会发给我的会刊，显然是我在十年前迁居新居后没有告诉他们新址，他们还一直发邮件去原来的地址，十年时间积少成多。多亏房客一直保存着，十年间房客换了一家又一家，但保存业主邮件的做法一家传一家，没有中断，真的好。

在一大堆邮件中有非常独特的一件，一封从加州金山湾区寄出的信，寄信人是 Mrs. Joan Hsu，地址是核桃溪。信封上付邮日期是 2015 年 12 月 9 日，整整四年之前。我非常纳闷这是谁呢？我打开信封，在我面前的是一张漂亮的圣诞贺卡和一张照片，照片上的日期是 2008 年 8 月 23 日，一共六个人围在一棵圣诞树前面。这背景和照片上的日期是不符的，而照片上的所有人我都不认识。

当时正是我们围桌而坐共进晚餐的时间，我一直在想四年前发圣诞卡给我的究竟是谁。晚餐结束，我有了初步的答案。

第一，我认识的女性叫 Joan 的只有一人；

第二，我认识的 Joan 的丈夫姓许 Hsu。

应该就是这位 Joan，那是七十年不见的朋友。她怎么会就住在金山湾区？怎么会想起七十年不见的我？

在圣诞卡上，有她的电话，我决定立即打电话，就可以真相大白。

晚七时，我拨通了圣诞卡上的电话，许久没有人接电话。这张漂亮的圣诞卡寄出已经四年了，四年可以发生许多正常的和不正常的事情，我有思想准备。

半个小时后，晚七时三十分我再次拨通圣诞卡上的电话，这次有人接了，是一位年长女性的声音。我叫她 Joan，她问我是谁？我报了姓名，她不知道；我说我是杭州人，她也不知道；我报了当年共同的朋友们的姓名，她一个都不知道。我最后说我是你的先生许大龙的朋友，我会去看望你，她很高兴，表示欢迎。

我的天，往事如烟。七十年前在香港，我有一帮在上海圣约翰学建筑的朋友，他们学业未成，到了香港在一位英国建筑师的建筑事务所打工。他们是：欧阳昭、周文正、韦耐琴和 Stanley 郭。Stanley 有个妹妹 Vivian，赋闲在家。他们合租一个小公寓居住，我常去凑热闹。1950 年初，我们多了两位朋友，姓丁，姐妹二人，姐姐名 Joan，但不知她的中文名，她们是杭州人，父亲在印度经商，没有母亲，她俩在印度受教育，但会讲日常的上海话。

我记得很清楚的是：她们随父亲住在九龙的一家酒店里，我还大约地记得这家酒店名墨尔本。认识她俩不久，适逢姐姐二十岁生日，她的父亲在酒店为她设生日宴，参加者就是上述的这批未来建筑师和我，连主人共八位，四男四女，她的父亲没有出席。

既然受邀参加生日宴，我们应该送个贺礼，未来建筑师们把此重任交给了我，我在香港皇后大道的一家精品店选了一件女士们最爱的手提包，大获好评，生日公主很喜欢。那天晚宴我坐在生日公主的旁边。餐后我们去了九龙的荔园，我们上了摩天轮，生日公主又邀我和她坐在一起。哦！那个年头，正是我们的宝贵青春。

我离港回沪后，Joan 给我一信，信是英文的，对我的称呼用了三个中文字："恌州人"，第一个字就写错了。我想她根本不知道我的中文姓名，写这三个字也很不容易。我复她一信，再没有收到她的来信了。

我和 Joan 交往的时间不足一年，见面的次数不到两位数，但印象深刻，未曾忘记。

我在加州金山湾区定居后，得知我的南模同学许大龙也定居湾区，巧的是许大龙的夫人是 Joan。这世界真小。大龙住在金门桥北的麦林县，他邀我去他家，因路遥而未立即行动。不久大龙去世，闻 Joan 迁去洛杉矶，我不知其新址，从此不通消息。我想是我的地址留在大龙的通讯录里，2015 年 Joan 偶然发现，便给我寄来贺卡，未见回复，她也就当作这个朋友不在了，或者这个地址不对了，总之失联了。谁会料到四年后，这张贺卡到了我的手里，一个电话就联络上了。

1950 年在香港话别至今已七十年，我与 Joan 七十年未见面，漫长的岁月我们是失联的。如今喜从天降，我将择吉去核桃溪看望她。我想我们双方应都相见不相识，但双方应都非常乐见故人。

既然提到了当年的一批未来建筑师，有必要交代一下这批老朋友的下落。我来美后认识一位香港建筑师，我曾问他是否认识欧阳和郭二人。他告我欧阳和郭均甚出色，成为香港知名建筑师，但均于多年前去世。周文正、韦耐琴夫妇回到中国，在北京工作，1957 年被错定为右派，离开北京建筑设计院，不知下落。他们还在人间吗？还有可能得到他们的讯息吗？今生今世还有可能见一面吗？我可真想念他们俩。Vivian 的情况不明，Joan 的妹妹近况如何？ Joan 应知详情。

七十年过去，人事全非，不胜唏嘘。

2019 年 12 月 28 日我见到了阔别七十年的 Joan，经过一个小时的车程，来到核桃溪 Joan 的公寓门前，我心里有点紧张，七十年不见的 Joan 是什么样子呢？如果在街上，如果就在她公寓的院子里，迎面碰上，我能认出她吗？她能认出我吗？门开处，一位穿着红色上衣的夫人出现在面前，从她站着的姿态和精神状况，还真不能称她为老夫人。用两句话概括我的心情，那便是："当年青春友，今朝如初逢。"七十年，只是一个数字，只是一个概念。七十年，八百四十次月圆月缺，都成为过去。

Joan 的家四壁挂着许多照片，其中有一幅是 Joan 和她的先生年轻时的照片，我看到了年轻时的丁琼（我不知道 Joan 的中文名是否叫琼）和许大龙，使我回到了那个年代，这一感觉很好。

大龙和琼有二子二女，二子均在外州，离琼颇远；二女均在加州，一在旧金山市内，一在北湾酒乡，也不算近。琼一个人生活着，她说有点孤独。我们的谈话内容一直围绕着我们共同的朋友，很遗憾的是我们当年的朋友多数已经不在了，包括琼的妹妹。有几位情况不明，我们估计也不在了，这真是最大的不幸。

琼的思路很清晰。第一次通电话，她说往事都记不得了，见面详谈，她都记得起来，甚至她二十岁生日时，我们送她的礼物——一个竹编的手提包，她也记得，而且她把这手提包由香港带到了美国。

九

写到这儿应该搁笔了吧，可是我意犹未尽，想写几位我近年一直在努力但仍未联络上的朋友。第一位是石慧。

我居住香港一年又半，石慧是邻居，也是朋友。当年她姓孙，名慧玲，有两个姐姐，都在上中学。我认识她时，她才十三岁，尚未从影，便无艺名。后来她成了大明星，国人皆知石慧，她原来的姓名却无人知晓了。

八十年代尾，她来旧金山举办个人独唱音乐会，她的二姐作伴同行。我见了她姐妹俩，那是分别四十年后的唯一一次会面，她们由十几岁的少女变成五十多岁的中年妇女，石慧粉墨登场，掩饰了她的真实年龄。

石慧回港后给我一信，称我怀澄兄，可知她记得我的名字。她还赠我一张较早时的照片。信、信封和照片我均珍藏着。当时我复她一信，后再无书信往来。

2017 年我的《穿越三个世界》出版，我要寄书给她，先发一函问路，信被退回，香港邮局称该地址查无此人。距上次通信又是三十年过去了，石慧应已乔迁新址。她是名人，应比较容易联络的，但我托多位在港朋友查询，至今没有消息。

第二位失联朋友是段瑞冬，他是一位医学专家，执教于瑞典

Lund 大学。

瑞冬是上海人，昆仲四人，分别出生于四个不同的季，其父便用春夏秋冬为四个儿子命名。我认识四兄弟中两位，一为瑞冬，行二；一为瑞夏，最幼。瑞冬学医，瑞夏学工，昆仲均好文学，均具文采。我邀请冬夏二人为星岛副刊撰稿，连续数载，深受读者喜爱。后瑞冬科研工作繁忙，不得不停笔。我便为他联络台湾三民书局，出版散文一册，书名《请到我的世界来》。

瑞夏有女主修计算机科学，在柏克莱加州大学进修。瑞夏夫妇送女到校，曾临舍下小聚。

瑞冬于 2003 年出差来加州金山湾区，可惜我在上海，错失见面机会。如今近二十年过去，瑞夏、瑞冬我均联络不到。我有瑞夏电话，但总无人接听。

还有一位我非常想联络的人是李爽。

李爽，北京人，是青青画会的成员。她因与法国驻华大使馆的工作人员白天祥交往，被判刑坐牢，引起一宗小小的外交风波。出狱后与白天祥完婚，移居法国。

1989 年，李爽和白天祥曾来加州湾区，在一次文化活动中我与他们相识，交谈甚欢。后李爽邀我参观她的画展，我报道了她的画展消息，并发表了对她的画的评论文章。

2013 年，李爽的书《爽》出版。我 2017 年才购得此书，读后感触颇深。我们差不多同时出版了自传体的著作。我们生活的年代背景不同，经历不同，但我们都用十分诚实的态度写出自己的经历，即使很丢人的事也如实地写出来。因而我用她的法国地址联络她，但未成功。我知她已与白天祥分手，十分遗憾，患难夫妇未能终老。我请居住法国的朋友帮助寻找李爽，至今未得消息。

十

浮云游子意，落日故人情。

是否人到暮年特别思念故人？我想是的，这正是人间的情。从十年前开始，特别是从写我的故事开始，常常思念和回忆今生结交的朋友、邻居、同学和同事，想办法联络他们，专程去拜访他们。每与一位多年不见的老朋友重聚，总感到快乐无比。

2019 年的回国之旅，我用了二十四天走了五个大都市，活动以会友为主。我粗略地作了个不完整的统计，此行共会亲友二百三十六人，平均每天会见十位亲友。尤其是在西安，学生们得知我下榻的酒店，蜂拥而至，我连日生活在友情的盛宴中。

这篇文字在开始时写叶宏儒，写着写着想起白桦，又写白桦，突然出现丁琼，又写丁琼。我还有几位失联多时而很想念的友人，又写至今没有联络上的几位朋友。文字有点凌乱了，但我倾吐了我的真情。

最后我借用三毛的一段话，作为这篇文字的结尾。三毛说："我来不及认真地年轻，只能选择认真地老去。珍惜现在！珍惜友谊！珍惜健康！"我把这段话当作座右铭，与我的友人们共勉。

怀念阿兰

一

“玉兰在两个月前去世，她知道联络上你也会高兴至极。”这是失联五十年后，联络上叶宏儒的那个清晨，我紧接着发给他的第二条微信。

宏儒读我微信后复我：“节哀顺变。我非常怀念黄大姐，愿她在天堂里一切安好，过去的时光，难忘怀，难忘怀。”

我可以想象在万里之外、在夜深人静之时，宏儒在重复写着“难忘怀，难忘怀”时的伤感，他也老泪纵横了。

宏儒的黄大姐、我的阿兰已经不在人间。宏儒在寻找我的过程中，深信我一定还在人间，至于黄大姐呢，他想都不用想，找到程大哥就找到黄大姐了。可是事情的发生有时候出乎常理，上帝也常把顺序弄错。

宏儒在以后的微信中、通话中，和在天津欢聚时的谈话中，无数次地提到黄大姐。他不断地重复：“如果黄大姐在……”

“如果黄大姐参加我们的世纪欢聚，那才真正完美。”宏儒是反对用“如果”二字的，他说我的书里常常出现“如果”二字，实际如果是永远不存在的。可是遇到他最想的人、最想的情景，他也不断地用“如果……如果……”

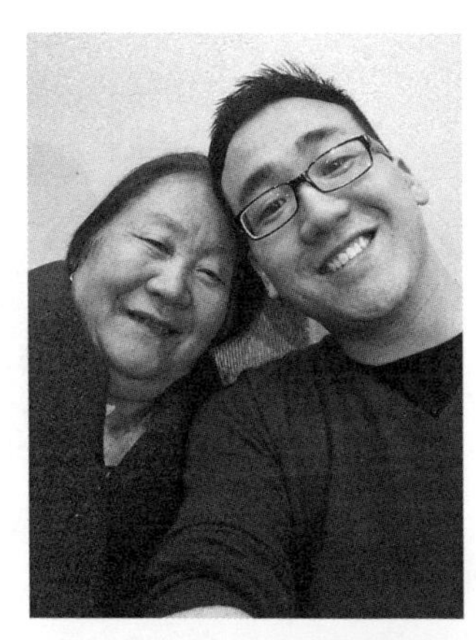

昌宁是奶奶带大的，奶奶的最爱。昌宁也明白，奶奶比生母更重要，生母给她生命，奶奶给他人生。

黄大姐在宏儒的记忆中占着非常重要的地位。第一，宏儒是整个公司中第一个见到玉兰的人。第二，宏儒是整个公司中最常来我家的人，因为他经常来、甚至天天来，有邻居问他，黄玉兰是不是你姐？第三，玉兰对宏儒好，真有点像姐姐，这一点是最重要的。

一个男人或一个女人在离开这个世界以后，这个世界上还有人对此人难忘怀，那么此人在世之时，一定有许多善行和美德。

二

宏儒说得没有错，他是我公司里最早见到玉兰的人，这一段故事待我慢慢道来。

1960 年我被摘掉右派帽子，从此我的日子好过一点，领导们对待我的问题也容易处理一点。他们可以像对待其他员工一样，放心去做，不怕被贴大字报，被指丧失立场。

我当时有什么问题呢？其实问题明摆在面前，就是夫妻分居两地的问题，现在帽子摘下来了，夫妻可以照顾到一起生活了吧，这个问题怎么解决呢？不等我开口，领导早有考虑，他们意图把玉兰从广西调来。

我们公司有位高应辉经理，1961 年初他去广西开会，在会议期间他对广西建筑工程局的局长提出要求：把你们的黄玉兰给我们吧，她的丈夫是右派，你们不要的，你们放人，照顾他们夫妻关系。我们的领导说得多好，把麻烦留给自己，把好意送给对方。当然我本来不是麻烦，在生产第一线我每天帮助领导解决大大小小的麻烦，公司的领导都知道，因此他们是不会轻易把我放走的。

这位高经理，他对我们好，我们尊敬他，我们在西安期间，每逢节日便去看望他。有一次他叫我们去，说有东西给我们看。我们去了，他给我们看新买的冰箱。那是一台中国改革开放后生产的国产冰箱，当时还不是普通老百姓能买得起的，家有冰箱的人家极少，人们还会觉得这是资本主义的生活方式，所以悄悄地买回家放在不显眼的角落里。中国老百姓的生活正在缓慢地走向现代化，但非常低调，不敢张扬。

高经理开完会从南宁回到茂名，玉兰也跟着从南宁来到茂名。

我们公司多的是汽车，人来人往都是派汽车接送的。玉兰到茂名也有汽车去接，而且是用当年国内最大吨位的拖车头去车站接的，应该说这是不合适的，但确实这么做了。

对这个不合适的事情，我想多用些文字作解释：公司有个重型车队，最大的一台平板拖车可以载六十吨。这是从西德进口的当年国内最大吨位的大拖车，建筑工地上用的大型起重机、挖土机等重型机械都靠这六十吨大拖车运输的，车长是应书德，他也是车队的队长。他是浙江人，是我的同乡；他属龙，是我同龄人；他对我好，视我如兄弟。他的妻子应嫂也是浙江人，也视我如兄弟。他们家有好吃的，总叫我去吃饭。要知道那个年代主食副食都缺，家里有好吃的，亲兄弟也未必叫来分享，何况我是右派分子。写到这儿，回想六十年前的往事，我禁不住流下热泪。我得到的情，还有比这更高尚的吗？

应书德的副手叫潘火生，一个很帅的小伙子，驾车技术非常了得。他对我也特别好。过了六七年，“文革”开始，小潘年轻敢于造反，他后来担任局的革命委员会主任，相当于局长。“文革”结束后，组织机构恢复正常，他全身而退。

玉兰到达茂名那一天，我把消息告诉应书德，当时我和叶宏儒正在工作，都在六十吨大拖车上。应师傅听我说了，就说开这六十吨车头去接，潘火生立刻说由他去接。那天下午，硕大雄伟而颜色娇嫩鲜艳的大车头出现在火车站。谁有这么大的荣耀，竟有这么漂亮的巨型车来接车，这使玉兰大为惊讶，她一直都记着这件事。

由广西到广东，玉兰到了一个新的地方，认识了许多新的同事，下车伊始见到的新朋友便是叶宏儒和潘火生。没有错，在公司里，叶宏儒是第一个见到玉兰的。

三

“程怀澄的老婆来了”，在公司里无声无息但悄悄地有点骚动。右派分子的老婆长得怎么样呢？

不久公司里来了一位新的总经理，名杨光。杨总是华侨，因而他的衣着、作风、谈吐都和大多数领导不同。有一天，他在公司见到了玉兰，就问身边的人：这个女同志是谁？边上人说：他是右派分子程怀澄的老婆。杨总没有出声，他是不是会这么想：可惜啊！鲜花插在牛粪里了。

又过了不久，杨总的夫人从上海来。夫人是上海人，打扮入时非常漂亮，当时在同济大学攻读博士学位。茂名没有任何地方值得游览，原本这儿是高州县，县城离我们二三十里路。杨总通知我陪他的夫人去高州县城看看，杨总自己也去了。路不远，县城里的街道并不热闹，没有特色，上海来的人看一眼除了失望就是后悔。坐车转了一圈就回来了。这次伴游使杨总对我有一次近距离的观察，他又会怎么想呢？这个程怀澄当了右派，漂亮能干的老婆照旧跟着他，一定有点本事的。

说实在的，阿兰的眼光是很厉害的，她最理解我，怎么会轻易把我抛弃。反过来，因为她始终不抛弃我，保护着我，我的人生始终没有堕入谷底、陷于穷途。

我们公司由茂名迁到西安，杨总调回北京在建筑工程部任职，1996 年我与玉兰到北京，曾专程去建筑工程部，想晋见杨总一面，得知他被委派国外任职，未能见到。

对曾经的邻居、同学、同事和朋友，分别了，我总想再见见面，聚一聚。应书德由茂名迁来西安后，不久他调回武汉任职武汉钢铁学校，1980 年我去武汉和应师傅见了一面。上世纪末我和玉兰商定回国专程去武汉一游，看望应书德、沈运秋和刘存礼三位朋友，托仍在西安的同事询问他们在武汉的地址，询问的结果却太出人意料亦太令人悲痛，三位故人竟都不在人间了。我们计划中的武汉之旅也就取消。这三位故人离开得太早，他们都只有六十多岁，还不到古稀之年。为什么调回武汉的三位都不在了？真叫人想不明白。

四

从 1961 年 3 月到 1963 年 3 月，阿兰在茂名生活整整两年。论生活环境，茂名是远远不如南宁的。南宁是广西的首府，广西建工局是局一级的行政部门，经过十年的发展，已很具规模和水平，居住的条件非常好。玉兰已在南宁工作三年，各方面都熟悉了。调她来茂名，她放弃南宁的一切，只要求和我生活在一起，别的她都不在乎。茂名住的条件极差，临时性的工房，室内是泥地，很潮湿，如果夜间衣服掉在地上，第二天早晨衣服湿透，可以拧出水来。茂名没有地方可玩，也没有饭店可以改善一下伙食，而公司食堂几乎每天都是供应空心菜，大家都吃怕了，把空心菜叫作无缝钢管。对于生活上的艰苦和不便，玉兰对我一个字也没有抱怨过，她很快乐地在茂名生活了两年。

1963 年建筑工程部决定：整个第五工程局由广东茂名迁往陕西西安，改名第四工程局。这对大家来说，无疑是大好消息。我和玉兰带着七岁大的儿子由茂名出发，经桂林、杭州、上海、芜湖而抵西安。我们一路探亲游览，是我们婚后第一次长途旅行，玉兰很享受、很快乐。从结婚到这一次迁移，已经过去九年了。玉兰由北京而南宁，我由北京而大同，然后我们一起由茂名而西安。九年间分居两地的时间多于生活在一起。其间更有 1955 年的“肃反”运动和 1957 年的“反右”运动，我受冲击，玉兰受到的打击不亚于我。所有的坎坷她都经受了。

我们抵达西安之日，高音喇叭正在播着对苏“九评”的第三评，字正腔圆的朗读，气氛严肃的广播，给人充满自信的正义感。我们分配到一间平房，比茂名的工房大一些、好一些、干燥些，我们非常满意，急急忙忙把家安顿好。西安是古都，古迹很多；西安是西北第一大都市，市容整洁；西安的民风淳厚，当年的西安气候亦佳，我们都喜欢西安，期望长期定居，再不迁移。从 1963 年春到西安，1982 年 2 月离开西安出国，我们定居西安十九年，玉兰从三十岁到五十岁，在西安度过她一生中最好的年龄段。在我们到西安的第四年，“文化大革命”开始，一闹就是十年。因为我的关系，玉兰在“文革”中难免担惊受怕，抄家前夕，她一夜白了头发。当大环境在不可思议、出人意料的动荡中改变时，我们的小家庭发生了影响百年的改变，我们有了第二个儿子，他的到来叫我们高兴。室内孩子的哭叫声常常伴以室外锣鼓鞭炮声，欢乐交织。玉兰在特殊的年份、特殊的环境完成了她最特殊的人母的责任，作出她一生中对家庭最大的贡献。

五

1979 年的春天，我的母亲回到上海，这是她离去三十年后第一次回家乡。我和玉兰带着两个儿子去上海见她，玉兰第一次见婆婆，婆婆第一次见媳妇。婆媳约定，两年以后美国见。美国的移民配额永远使等配额的人失望，我们等了三年。

1982 年初我们的配额轮到，我们便飞越太平洋来到美国。

移民前我的顾虑，移民后顿成事实；移民前玉兰的期盼，移民后来之不易。

在中国生活的近三十年，跟了我，玉兰深受政治上的压力；在美国生活的前二十年，跟着我，玉兰仍受生活上的压力。所以说，玉兰跟定了我一辈子，并没有过多少好日子。

三十年代以前出生的中国女子，是不是满脑子旧思想，嫁狗随狗，嫁鸡随鸡，这个命认了。有特务嫌疑，认了；有海外关系，认了；当右派老婆，也认了。这可是一辈子的事儿，好好想想。不用想，就一辈子吧，一辈子也认了。八〇后、九〇后的姑娘们，听这样的故事笑一笑，说反正有点傻。

我在星岛日报编辑部的一位同事张炜明看了《穿越三个世界》后，给我发了一个微信："阿兰（程夫人）在书中一直是配角，像是星星般时隐时现。"他建议另补一章，"颂扬这位大时代中一个充满美德而被忽略了的女人"。

在所有读过我的《穿越三个世界》一书的亲朋中，张君是唯一一位给我一针见血的批评的。我尊重这位朋友，也尊重他的评论。最了解阿兰一生美德的是我，我应该让阿兰的美德得到颂扬，在我写的《穿越三个世界》中，我没有用足够的篇幅颂扬我的爱妻，所以张君批评我了。

《穿越三个世界》一书出版时，阿兰早已丧失了语言能力，当然更早就失去了阅读能力。我得到第一本书的时候，我立即把书拿给她看，并且告诉她这是我写的书，讲的是我们的故事。我把书里的照片一张一张地翻给她看，并给她作解释。阿兰一直看着，很平静，没有表情上的变化，这是最叫我伤心的事情。这本书的出版，阿兰应该是最开心的人，这书里阿兰的照片最多，她应该是满心喜悦的，可是书放在她的面前，她却不能表达她的观感，真叫我悲伤。

六

阿兰从认识我、嫁给我到我们离开祖国移民美国，我俩在祖国共同生活了二十八年，其中的八年我们不生活在一起，而是分居两地，阿兰最惋惜的是分居两地的八年，这几乎成了她的心病。这二十八年是人的一生中最宝贵的岁月，而分居两地的八年正是我们的青春年华。

因工作而分居两地是很寻常和正常的，我和阿兰在两地工作和生活前前后后有八年，一半是我们自己的选择，一半是组织决定，我们不能选择。人往往记住那些不心甘情愿的事情，阿兰也是如此，过去许多年了，她还耿耿于怀。其实不为别的，就是不愿意和我分居两地。

阿兰和我大学毕业，服从统一分配到建筑工程部，二十八年转移调动，始终没有离开建工部系统。我们在北京、茂名和西安三地生活在一起，不生活在一起的那几年，她在南宁，我在大同，都是建筑工程部的下属单位。

七

我们是 1982 年 2 月 27 日抵达旧金山的，正逢周末假日，全家欢聚两天。周一妹妹陪我办妥宝平的入学手续，接着阿兰毫不犹豫地联络了一家要请保姆的人家，她便开始工作。我理解阿兰，她完全是为了我，她希望我能找到一份理想的适合我的工作，她也知道那不是三天五天很快可以实现的，她只好放弃自己的理想，找一份最容易得到的工作，使我们有收入维持家庭，开始移民后的新生活。

半年后，我受星岛日报聘用，两年后我建议阿兰辞去她的工作，进成人学校学习。其间她在一家医院用品厂上班数月，开一辆二手丰田汽车，早出晚归，这对她是真不容易，因而我又建议她辞职，赋闲在家。1986 年有了孙子，她就承担起带孙子的重任，从婴儿到大学毕业，她培育孙子二十二年，孙子昌宁一直成绩优良，最后如愿进入柏克莱加州大学，这是阿兰二十年耕耘成果。在昌宁成长的漫长岁月中，阿兰除养育孙儿外，她也在家制作中国食品如汤圆、饺子等，供应给需要的亲友，她制作的食品深获好评，常常供不应求。阿兰为我们的家庭作出了极大的贡献，而她自己十分节俭，非常低调。

2002 年，我七十三岁退休，阿兰六十九岁，2004 年至 2007 年之间我们多次回国旅行，除上海、北京、西安、杭州、芜湖等故地重游外，还去了徽州、合肥、南京、扬州等城市，但旅游始终限于国内，未曾去欧洲、东南亚，十分可惜。现每思及此，总感亏欠阿兰甚多。

2010 年，世博会第一次在中国举行，地点在上海，在我们的家门口举办世博会，我们是一定要去参观的。在 2010 年之前，阿兰的健康情况已亮出红灯，她很容易跌倒，常常走着路突然地摔跤，医生诊断是一次小中风。但当时与人说话交流尚无问题，饮食睡眠亦尚正常，于是我们按一年前定的计划前往上海参观世博。当时我们住在新天地。在世博开幕之前，我们去了芜湖、合肥和福州，看望了阿兰的弟弟、妹妹和姐姐。如此奔波，阿兰尚能适应。世博开幕之后我们连续参观三天，我们借一辆轮椅，大部分时间阿兰坐轮椅参观。大家都很开心，没有预感到极大的不幸将降临我们的家。

我们下榻新天地期间，几乎每天都有亲友来。我们每天步行去新天地进餐，阿兰也能跟随来去。她的好朋友王剑芬和陈清莹不止一次来看她，她热情待客谈笑如常。阿兰的一批同学二十余人设宴叙旧，大家听我介绍都知道阿兰曾小中风，人人关照我要非常小心，小中风容易再次发生。

但阿兰被诊断有一次小中风是一次误诊。我们常常说误了时间、误了地点、误了事情，真害死人。但误什么也没有比医生误诊严重，误诊可真正会害死人的。我的一位作者朋友高德蓉便是因为被误诊，失去了早期治疗的时机，最后病入膏肓，胃癌已是晚期，不幸含恨而去。

医院的误诊率是很高的，相当出人意料。所以我的建议是：就医如同购物，货跑三家不吃亏。对于病痛，自己应该是最好的初诊医生，如果自己感觉不好，必须立即就医，而且尽可能找第二位医生复诊，甚至找第三位医生再复诊，千万别被误诊所误。人们一般对医生是非常崇敬的，认为医生都是医界权威，其实不是的，医生和其他职业一样，良莠不齐，学医的人有智商高的，人品好的；也有智商低的，人品差的，千万别妄信。

误诊阿兰得小中风的医生是位来自马来西亚的华人女医生。她当时分析得似乎很有道理，我也就相信了。当时阿兰的症状是容易摔跤，常有头昏的感觉，右手臂不能正常活动，不能拿东西，不能书写，不能用筷子。一般中风的后遗症，男左女右，女患者便是右臂失去功能。医生的话听起来合乎情理。

2009 年我们迁到新的住址，为了方便我们换了诊所，换了家庭医生。新的家庭医生是一位来自中国青岛的女医生，她仔细观察阿兰的病情和阅读阿兰的病历以后，认为诊断有误，她就会同一位精神科医生，对阿兰的病情重新作全面检查。于是又作 CT 和 MRI 检查，由精神科医生仔细观察分析，最后医生慎重地告诉我们，阿兰得的是老人失忆症。精神科医生对我说，阿兰从来没有中风过，但是她得了失忆症，最早失去的是平衡的能力，所以常常摔倒；正在失去的是语言能力，将愈益严重，两三年内将完全不会说话。至于右手臂的问题是颈椎的一节增生，压迫了神经，这一处的神经正是指挥右臂活动的。医生说颈椎增生唯一的疗法是做切除手术，但十分危险，他不赞成冒此风险。

我和宝平听了医生的诊断，十分吃惊。我们决定再请另一家医院作一次诊断，结果诊断相同。对阿兰的误诊影响时间约一年半，但对老人失忆症的起因和治疗至今没有突破，所以误诊对阿兰的病情和健康影响不大。

八

前面记录的阿兰病症诊断经过发生在 2010 年，从确诊为老

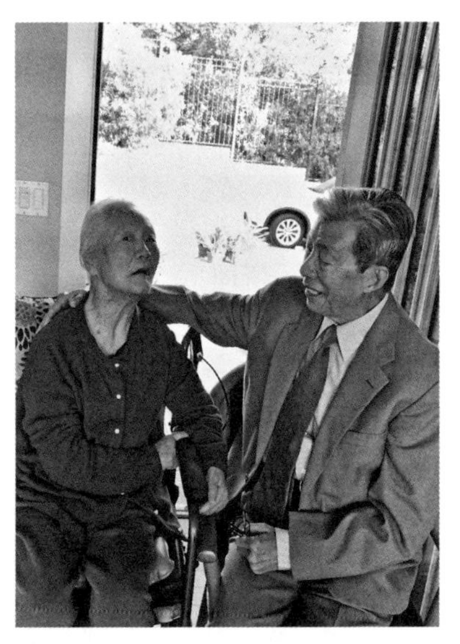

2018年9月2日我足九十岁生日，我穿着整齐，和阿兰摄今生今世最后一张合影，留给后世作永久的怀念。天长地久有时尽，我们夫妻之情长留后代心中。

人失忆症开始，我们就作好长期护理的思想准备。我对宝平说，任何情况下我们都把阿兰留在家中护理，不送她去医院。我深深明白，如果阿兰自己可以作主，她自己可以选择，她绝对不愿意离开家、离开我的。现在她病了，她失去了选择的能力，我就要以她的愿望，代替她作出符合她心愿的选择。从2010年开始，我们在家护理阿兰十年，最初的三年由我护理陪伴她。

2010年10月，我和阿兰还去洛杉矶看望两位老朋友，由宝平驾车陪我们同行。这两位老朋友也都得了老人失忆症，这真是莫大的不幸。虽都是老人失忆症，但病情各不相同。

我们先探望了张国懿，她住在儿子家中，儿子请人护理她，她不认识人，不会说话，不能活动。我们进她房间时，她躺在床上，护工轻松地把她抱到沙发上，好像抱个孩子。我看到她这个样子，心里很难过，她在上海圣约翰大学校园里的身影，还在我的记忆中。在千余学生的这所中国知名大学里，张国懿是最知名的两名女生中的一位，论美貌她更远胜另一位。张国懿也是杭州人，她有两个哥哥、两个姐姐，她是最小的，全家宝贝她，叫她毛头。同学中熟悉她的，也叫她毛头，所以在约大校园里，毛头比张国懿更为人知。她天生丽质，举止优雅，轻声轻气，与生俱来的嗲。如此丽人，到了垂暮之年，仍不失清秀亮丽，但不言不语，任人摆布，真造化弄人。这是我最后一次见到张国懿，此后我打电话去，她的家人不愿多讲她的病情，直到有一次简单地告诉我她不在了。究竟是何年何月她离开尘世的，我也不清楚。为什么她的家人的态度如此冷漠，原因就是她的丈夫的作为伤透了家人的心，对父辈的朋友一律疏而远之。

隔一天我们探望了严仁燕，他独自住在洛杉矶唐人街的老人公寓里。他请了个钟点工，据他告我，因他退休后社保福利微薄，所以只能请钟点工帮他料理，他支付待遇很低，可是这位广东阿姨十分厚道，总是帮他做很多事，她自己觉得满意才离开。我后来要知道仁燕近况，常常给这位阿姨打电话询问，她总向我详细说明。据仁燕自己说，他患老人失忆症、癌症，还有些其他的病，他记性很好，谈话很多，胃口亦佳，走路有些问题，台阶是一步也跨不上去。他一人独处，经济不宽裕，生活孤独，十分可怜。我去看他，请他晚餐，他很兴奋，指定要去某一酒楼。路程很远，我们欣然前往，皆大欢喜。这是最后一次见到仁燕，最后一次和仁燕共进晚餐。此后我和仁燕常通电话，他想吃什么就用电话告我，我就用快递寄去，如此多年，直到有一天接到仁燕电话，只听到他连叫两声“怀澄”，再无声音，原来他是向我告别，驾鹤西去了。

这两位老朋友都是我二十岁以前的好友，加上阿兰，三人都患老人失忆症。现在回顾一下，受照顾护理的情况，阿兰得到最好的。得病十年，阿兰始终有亲人陪伴，我十年没有出远门，宝平每天下班必来看妈妈，媳妇每天来看婆婆，还随时补充护理方面的需要，孙辈也常过来看奶奶。有亲人在身边应是病人得到的最大安慰、最好护理。

相比之下，张国懿和严仁燕都比较可怜。国懿虽有儿子在侧，但她的丈夫在垂暮之年弃她而去，如此佳丽偏遇负心之人。仁燕抱病多年，无一亲人在侧，身后之事是他自己托付给一家负责殡殓的公司处理，他把款付清，剩下的杂物琐事都托付给照顾他的钟点工阿姨。

张国懿和严仁燕先后辞世时，我的阿兰尚病情稳定，有一位上海阿姨护理她，非常尽职，这位上海女士名毛根玲，我们相处如亲人。不知不觉间，光阴流逝，阿兰的病度过了第五年、第六年、第七年，我们就这样生活着。阿兰患疾的最后几年，不去医院就诊，而是由医院派医生上门诊疗。有两位医生是经常来看阿兰的：一位是朱燕楠，她是凯萨医学集团的医生，原籍广东；另一位是冯维纳，她结业于北京中医药大学，又来美深造，后在美行医，她是四川人。

第二篇　访　故

这幅照片中的人或是当年的老师，或是当年的学生。绝大多数已经半个世纪没有见面了。

再访京城

一

2019 年 10 月 5 日，我和小易由天津乘高铁抵达北京。这是我第二次乘高铁，和第一次一样有强烈的新鲜感，乘坐如此先进的交通工具，我不仅陌生，而且有点紧张。如果没有小易，我会寸步难行。

这一路上，选择车次、买票取票、进站出站，都要靠小易，或者说都要靠小易的手机。这一路上我带了两只箱子，刘姥姥进城，总要带点土特产作礼物，所以行李就重了。行李重了又要靠小易搬进搬出、搬上搬下，一个弱女子，力气还不小。

新建的高铁车站都力求高大，这或许就是中国建筑的风格。中国人口多，车辆多，乘客多，车站小了的确不行，但是太大了，使旅客感到吃惊外，常常不知道朝哪个方向走可以较快地找到接车的亲友。我和小易两次乘高铁，两次碰到同样的问题，在天津西站出站时，花了近一小时才见到接车的叶宏儒；在北京南站出站时，用了更多的时间才见到接车的唐学军。过去的十年中国变化太大，我自己承认我的认知赶不上祖国的发展，但与我同行的小易非常机灵，如何出站她也一筹莫展，因为没有明确的指引，她也找不到方向。车站的设计者应该根据各种数字，计算旅客的流量、车站需要的最小面积，设计出最经济实惠的车站，不是越大越好、越气派越好、越豪华越好。车站造得很大，当然用地亦大，投资金额更大，是不实事求是、节约办事的，设计者应有更高的标准在心里。

新的车站除了又高又大以外，还有一个共同点，进了车站都要爬楼梯或乘电梯上高一层，然后再下一层到月台。旅客都有行李，这上楼下楼非常不方便，非常累人。我认真地回想一下，过去上海的北站、北京的老火车站都不用上楼下楼，为什么设备先进了，流程却复杂了，旅客更辛苦了？

说了很多高铁，还没有说够，先打住，因为唐学军在车站外等着我们呢。

二

车站内指引不清楚，出口太多实在分不清，好在现在有手机，很快就和学军挂上钩，她告诉我们在什么路口等。北京的路我只记得长安街、王府井大街、前门大街，学军现在所在的那条路我也不知道在哪儿，还是一头雾水。好不容易找到一个车站工作人员，经他指点，转弯抹角，到了一个市内公交车的停车场，穿过停车场，遥远地看到了学军。看到了不等于站在一起了，那个路口一高一低差三公尺，我们走上去，她走下来，不单单是楼梯，还要转圈。北京市的城市规划者们，弄简单点好不好？世界上任何事情都是越简单越好。首都的城市设计者多想想全国的老百姓，小地方人没有见过大场面，一个大车站把人镇住了，找个出口更弄得糊里糊涂。

终于和学军在一起了，还要等观宇。观宇驾着车，在另外一个地方等着，他接到学军的电话，开车过来也很费时间，路上车堵得很厉害。观宇、学军为了接我用了整整一个上午。我们在天津上车的时候，他们已经离开家去车站。天津到北京的高铁只用三十多分钟，但进站和出站的时间数倍于车行时间，或许高铁不是短程的理想交通工具。

2017 年 11 月和学军在温哥华一别，将近两年。和观宇在一年前见过，他于 2018 年来过一次旧金山，有一个晚上他突然降临，他是从洛杉矶开车到旧金山，第二天一早继续开车北上，目的地是阿拉斯加。这次在北京和他俩重聚，是这次旅程中最期盼、最快乐的一段。

观宇和学军为这次重聚花了很多时间和精力，他们为我和小易定好下榻的酒店。我们需要一个套间或者两个单间，为了找合适的酒店，他们很费功夫。我们离开北京南站，便直奔下榻的湖南大厦。湖南大厦位于北京老火车站之侧，顾名思义，湖南大厦是湖南省驻首都的机构，大厦是一座豪华的招待所，接待湖南省因公来首都办理公务的人员。学军是湖南人，所以她最后确定我们下榻在此大厦。她为我们选择了有两间卧室、一间起居室的套间。稍作休息后，便下楼进餐，大厦内的餐厅是地道的湖南菜。

三

餐毕，时间已经不早，便由观宇驾车，带我们参观市容。我曾经在北京居住两年多，开始一段时间居住在南池子，最后的一年多我的办公室就在南池子。我已经有二十年没有上北京了，这次经过天安门时，和过往一样非常激动。

我喜欢建筑，观宇知道我想看这十多二十年来北京的新建筑，便驾车去中央电视台的新大楼，俗称“大裤衩”的。“大裤衩”是个贬称，有一些中国人不喜欢中央电视台的新大楼，给它这么一个不雅的外号。这是对建筑师的不尊重，诚如人的相貌有美有丑，有好看有不好看之别，其他人不可以给一个不尊重人的外号一样。我从一开始就喜欢这新大楼，如果有人问我：千禧年以后北京的新建筑中，你最喜欢哪一幢？我不用思索，立刻回答说我最喜欢中央电视台的新大厦。这座建筑不仅是中国的唯一，也是迄今世界的唯一。它最美。我们不能进电视台大楼，只能坐在汽车里，

观宇带我们到中央电视塔，我们摄影留念。

驶过大厦时，选择好的角度拍几张照片。电视台新大楼不远处正在建造北京市的第一高楼，人称“中国尊”，新高楼的外形不是上下一条直线，而是很自然流畅的弧线，外部形状像中国尊，因而得名，远远看过去很美，感觉很舒服。首都第一高楼已接近尾声，我提前欣赏了，第一高楼将是中信集团的总部大楼。

看过中央电视台的新大楼后，观宇就驾车去了中央电视台的电视塔，新大楼和电视塔相距很远，我完全不知道两者各自的方位。电视塔的顶部有一个旋转餐厅，学军订好座位。我们在塔外场地上摄影留念，很快夜幕降临，就进塔乘电梯直上顶部的餐厅。这是自助餐厅，环形餐厅的外圈是在旋转着，取食品的内圈是不旋转的，中间的走道也不旋转，坐在座位上一会儿转到冷食部，一会儿转到海鲜部，取食十分方便。也有一些食品是要额外点的，如大闸蟹、龙虾、鲍鱼之类。学军点了许多，可惜我不吃海鲜，只能请观宇帮忙。餐后我们走到下一层，临窗远眺，可以观赏北京全景。观宇说他们家离此不远，经他指点，我们从高空看到他们家的屋顶。

这一天是国庆七十周年假期的第五天，游客甚众。电视塔为国庆推出特别节目，把全国各地的景色、庆祝活动和文艺表演的录像投影到塔的外墙上，吸引游客驻足观赏。我们拍了一些照片，尽欢而归。

四

观宇和学军送我们回湖南大厦，陪我们上楼，这一天走了不少地方，累了。观宇和学军更累，我催他们回家。他们说第二天不陪我们，希望我们玩得好。

当我躺在湖南大厦舒适的客房床上时思绪万千。又在北京了，这湖南大厦离北京车站仅百步之遥，我从外地进北京，几十年中接近于百次。回忆一下，只有一次是直接从旧金山飞北京的，除了这唯一的一次，都是乘火车进京。起点站很多，有天津、上海、广州、山西的大同、内蒙古的二连、哈尔滨、西安等等，不管从哪儿来，都在北京车站下车，这是北京最老的最漂亮的车站。想不到这一次不在北京车站下车，却下榻在与车站紧邻的大厦里。

我第一次进北京是1953年的暑假，我和当时的一位女友有约，这位女友在我写的《穿越三个世界》一书中用S代表，我们早一年约好我先从上海到天津，然后我们一起去北京。我如约到了天津，不料情况有变，有人先到手为强，我输在地头蛇手里，我灰溜溜地乘夜车到了北京，在北京车站的长椅上坐了一夜，第二天一清早乘近郊车到了清华园，去了六叔家。当我躺在湖南大厦客房里的时候，回想六十六年前的遭遇不无感慨。

我第二次进北京是1954年8月，我和阿兰一起分配工作到北京。阿兰一到建筑工程部报到，便安排下榻南池子。建工部在南池子的路东拥有一幢很漂亮的四合院，与劳动人民文化宫的后门遥遥相对。那几年建筑工程部的工作人员不断增加，管房地产的部门不断调整居住房间，我们也搬了几处。

我第三次进北京是1956年的秋季，那一年夏季我工作的部门由北京迁到山西的大同，阿兰仍在北京，我秋冬两季便回北京三次，当然每次都是在北京车站下车。这三次进北京中有一次是从上海到北京，去上海为购买设备，并非我的工作，完全是科长连传芳的照顾。还有一次从二连到北京，也是科长的安排。回忆那一段岁月，连科长对我是真好。他是我今生遇到的第一位顶头上司，人有一位善良正派的上司有多重要。可惜隔了一年他被委为太原一家大公司的总经理，我被错戴帽子，仍留在大同，不再是他的部下。

五

五十年代我们分配到北京工作是一件高兴的事、光荣的事、称心如意的事。那时候我有三位叔叔在北京工作：三叔在铁道部设计总局任主任工程师，四叔在邮电部集邮公司任科长，六叔在北京航空学院材料力学教研室任主任。我还有个堂叔和一个表姐在北京工作。

我们的同学分配到北京的很多。学校各个系的辅导员是管理学生的，平日总和学生干部在一起，非常亲密。学生毕业了，要离开了，要给学生们认真负责做好的最后一件工作便是工作分配。在辅导老师的眼里，学生会干部、班干部，团干部都是好样的，都分配到好地方好单位，是辅导员老师们的一番苦心。许多我们熟悉的同学分配到了北京，分在中央各部门。所以每逢周末或节日，我们有许多机会和同学们相聚，很活跃的。

特别要提到一个人，这个人名潘谆。潘谆是安徽人，她的性格和谈吐是和上海人完全不同的，她很豪爽，说话干脆利落，从没有半点拖泥带水，一开始便给我一个爽的形象。潘谆和阿兰于 1950 年一同考上安徽大学法律系，成为同学，阿兰第二年又考复旦大学统计系，被录取，她到了上海，但和潘谆一直保持着交往，而且成为关系密切的朋友。潘谆和她的丈夫也分配到北京工作，我们相聚的时间很多，很快成了好友。后来我和阿兰先后离开北京，我们和潘谆的友谊没有中断；再后来我和阿兰离开中国，移民国外，我们和潘谆的友谊仍未中断，鱼雁往来如旧，每次回乡必聚，友情更上一层楼了。

这儿特别提到潘谆，有非常特别的原因，陪我走入湖南大厦的湖南人唐学军嫁了一个安徽人，站在她身旁的史观宇正是潘谆的内侄。观宇怎么不和姑母同姓呢？这有个特别年份的特别原因，1957 年许多知识分子栽了，观宇的父亲和我同样地栽倒在地，为此他把儿子改用母姓，因此姓史，而不姓潘。

学军于上世纪九十年代来美国旧金山深造，潘谆介绍阿兰和我与她相识，我们是两代人，却非常合得来，成了忘年之交。现在我们两家成了世交，学军的女儿唐诗现居洛杉矶，每年必北上旧金山和我们全家聚会。

讲了这个故事，深深体会人生如白驹过隙，五十年代我们和潘谆在一起，她二十多岁，刚大学毕业；九十年代初我们和学军在一起，她二十多岁，正出国深造；如今我们和唐诗在一起，她也二十多岁，来日方长呢。人生就是这样，日子过得快，我们无意中回头一看，那日子不仅一天一天飞过去，一年一年飞过去，甚至是一代人一代人地飞过去了。

美哉大兴

一

10月6日，星期日。学军曾和亦农约定，到京第二天由亦农和郭晓陪我们。亦农知道北京的名胜古迹我都到过，要选一个新的旅游点，才开放的大兴机场是最理想的地方。

星期日一早，郭晓、亦农来到湖南大厦，我和小易已在大堂等候，我们立即出发。大兴机场在北京的南面，汽车出了城、上了高速便一路向南。我对北京外围的市镇和交通一无所知，在十分空旷的平原里奔驰，一眼望去是秋后的一片金黄。我知道新机场很远，就静下心来一点不急。

车行约一个小时，终于到了。面前出现一座硕大的建筑物。与传统的直线构成的建筑物外观不同，这座建筑物的轮廓几乎没有直线只有弧线。不同弯度、不同角度的弧线交叉组成的外观已经使人耳目一新。郭晓泊好车，我们就步行入场。

进了大兴机场的航站楼，置身于一个完全不同于传统建筑物的建筑内。这个硕大的建筑物没有垂直于地面的柱子，没有垂直的墙，没有笔直的走道，没有厅与厅之间的间隔墙，没有方正的候机大厅，没有上层下层的明显分割，没有平整的天花板。总的来说，称它为航站楼，这个“楼”字颇不妥。

传统的“楼”是怎么造的？第一步是挖坑筑坚固的地基，然后立柱子，然后架梁，构成一个框架。然后可以无限制地向四围发展，构成成行成列的框架群。再然后可以更上一层楼，在上一层立柱子架梁，在上一层又形成成行成列的框架。加一层又一层，造一百层也可以。每一层有窗，力求整齐，力求美观，甚至追求对称，这就是传统的所谓“楼”。很大的叫大楼，很高的叫高楼，特别高的叫摩天大楼。

有些建筑不是楼，也不叫楼，如体育馆，如展览馆，如厂房，如仓库。好像是把一个巨大的匣子扣在地上，然后在匣子的四壁整齐地挖一排排洞，这些洞就是门和窗。再然后根据需要在匣子的内壁和内部空间增加附属建筑。这类不叫楼的建筑即使不叫楼，但也和传统的楼一样，它的外观绝大部分是直线组成的。

新的大兴机场的航站楼彻底地打破传统，建筑物内、建筑物外都看不到直线，不是一只方匣子扣在地上，也不是一只碗扣在地上，而是一件线条优美的艺术品扣在地上。

置身在硕大无比的艺术品之内，有一种不可思议的神奇感。能在硕大的航站楼建成不久，就进来观赏，诚属大幸，亦农和郭晓之功也。

二

置身在一个硕大的罩子之内，真的很神奇，整个建筑可以看作是一个大罩子。什么概念呢？就是说大罩子内的面积等于六个标准足球场。

10月6日那一天，大罩子里人很多，后来得到一个消息说，那天出现在大罩子下面的人，游客和旅客之比是二十三比一，也就是说每一百个人中，推着行李箱的旅客大约四人，其他的人都是没有行李的游客，我们一行四人便属于后者。我们这类游客对大罩子里面的每个细节都很感兴趣，都看个仔细。

大罩子下面，电动楼梯很多，一上一下是一对，有长有短伸向不同高度的楼面。有多少对电动楼梯呢？数不清。有多少个不同高度的楼面呢？也数不清。我们转来转去，最后上到最高处。最高处是几楼呢？也说不清，但肯定是人可以到的最高处了。离开天花板近了，其实不是一般的天花板，而是大罩子的内壁。最高处给人意外的惊喜，一排饮食名店就在最靠近天花板的地方，其实离开那个顶至少还有近百尺。

我在那最靠近天花板的地方，仔细看了代替柱子的弧形的支撑物，其实那也是柱子，起着柱子的作用，里面是钢结构，外面包的木条是弧形设计，构成一个个巨大的支撑体，向外漆成灰色，向内漆成橙色，呈喇叭形。这样的支撑体体积大，占空间多，好在建筑物特大，也就不觉得浪费空间了。

大罩子顶部有许多圆形的巨幅天窗，用金属的网状结构支撑着，白天照明非常好，夜晚照明想必一定更精彩，不过我没有看到灯在哪里。

大兴机场是全世界最大的机场，现在有二百六十八个停机位。设计世界上最大、最新机场的建筑师是扎哈·哈迪德，人称建筑界的女魔头，大兴机场是她的代表作。不幸的是，她于 2016 年 3 月因心脏病发作在美国迈阿密去世，终年六十六岁。

大兴机场于 2019 年 9 月竣工开放，我们是最早的参观者。上上下下走了一两个小时，我们依依不舍地离开了。离去的时候我在想，这位建筑界的女魔头是一位具大智慧的人，她把她的代表作交给了中国，使她的纸上设计成为中国首都的一座里程碑式建筑，每年会有上千万人来瞻仰她的遗作，使她流芳百世。用超大幅的土地、超巨额的资金建造一座航站楼的，而且说造就造，当今世上只有中国。

在我们离开大兴机场的时候，我还一直在想我身边走着的人。亦农曾经是我的儿媳妇，她从小学到大学毕业都在清华园，在大学主修建筑，取得建筑学学士后，到了芝加哥，在伊利诺大学取得建筑学硕士学位。她来到加州后，曾就职于一家电脑公司，九十年代正是硅谷蓬勃发展的黄金时期，亦农明白在美国发展，高科技产业远比建筑业的前途宽阔，于是她立即申请入读斯坦福大学的计算机科学研究院，两年后得到计算机科学硕士学位。对大多数人来说，从入学到结业，两年硕士课程，是十分艰辛的过程。亦农是天生的读书种子，她毫不费力，轻轻松松地拿到学位，学到本事。后来回到北京，进 IBM 工作，建筑师的梦完全放弃了，不知她有没有惋惜过，有没有遗憾过。我却常常为她感到可惜的，在我心里建筑不仅是一种职业，而且是一种艺术，建筑师是艺术家。

三

离开大兴机场，郭晓驾车回城，还没有到达我认识的北京城之前，郭晓已经拐进一处像是商业区的社区，我们下车进入一家餐馆。餐厅并不奢华，桌椅都是中国式的，而且比较土的。我们坐定，亦农告诉我这是如今北京最火的餐馆，连锁店无数。当侍者送来菜谱，我才知道这一家最火的连锁餐厅，有一个非常雅的名称"小吊梨汤"。我真想不到一家饮食店，名字如此之雅。我立刻想起来，我童年的时候在杭州，家里人把烧开水的壶叫作铜吊，吊就是壶，铜做的壶就叫铜吊。离开杭州、离开童年以后，就再没有听到过"铜吊"一说，上海人烧水的壶就叫茶壶，如果是铜的，就叫铜茶壶，如果是铝合金的，就叫钢盅壶，上海人没有把壶叫吊的。小吊梨汤的吊是铜质的，擦得锃亮，制作得比较小巧，客人落座，侍者就提来一只亮晶晶的小铜吊，连茶杯一起放在桌上。

郭晓点了菜。味道很好，很家常，我们走了很多路，时间也晚了，有点饿了，所以吃得很快，没有细品慢咽，我把我全部的兴趣和食欲放在梨汤上了。梨汤好喝，特别喜欢甜食的我，更觉得美味极了。在小吊梨汤进餐，不用茶，不用可乐，也不用任何冰冻的果汁，就用热的梨汤，太好了。我们喝完一吊，又来一吊。

四

离开小吊梨汤，已经蛮晚了。郭晓知道我喜欢特殊的建筑，安排下午去大剧院、水立方和鸟巢参观。到了前门，我才认得再往前走就是长安街天安门。大剧院就在近处，这是第一个目的地，可是围绕着大剧院转了两圈，排队入场的人太多，不知这个队的尾巴在何处，也不知汽车该泊到什么地方去。不得不放弃。

于是郭晓便驾车去鸟巢，鸟巢游人也多，但是不排队。国庆巡游的花车每省一辆，有一半停放在鸟巢前的广场上，吸引游客参观。鸟巢不能进去，只能看看外观。鸟巢是体育馆，馆内无非是中间的足球场、田赛场地、一圈的径赛跑道和大片的观众看台，真正有特色的是外形像鸟巢的结构，站在外面也就看得很清楚。鸟巢我亲眼见过了。

鸟巢的北边就是水立方，我们走近水立方时大约四点多钟，水立方的外墙玻璃面显得旧了，2008 年建成，已经整整过去了十一年。水立方开着门，可以进去。游泳池里有许多人游泳，和平时一样。我仔细地看了游泳池和建筑物内所有场馆厅堂，都有点儿显得旧了，这是一个对公众开放的场所，维护保养当然是十分重要和十分不容易，我认为作为中国第一次办奥运会的场馆，在建造时应该更重视质量，本着百年大计，要造得更加优质讲究些，至少保持一百年不变。当我们从水立方出来，天色已晚，我们站在水立方北侧街道的对面，再看水立方时出现了一幅艳丽的画面，水立方外墙的玻璃不断地变换颜色，各种颜色都十分鲜艳，美丽的水立方我亲眼见过了。

当我站在水立方对街的人行道上的时候，突然发现亲家奚和泉、陈翠仙伉俪就站在我身边，太神奇了，他们怎么会在这儿呢？

接着我们便去了一家烤鸭店。亦农说：全聚德现在已经不是北京最火的烤鸭店了，今晚我们去的一家叫四季民福。这家最火的烤鸭店在一条小街里，或者说在一条胡同里。四季民福的烤鸭品味如何？很好，但是不是比全聚德好，很难判断。我想论烤鸭的技巧，全聚德不会输，输是输在经营管理上。全聚德以国营大牌的独大位置经营了几十年，怎么顶得住年轻人的思路灵活。

观赏多处建筑后，郭晓、亦农在“四季民福”设北京挂炉烤鸭席。亦农双亲及孙昌宇均在座。

我又想起小吊梨汤来了，鸭子一年四季都有，四季民福不难。梨却是有季节性的，小吊梨汤用梨甚多，不知如何能四季不缺货源，梨汤民福如何做到的呢？我又想起以前的店名三个字居多，东来顺、冠生园、六必居，现在怎么行四个字呢，不嫌烦吗？

五

闲话说过，言归正传。现在谈谈两位亲家吧，我已多年没有见他们了。他俩都是清华大学的教授，和泉兄主修自动控制，他 1965 年毕业留校，退休后忙于编著清华大学校史。他主编了《半个世纪清华情》一书，内容是纪念清华大学 1965 届校友入学五十周年的文集（1959—2009）。这一届校友共二千零七十九人，来自国内七百五十一所中学。这一届清华学生实行六年制，是改革开放前受专业训练最坚实的一届。这一届学生既没有赶上“反右”和“大跃进”等政治运动的冲击，亦未遭遇“文化大革命”的浩劫，完整地接受了六年本科教育。这一届清华校友中，出现了许多位高层领导人，最杰出的是胡锦涛和吴官正，有三位校友任正部级领导，还有三位任中国科学院院士，四位任中国工程院院士。

翠仙嫂 1961 年进入清华动力机械系，主修热力发电专业，1967 年毕业后去江西省参加三线建设，1973 年调回清华，在核能技术研究院从事核反应堆热工研究，后转化学工程系从事教学和科研。她的职位是化学工程系教授、博士生导师。

翠仙在教学和科研方面都取得巨大成就，她取得的所有成就，如果用数字来表述，都是两位数以上的：她从事教学和科研四十多年，培养博士和硕士研究生五十多人，主持国家和部委的科研课题二十多项，建立了工业范围的示范工程数十个，取得发明专利权四十多项，在国内外的主要刊物上发表论文二百多篇，在四十年时间里作出如此浩瀚的成就，令人无限钦佩。

10 月 6 日晚在四季民福共进晚餐的还有我的孙子，和泉、翠仙的外孙，亦农的儿子昌宇，又名沐雨。他在清华大学附中国际部上学，2021 年高中结业后，为美国伊利诺大学录取，主修人工智能。亦农一家都是清华人，和泉、翠仙都是清华学生，留校任教的，郭晓是清华化学系毕业的，亦农在清华十七年，昌宇在清华十二年。

我们到北京的第二天过得丰富多彩。我们去的地方一大一小，有水有鸟，最后是四季民福，三代同庆。对郭晓、亦农的设计安排，要点个赞，深表谢意。

雁栖湖畔

一

10 月 7 日星期一，在北京的第三天。到北京前，或者说回国前我就安排好这一天和两个妹妹会面，还要会见一个外甥。到北京之前也把这个想法告诉了学军，所以这一天学军没有为我安排活动，她和观宇一早来湖南大厦，接我们去北京航空航天大学。

北航是我的六叔任教的学校，六叔在密歇根大学主修航空，回国后一直从事教育，先后任教于西南联大、厦门大学、清华大学和北航，在清华和北航任材料力学教研室主任。

六叔和六婶先后离世，他们的第二个女儿怀和一直住在北航的住宅区，没有搬动。我已经二十年没有到北京，非常熟悉的北航住宅区，完全不认识了。车多人多，十分拥挤。以前从校门到住宅区要走很长一段路，现在住宅区出入另有通道，怀和的家离大门很近。如果怀和不出来迎我，我可能连哪幢楼都找不到。进了他们的家，家里的格局和布置我也完全记不得了，我想不是我记不得，是时间太久了，他们改变了许多。

我的祖父祖母育七子一女，祖父祖母的后人现有一百数十口，构成一个大家庭。我是我这一辈中的老大，我的后面有九个弟弟、十四个妹妹，组成怀字辈，怀和是十四个妹妹中的一个。

约定一起到北航一聚的还有年龄最小的妹妹怀新，她是三叔最小的女儿，比我小二十三岁，现在七十岁了，她也已归入老年人之列。怀字辈兄妹二十四人，在世的二十一人，全部进入老年，八十以上者现有八人。

还有一位参加小聚的是我的外甥，他是我的五姑的外孙，表姐的儿子羡昶。我的大家庭成员中现在居住北京的不多了，有两个没有联络到，未能会面。

在怀和家坐下来聊聊家常，羡昶带了一本老照片给大家看，久别重逢，自然欢喜，也有许多话想说。我询问附近有那家餐馆比较好的，我们可以就近午餐。各人在手机上查了好一会儿，附近只有一家餐馆比较像样一点。这是家江西餐馆，名“映庐”，名字很雅。怎么办？有点为难。怀和的儿子五十多岁了，他是个残疾人，不能行走，不便远行，所以我不能邀怀和一家到市里聚餐，

在北京航空航天大学看望我妹怀和一家，中午就近觅一餐馆午膳，仅得江西菜一家，餐后在街边合影。

只能来航院看她们。如今附近只有江西菜，怎么办呢？考虑一下，就江西菜吧，品尝江西菜，这辈子也可能只有这一次，就尝一尝吧。

这家江西餐馆给我们一个单间，在座共九人：学军，观宇伉俪，九锦、怀和伉俪，他们的儿子李惟，怀新，羡昶，小易和我。我们点了些什么菜，我不记得了，一点特色都没有，所以一点记忆都没有留下，很遗憾。

二

离开北航，观宇就带我们回家。他们的家位置非常好，早一日我们从电视塔的顶层俯视，看到他们家的屋顶。二十年前我和玉兰曾来过一次，印象仍深。我们进屋不久又来了一位客人，姓梅名 Maria。观宇当晚亲自入厨，烹调和包饺子招待我们。

这一天是国庆长假的最后一天，第二天学军要上班了。我有两个学生要和我小聚，但也因为日间要上班，只能把时间定在晚上。

次日白天我没有安排，学军建议我们去怀柔的雁栖湖，她说那是很值得一游的地方，由她作安排。

三

北京市郊有个怀柔区。怀柔以前是个县，县城以北是燕山，燕山脚下有条河，叫雁栖河。1959 年拦截雁栖河，建造北台上水库，1962年建成。水库面积一百二十七平方公里，常年储水三千八百三十万立方米，水面二百三十公顷。

10月8日经学军安排，观宇陪游雁栖湖。雁栖湖畔有一圆形建筑，为日出东方凯宾斯基大酒店。

雁栖河水质极佳，吸引大雁每逢春秋两季成群来河畔栖息，因而得名。水库建成后，对水质要求极高的大雁仍以水库为家，每年春秋两季必成群归来，水库更名为雁栖湖。

2011年建立雁栖湖生态示范区，湖区内无风沙侵袭，一年四季空气潮湿，平均温度十一点七摄氏度。湖内水质清纯，盛产鱼虾，还可以看到珍贵的金边地龟、娃娃鱼等珍稀动物。雁栖湖区不仅是大雁栖息繁衍之地，许多珍贵的候鸟也喜欢以雁栖湖为栖息地，包括仙鹤、白天鹅、淡水鸥等。现在的雁栖湖是风光旖旎的水上公园，水面宽阔，湖水清澈。雁栖湖景区内广植各种树木，植被覆盖率达百分之九十，空气质量一级。

雁栖湖如今是风景秀丽的旅游胜地，三面环山，北面的山最高，海拔一千二百米，西面的山海拔八百一十一米，东面的山海拔一百八十六米。南面是一马平川，辽阔的华北平原。

2014年APEC峰会在雁栖湖举行，第一届和第二届一带一路国际合作高峰论坛在雁栖湖召开，使雁栖湖赢得国际会都的美名。

四

10 月 8 日，星期二。观宇来到湖南大厦，接我和小易去雁栖湖。离开湖南大厦，观宇驾车向北行，然后转东出东直门，便上了去怀柔的高速公路。汽车一路飞驰，都是我完全陌生的地方，以前在北京从来没有来过。观宇对去怀柔的交通很熟悉，那天公路上车辆不多，轻车熟路，很顺利到达目的地。穿过怀柔的街道，看到道路两旁成排的新建筑，最后我们驶入一个院子，那是一处招待所。

这个招待所选了最好的位置，正面朝南，门前是大路；背面朝北，近处是湖，远处是山，景区的如画风景一望无遗。观宇泊好车，我们便步出招待所的后院，来到湖边。沿湖边是环湖的路，对着招待所的是游船码头，停着一长排的游船。我们便购票上船，一艘船大约可乘五六十位游客，我们上的船差不多已坐满乘客，找到两个空位便坐下。

游船在湖面上转了一圈，先带我们看了山上的水流入湖的地方，我想这就是最早的雁栖河。湖中有岛，环湖一圈和湖中间的岛有许多漂亮的建筑，可惜船上没有人给游客作介绍。许多建筑是新的，而且设计得很漂亮。湖畔有一座塔，高九层，看上去油漆一新，此塔名雁栖塔，建于何年不详。离塔不远处有一圆形建筑，远看像一枚银圆直立于湖畔，近看是一座高层建筑，这就是日出东方凯宾斯基大酒店，楼高二十层。

我曾经在某一份杂志上看到日出东方的详尽介绍，这是一座十分豪华的超高级酒店，我记不起来是哪份杂志，何年何月的。这次一睹庐山真面目，但只看到外观，而且在湖中看岸畔，还是比较远的。建筑外观的细节，内部的布置陈设，都未能细阅。日出东方的设计也是我最喜欢的，当今世上，这样漂亮的建筑设计并不多。

游船转了一圈，回到码头，我们下船，便沿湖向西漫步。那是水上乐园，有许多水上游戏项目，湖畔也有许多可供游客游戏的设施。我们转了一圈，时值中午，我们便回招待所午膳。

五

下午观宇带我和小易参观雁栖湖的国际会议中心，这是游雁栖湖最重要的内容。

参观国际会议中心，要经过一座桥，便进入了会议中心的范围内，大面积的青草地，一片连一片，草坪面积超过一万平方米，十分整洁。看到许多园艺工人在维护树木、花卉和草地，中心绿化投入甚多，种植名贵花木逾十万株，中心范围内三季有花，四季常青。国际会议中心全部建筑共十八万平方米，包括大型会议厅、宴会厅、参加会议的各国元首居住的别墅，以及各种附属建筑物。

我们到达会议中心后，有工作人员领我们进会议厅参观。会议厅是木结构的，单层建筑，非常高大伟岸，采用斗拱结构，柱子和梁、斗和拱用的巨型方木，已经深深地吸引住我，让我叹为观止。那么大尺寸又那么整齐的木料，只有国家建造最重要的建筑才可能有。我喜欢会议厅的设计，这是采用了中国古代建筑的风格。我在登堂入室之前，一直在细细地从外观欣赏大厅的设计和所用的木料。

步入会议厅，室内空间很大，厅是正方形的，中间是环形的会议桌，一圈有三十多个座位，包含三种不同的座椅。工作人员介绍：三种式样的座椅分别为三次峰会所用。坐北朝南正中的座位为东道主的座位，主位后方的墙上是一幅巨型的木雕，雕刻精美，人物生动，是当代的艺术巨作。会议厅的四壁和空间有许多艺术品，不及细看，便步出会议厅，观赏户外景色。

我们是从南面进入大厅的，大厅正面有一长排旗杆，上百面各国国旗在迎风飘扬，发出一片声响。参观后，我们从北面步出大厅，看到一大片建筑，远处可以看到燕山，燕山上的长城亦依稀可见，诚是大好景色。

六

雁栖湖一游，终身难忘。学军说雁栖湖是值得一游的，我对雁栖湖一无所知，听学军之言，有观宇之伴，便来到怀柔。游赏之后，才知学军之言不虚，不仅仅值得一游，而是到了北京，不可不游雁栖。以我之见，雁栖湖远胜颐和园，更胜北海。

我是杭州人，童年在西湖边上度过，后来到过许多地方，见过许多湖，大的如无锡的太湖，小的如颐和园的昆明湖，我认为都远不如杭州的西湖。现在看到雁栖湖，我想起家乡的西湖，两者比较一下，我觉得西湖像一幅传统的淡雅的中国画，几乎没有色彩。而雁栖湖像一幅印象派的写实油画，色彩鲜艳。

杭州的西湖三面有山环绕，只有东面是平地，发展成为城市。怀柔的雁栖湖也三面有山环绕，只有南面是平原。两地看山景很不同，西湖边上的山比较平坦，树木比较少；而雁栖湖周边的山布满了树木，满山绿荫，色彩很浓。两者比较，雁栖湖更美。

杭州西湖的水比较浅，湖底是松软的泥，有时候湖水滚动，水就不清了。雁栖湖的水比较深，而且水质较好，所以引来许多鸟类在湖区栖息，湖中也有许多鱼虾繁衍，这些都是西湖没有的。雁栖湖更接近天然环境。

杭州西湖的景点都有相当悠久的历史，如苏堤、白堤，又如雷峰塔、保俶塔，又如灵隐寺、岳王庙。雁栖湖的景点都是新的，如雁栖塔、日出东方和许多建筑，新造建筑比古建筑在色彩和造型方面要艳丽美观许多。

雁栖的国际会议中心是国家的重点建设项目，更是别处不可能有的，建造和维护国际会议中心所用的财力和人力之巨，不是其他地方其他项目可比的，自然做到美轮美奂。单是到国际会议中心一游，便胜过去十个八个名胜。

如果颐和园的昆明湖与雁栖湖比，昆明湖没有真山真水，面积也小，颐和园的建筑与故宫的建筑风格一致，自然远不如雁栖了。

今次我能一游雁栖湖，诚此行大幸。我想小易一定也这样认为。2019 年 10 月的祖国之行，走了五大都市，我都忙于探亲访友，只有在北京看了几处特殊的建筑。我本来想看鸟巢、水立方和大剧院，结果大剧院没有看到，鸟巢和水立方看了也不激动，想不到看到了大兴机场和雁栖湖的国际会议中心，真正使我激动不已。游此二地为此次回国之行最大丰收，最宝贵的纪念。

七

下午五点多钟，观宇送我们回到湖南大厦，我们回房间稍事休息，我的一个学生便来接我们去晚餐的地点。这是位女同学，名饶兵，四十多年不见了，变化不大，我还能认出她来。饶兵在西安上中学时，是玉兰班上的学生，她和班主任有特殊的感情。饶兵的父亲叫饶尚志，1970 年至 1972 年间曾经和我一起在五七干校两年，后一起回西安，我们的住处相距不远。饶尚志任职的研究所于 1976 年迁往河北廊坊，饶兵也随父母迁去廊坊，当年她离开西安时才十四五岁，如今重逢她已经是五十七八岁了，早已退休。她是和丈夫同来的，我初识她的丈夫。

稍坐片刻后，饶兵伉俪便陪我们去餐馆，当晚由我的学生丁少华做东，在一家知名的日本料理店进餐。这家日本和风料理店名“黑松白鹿”，十分知名，在北京市内有十处餐厅。我们抵达时，少华夫妇已在餐厅等候。少华的夫人也是初见，少华结婚时寄给我照片，我有印象。少华是我的重点班学生，高考及第，就读于陕西师范大学，毕业后任职于共青团中央团校。

少华点了许多日本食品，有生的，有熟的，有煮的，有炸的，十之七八我叫不出名称来，十之三四我不敢吃，食品非常丰富，问题是我刚从乡下来，不懂吃。席间我要去洗手间，少华扶着我去，守在门口，又扶着我回。这一份心，我非常感动，师生之谊，都体现在细小真情中。

八

10 月 9 日，星期三。要离开北京了，又要和学军观宇道别了，颇舍不得。学军要上班，但她告假来送我。由北京去西安我们还是选择乘坐高铁。

去西安的高铁从北京西站发车。北京西站建于上一世纪八十年代，现在接客送客的汽车多了，车站外的通道拥挤不堪，进站很不容易。到了站内有个方便旅客的服务，有人代客送行李上车，我们就请人代劳，减少小易的负担。从前上海车站代客搬运行李的叫红帽子，他们都戴红帽子以易识别，现在上海飞机场也有红帽子，不知北京为何不用红帽子作为标志，方便旅客识别，取得旅客信任，为旅客提供搬运行李服务。

在不戴红帽子的红帽子帮助下，我们上楼梯又下楼梯，比较轻松地上了高铁车厢。这是回国之旅的第三次乘高铁。进出首都的高铁列车是被严格要求的，我们乘高铁由天津到北京，行程才半小时，进入北京南站，旅客还没有下车，站台上的清洁人员已经开始冲洗车厢。为什么如此分秒必争？我再想一想，明白了：这儿是北京。

现在我们又坐在一节整洁的车厢里，西望长安。中国的高铁给我极好的感觉。十年没有回中国了，十年前，中国还没有高铁。2010 年在上海，有从浦东机场到浦东市区的磁悬浮，我和玉兰专程去乘坐一次，行程很短，整个系统是德国人设计的，车厢也是德国造的，坐在车厢里，列车由静止而移动，不断加速，不觉得有什么特别，不多一会儿就到了终点，给人的感觉就像进迪斯尼乐园乘坐一次过山车，那是游戏，不是交通。后来中国有了高速铁路，在国外看到新闻，知道速度极快，上海到北京只要五六个小时，这样快的轨道列车美国是没有的。乘坐中国的高铁感觉如何？平稳吗？舒适吗？安全吗？这次回到中国，乘坐高铁不仅仅是出门用什么交通工具的选择，而是亲身体验一下中国的变化、中国的进步和中国的速度。

这次我乘坐了五次高铁，短程的、远程的，都试了。得出的结论是十分完美，感觉极好。坐在车厢里不知不觉，速度加快，十分平稳，一杯茶放在小桌上，在行车过程中，由静而动、由慢而快、由快而慢、由动而停，杯中的水始终没有波动。车厢内的座椅、门窗、照明、通风等硬件都很好，控制时间、控制车速、处理状况的软件也非常完善。我特别注意一个细节，看一看车上的厕所情况。有人说：看一家餐厅的水平如何，只要看一看厕所，如果厕所始终保持清洁的，这家餐厅的水准不会差。其实所有的公共场所都可以用这项标准。从前铁路列车的厕所脏得可怕，简直叫人跨不进去，而又不得不跨进去。现在高铁列车上的厕所已不存在跨不进去的情况，便池不再是蹲式的，而改为坐式的。而且厕所内有专用的卷纸，没有人把卷纸拿走，整个社会公共意识有了提高，衣食足，知荣辱，整个社会的道德需要主政者有意培养，创造文明社会。

我们乘坐的列车平稳地驶出北京，经过河北、河南、山西而进入陕西，当天下午到达我曾居住过十九年的西安，我把它称为第二家乡。

家乡情深

一

我终于又回到西安。1982 年初移居美国以后，此行是第四次。第一次是 1985 年，第二次是 1996 年，第三次是 2007 年，前三次都是玉兰与我同行的，玉兰与我一起在西安生活十九年，西安确是我们的第二家乡。三次回乡，好像有个规律，每隔十一年回来一次，如果继续遵守十一年回来一次的规律，第四次回来应该是 2018 年，虽然这个间隔期并不是我用心安排的，但既然无意中形成了，我还真想遵守。但是那一年客观条件不允许，玉兰病着，而且她的病已经到了后期，她不能与我同行，我也不能离开她出远门。

玉兰于 2019 年春离世，我可以出远门了，当然要回我们共同生活过的地方去看看，我计划 2020 年春天回国，一定会去我们的第二家乡西安。回国的行动提前是因为突然联络上失去联络近半个世纪的叶宏儒，还有一位在香港的老友何发复，三方决定尽早会面，于是就有了十月之行。半年以后，有朋友对我说：你去年回一趟中国，真是英明。我立刻回答：千万别用英明一词，

抵达第二家乡西安首日，延波设宴接风，有六位同学出席。

这是为大人物准备的，我们小百姓哪敢用这两个字。再说我们既没有远见，也不可能未卜先知，谁知道踏进鼠年会出什么事。2019 十月之行是我们的运气，是我特别的好运。如果按我原来的想法，2020 年春天回国，肯定春天回不了，整个 2020 年都不成，2021 年也不成，2022 年能否成行还真不好说呢。

我回第二家乡的计划，最早只告诉潘笑菊一人，她是我的学生、同事的女儿、邻居、朋友，我请笑菊到机场或车站接我，请她给我找一处交通方便的下榻之处。她很尽心地帮我做准备，可是走了风声，被周延波知道了。延波也是我的学生，一个当了私立大学校长的学生，他派他的秘书为我安排一切，并且告知笑菊，接待程老师的事你不用管了。我怕惊动人，结果还是惊动了延波。

10 月 9 日下午抵达西安北站。这一次出站很顺利，我一眼就看到笑菊，她身旁还有一位不认识的女士，手里捧着一大束花，看着我。我出了闸，她们就迎上前来，初见的女士把一束花递给我，然后我们就向站外走。手里捧着一束花，使我感到不自在，我又把花交回给花的主人。

抵达西安后的市内交通很顺畅，很快就到达延波安排的金花饭店。从车站到饭店，一路过来我都不认识，很多新的楼盘，很多蒙着绿色塑胶膜的脚手架，就像八十年代的北京、九十年代的上海。金花饭店所在地离我们原来居住的小区很近，但以前居住的平房已经荡然无存，只剩下不完整的回忆。

一路陪我们到饭店房间的初识女士，是延波的秘书，芳名李亚。她给我预定的是一个套间，有很大的起居室和餐室；给小易预定了一个单间，我们各就各位。李亚告诉我：晚餐就在一楼的中餐厅，一会儿延波和一些同学会过来。

二

夜幕降临的时候，延波和同学们也降临了。李亚带我们到一楼的中餐厅。中餐厅很大，李亚订了一个包间。包括延波在内，一共有六位同学在座，三男三女，这六位同学都是我的重点班学生。延波坐在我的右手，刘光磊坐在我的左手。延波和光磊当年是我班的两个尖子，绝对是进重点大学的，结果延波进交大，光磊进西工大，他们取得学士学位后，又进研究院深造，取得硕士学位。现在延波创办的私立思源学院，学生多达三万，规模巨大；光磊被母校聘用任教授，并任硕士生导师，两人又共同献身于教育事业。第三位男同学名李志华，中途退学，未参加高考，我见他面熟但叫不出名字来，他专程来见我并陪我进餐，我心里很感动。

三位女同学中我最熟悉的是聂巧晞，她是玉兰的学生，因此我早就认识她。我和玉兰三次回第二家乡，巧晞都来看我们。还有两位女同学也是重点班的，我叫不出名字了，这使我深感愧疚。一位是陈琴燕，她在餐桌上模仿我上英语课的样子，说明她记得很清楚，我却记不得她，真不好意思。另一位是陈爱萍，她就读于陕西财经学院，就职于中国人民银行西安分行，后任处长，当了高层领导，她必须工作到六十周岁才可退休，别的女同

餐毕甫返居室，便有客扣门，门启处一群女同学鱼贯而入，其中一人我不识，而竟是我最常挂念的倪梦。

学都已赋闲在家，爱萍还要工作三年。

餐毕我回到房间，一会儿门铃响了。一开门，一群女同学拥了进来。一二三四五六七，我心里数了一下，除了刚刚一起进餐的三位，其他四位我得认一认都是谁。第一位认出来的是黄娓，其实不用认，虽然十二年不见了，但好像昨天才见过，因为常通微信，她又常发照片。同样的原因我也认出了高个子的白莉和比较纤小的丁美聪。只剩下一个我实在认不得，待她报出姓名使我十分惊讶，又十分羞愧。她是倪梦，我的《穿越三个世界》一书里提到她，因为她没有考上大学而我耿耿于怀。怎么认不得了呢？细想想得出结论：千里万里保持友谊，最好常用微信联系，否则一别十多年，总会有些变化的。倪梦稍显丰腴，又戴上了眼镜，我认不得了。如果倪梦不来饭店，而是在大街上，面对面偶然相遇，或许她也不认识我。我抵西安首日，她便当晚来看我，是谁给她通风报信呢，我想大概是黄娓吧，她们都是有心人。

三

10 月 10 日，星期四。我安排这一天见老同事、老朋友。延波给我预定的饭店有非常好的餐厅，这就给我最大的方便，我在房间里会客，下楼在餐厅里宴客，不需要出门，节省了时间和许多零星事务，在饭店内所有手续都由小易一手办理。这一天我安排了两次会客和宴客，邀请和约会在北京时便安排妥当，只有会面的地点要到西安后再奉告，这方便又要拜手机之赐了。

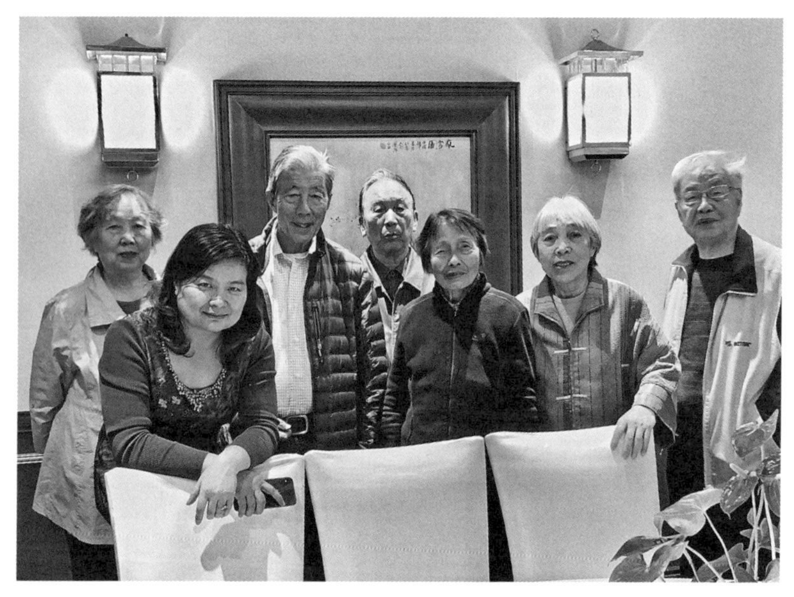

回到西安的第二天，我在下榻的酒店的餐厅里宴请了多位老同事，站在我身旁的张家喜是上世纪六十年代最亲近谈得来的朋友。

中午来的客人是三家老朋友，三位老同事，都是女性。第一位是吴征，1959 年我在茂名认识她，她从部队退役来到建筑工程部的系统，做政工工作。不久她和一位帅哥技术员孙振声结秦晋之好，他俩比我年轻一点。后来我们迁到西安，住在一个院子里成为邻居。他们有两个女儿，小女儿雷涛和我的小儿子宝平从幼儿园开始，便是同班同学。吴征后任局系统的修配厂党委书记。我 1982 年离西安出国，吴征专程来车站送行，这使我万分感动，永远记在心里。第二位是曹存美，她从北京来，我到西安最初做的工作，和曹存美在同一个办公室，她成了我的助手。后来她结婚了，她的丈夫符景垣在西北大学任教。曹存美曾于 2018 年随女儿来美，到我家一聚。第三位是阎桂香，她的丈夫张家喜任教于西北工业大学，这一对贤伉俪是我妻玉兰做的媒，家喜成了我的好友。我回西安第二天就把这三家好友同时请来一聚。

老朋友相聚在一起，总有说不完的话，但我在第二家乡停留的时间很短，想见面叙旧的朋友很多，实在难以安排，见个面就好，最重要的是能见面。送别这批老朋友后，回到房间，我在此书最早提到的一位同学白桦来了。

又是和一位将近半个世纪不见的朋友重聚，我心里充满喜悦。隔的时日实在太久了，分别的时间不用“年”作单位，而是“世纪”，半个世纪是什么概念呢？是从中学时代的少女到退休十年的大妈，是从孙女到外婆。白桦已进入退休生活的第十年，成了最忙碌的一代人中的一员，她的双亲健在，她要照顾父亲，又要照顾母亲，当然要照顾好自己和另一半，照顾忙于工作的女儿和女儿的另一半，最后要付很多精力照顾好外孙女。这样的忙人精神极佳，身材挺拔，完全不像是年过六旬的长者，而像正在职场上拼搏的中年人。她穿着宝蓝色的丝质长外衣，绣着大朵的花。她见到我就忙着把精心准备的礼物一一拿给我看，很精致、很美观的艺术品，我很喜欢。她很忙，挤出时间来看我，隔了一天，她又

我曾任教学校的校长刘安民、两位老师潘治涛和李建文。

来看我，我离开西安那天，她来送我，依依惜别。

这天下午，我原来任教学校的校长和四位教员来到我下榻处，这四位教员中最年长的是语文老师潘治涛，他和我同龄，年逾九旬了。数学老师李建文，近四十年没有见面了。地理老师李国英和英语老师李国建是姐妹俩，她们的双亲早在广东茂名就是同事，又是邻居。因为几位老师高龄，我请他们的女儿陪同，以便照顾，治涛的女儿笑菊、建文的女儿周兵都是我的学生。我在第二家乡的日子里，笑菊和周兵不时出现在我身边。

这一天还有我们的近邻张姓兄妹三人来酒店看我，哥哥宗义、大妹春霞、小妹霞芳，使我想起他们的父母，想起他们的童年，想起简朴和睦的邻里生活，想起那十年动乱。他们来看我，多么珍贵的短暂一聚，多么难忘的岁月悠悠。

四

在久别重逢的欢悦中，也有悲伤。

10 月 10 日下午，我等候刘安民校长的光临。门铃终于响了，我赶紧开门，站在门口的正是刘校长。他见到我立刻抱住我嚎啕大哭，久别重逢的喜悦气氛突然消失。

悲痛的事情是有的：一件伤心事发生在眼前。几天前，卧病多时的王学夫老师撑不下去了，他知道我不日就可以回到西安，而他又是多么殷切地希望今生再会我一面，但是实在坚持不下去了，两天三天都坚持不了。我到西安当天，笑菊就对我说：有件伤心事，你不要难过。咳，难过在心里，能见一面多好呢，只差几天，多么遗憾。能不难过吗？

悲伤的事情还有，我们上一次会面是在 2007 年，我们也在一起晚餐，刘校长的夫人在座，玉兰在座，十二年后再聚，我俩都失偶，触景生情，是很伤心的事。

刘校长的悲伤不外是这两方面，其实远不止我俩失偶，2007 年一起聚餐的十一人中，已故六人。除上面提到的三位，还有孙振声先生数年前辞世了，他的夫人吴征中午和她女儿来聚，也是失偶人。还有王仁生书记和李德昌书记两位，我请人邀请，但回复我说都不在了。

十二年前一起聚餐的，现在剩下刘校长、吴征女士、李国英老师、雷涛和我。看看当年的照片，能不悲乎。刘校长之恸，不亦真悲乎，不亦真痛乎？

五

晚餐既毕，送别客人，我回到房间，又会见一群学生，都是重点班的。金育欣来了，我记得我每次回西安都见到她，为了考核一下我的记忆力，专门翻了历次回国的影集，发现 1985 年第一次回西安时没有见到育欣，我想可能她在学校。那次我和玉兰去她家看望她的双亲，和她的父母、祖母、哥哥育华一起留了影。她的父亲金瑞莲是公司的副总经理，一位广受尊敬的领导人，她的母亲是一位医生。有一位专程从成都赶回来看我的同学，叫叶美英。当年她的妈妈和我争夺，我要美英上大学，妈妈要她上中专，在亲娘面前我只能让步，结果她离开我们而去。我每次回西安，她是一定要来看我的，因为当年是我输了。黄娓、白莉、周兵也来了，我不知道周兵有没有回过家，她不是刚刚陪她妈妈在楼下吃饭吗？

我们照了一张合影，五个女同学坐在前排，我坐在中间，五个男同学站在后排。后排最左边起是：彭旭、何广林、陆洪波、王一川和郭建国。彭旭无疑是一百名重点班学生中基础最差、苦读最勤的一名，如果一百名学生都和他一样，我们学校可能增多十名高考录取生。何广林被哈尔滨电子工业学院录取，现在西安工作。陆洪波被矿业学院录取，他不喜欢这个专业，自营建筑业，继承父母的专业。他的父亲已去世，母亲居住在上海，我回国第一站是上海，在上海的短暂停留中，我专程去看望了他的母亲邵志建。王一川是最后来的，他的父亲王学夫在三天前去世，

又是大批学生来看我，坐在我身边的叶美英是专程从成都赶回来的。

他不知道可不可以来看我，先打电话问询，我说可以，他就来了。最右边的是郭建国，他已退休在家。

这是一群最亲近的学生，看上去都年轻，都早已退休，当了祖母。坐在我左边的马建玲，专程从深圳赶回来与我见面，她曾是公司党委书记的千金，但没有享受任何特权，下乡当知青，回城当工人。

这批同学们刚走，又来了两位女同学，她们是沙丽君和刘卿。才入座，周延波来了，她们就离去，我和延波有一个小时的恳谈。这是此行唯一的一段时间我们可以坐下来单独交谈，他说春节期间他准备带些同学一起到旧金山看我。爱萍、光磊等同学办好了护照和签证。突然新冠病毒扩散，他们的旅行计划暂时搁置。

春华秋实

一

10 月 11 日，星期五。这一天的快乐是从早餐开始的，魏沛同学早一日由成都赶回西安，在电话里对我提出，希望我多留一点时间给他，可不可以一起进餐。我告诉他时间都排满，最快见到你是明天早晨一起进早餐，我们明晨九时在大堂见。周五早晨他准时来了，还带来陈爱萍，真叫我高兴，我们便一起享受饭店的自助早餐。

这一天我没有邀请朋友来，而是接受朋友们的邀请，会见更多的朋友。

1964 年，陕西省建筑工程局决定成立一所建筑机械技校，培养建筑机械操作和修理技术人员，我主动请缨去技校工作，那是我到西安的第二年。我是最早到技校的人，单枪匹马，开始做筹备工作，把原来的一处厂房，改成办公室和教室，以及学生的宿舍。我们是省的建筑工程局，建筑范围内我们是老大，唯我独尊的，但是砌垛墙，把大车间隔成许多小间，这类工程我们自己做不了，必须找街道上的小营造商来做。当时这些营造商生意很火，活儿一桩接一桩。我骑着车每天从东大街冲到西大街，再兜到南大街、北大街，一家一家地跑，就是找不到一家接受我们的工程。怎么办呢？没有后门可开，没有捷径可走，我选中了其中一家规模较大的，每天一早登门，请他们帮忙安排。我决定：这一家我盯定了。精诚所至，金石为开。如此这般我花了近一个月的时间，这家小营造商终于开了金口，跟我来看了工程的地点、工程量和施工条件，谈妥造价，签妥合同。这段时间我一个人在外面跑，机械化公司又调来一位干部叫叶映辉，她每天坐镇学校。又隔了些日子，来了一位校长吴兴汉。

进入 1965 年，教员和职员陆续到位，一些教员从北京调来，还有一批年轻人是应届高校毕业生，从四面八方分配来西安，到技校当教员。这批年轻人中有北京清华的、上海同济的和陕西师范的等等。1965 年暑假在陕西省内招生三百名，九月开学，我任教机械制图课。谁也不会想到我们辛辛苦苦筹备、调集各课师资、成立颇为不易的技校不到一年便被“文化大革命”彻底打乱，学生上课不到一年，在第二学期中期便停课闹革命了，然后开始揪斗教员中的所谓牛鬼蛇神，揪走资本主义道路的当权派。副校长吴兴汉首当其中。然后学生忙于抄家，忙于建立牛棚，又忙于外出串联，竟没有想到回教室坐下来继续上课。这

世纪之聚是沈玉清老师费心组织的。

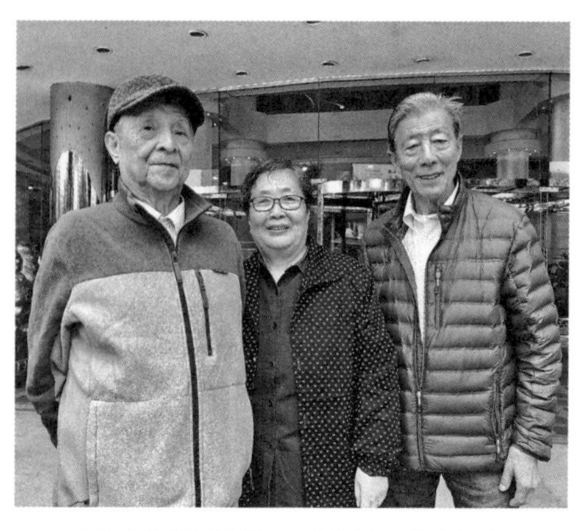

何锡华老师是我最常见的一位同事。

完全不怪学生，学生是真正的受害者，宝贵的青春浪费了。

我们的学生都是陕西人，三百名学生中的一半是西安市内的孩子，另一半是附近各县的农村孩子。陕西民风淳朴，学生都非常纯真老实。他们被技校招收，期望学一技之长，可作终身职业，而实际第一年的课也没有学完。技校的学制是三年，不上课也留校三年，“文革”的最初三年有着各种各样的革命内容，层出不穷，学生们便在不同阶段紧跟形势闹革命，就是不上课不学技术。到了 1968 年三年期满，“文革”还远没有结束，上级决定学生按时结业，分配工作。教职员一部分调去其他学校，另一部分去“五七”干校，前者继续从教，后者重新受教，学校解散。

1965 年成立，1968 年解散，到 2019 年，距成立 54 年，距解散 51 年。光阴似箭，日月如梭，半个世纪过去了。当年我去了“五七”干校，重新接受教育，后来出国，到 2019 年，也已经 38 年。技校解散后，有些同事我见过，有些同事始终没有相遇。

二

在移居美国之前，我在国内工作 28 年，始终在建筑工程部系统，其中在技校的时间最短，只有三年多。这短短的一千多天，留给我极深刻的记忆，永不磨灭。

年前经潘笑菊帮我联系，我的《穿越三个世界》一书送给了技校的沈玉清老师，因而与沈老师取得了联络。玉清是政治课老师，技校解散，她调到省建工局第二中学任教，后任二中校长。我第四次回西安前致函玉清告知归期希能一见，她万分热情，告我将邀请众多技校老同事与我欢聚。

我抵西安后便与玉清约定：聚会的时间定在10月11日上午，聚会的地点就在金花饭店，是最方便的。

11日上午玉清和她的先生最早来到我的房间，然后老同事们、老朋友们陆续到达。玉清约了十位老同事，包括她自己是十一位，但有一位临时有问题而未能光临，所以实到老同事十位。1968年学校解散各奔东西之后，这十位同事中有六位从未见过面，有三位仅见过一次，唯一经常见面的是物理老师何锡华，他和我后又同在三中任教，再成为同事。

十位在座同事中四位有家人陪伴，我们一共十六人围坐一特大圆桌。坐在我左手的是王世林老师，他是技校的人事主管，离开技校后是第一次见他。他健康状况非常好，和当年分别时比变化不大，而他已经高龄89岁，仅比我小两岁，我不如他。坐在我右手的是那荣华老师，分别后也未曾见过，她也已经81岁高龄，非常遗憾的是她的先生何斌已经去世。

最令我惊讶的是两位当年大学毕业分配来技校的年轻教师，一位是陕西师范大学毕业分到技校的，当年22岁，如今77岁，我真认不得她了。她的名字也改了，当年叫左仙果，如今叫左春晖。是同一个人吗？我得好好想想。还有一位是清华大学的高材生，主修金属工艺学，当年 24 岁，如今 79 岁，名字没有改，一直都叫王颂汤。我每遇到一位同济大学毕业的李维经，常谈起王颂汤，我总觉得颂汤在清华苦读五年，分到技校教了不到一年的课，太亏他了。维经也曾在技校任教，离技校后我们一直保持联络，成为好友。还要补充一点，颂汤在技校与医务室的护士吴改玉结婚。改玉也来了，已 73 岁，我也几乎认不得她了。

我曾经见过的是沈玉清、徐慧婵、刘万琪和李正文，都只见过一面。万琪已 86 岁，非常健康。万琪是标准的陕西人，非常诚实善良，规规矩矩做人，叫外省人学刘万琪，大都外省人学不好。当天没有来的是李正文，她和我同一个教研组，也教机械制图，我最想念的是她，可惜她不能走动而没有来。"文化大革命"是最考验人的，也最考验共产党员，在我心里她是一位优秀的正派的共产党员。

三

玉清安排的这次聚会，不折不扣是世纪之聚。此书第一章记录何发复夫妇和我不远千里万里奔到天津与叶宏儒聚首，宏儒称之为"世纪之聚"。天津之聚是规模甚小的三方小聚，与沈玉清老师安排的西安之聚比，诚小巫之见大巫也。

西安之聚，或称技校之聚，真可称为世纪之聚。分别 51 年，超过半个世纪。大多数人在分别后的半个世纪中没有见过面。别时正壮年，重逢已白头。十二位受邀之人，有九位年逾八旬，最年幼者七十三岁，平均年龄八二点六岁。再退回当年，技校成立时，我们的平均年龄是二十八点六岁，技校解散时，我们的平均年龄是三十一点六岁。咳！时间到哪儿去了？我们各人问各人自己，各人有各人的答案吧！

玉清对世纪之聚的重大贡献远不止于此。我们的聚餐还没有结束，大批的技校学生已聚集在饭店大堂，一片热闹。原来玉清组织了几十位技校的学生，在午后到饭店来，和久别的老师们见个面留个影。

我又要用“世纪”这个计时单位。这些同学中的极大部分都是分别半个世纪没有见过面的。他们来技校上学的时候，标准年龄十五岁；他们离开技校去工作岗位的时候，标准年龄十八岁。我们再见面的时候，他们的年龄平均六十九岁。什么概念呢？我们初见的时候，他们是少男少女，我们再聚的时候，他们是大爷大妈。尽管现代人生活条件好，六七十岁也不显老，但他们终究年近古稀或年届古稀。见到这群学生已经使我大吃一惊，在我的心里，他们都是娃呢，一半是城里娃，一半是农村娃，陕西的娃都是好娃。我心里的想法不能说，暗暗吃惊，暗暗思考，学生都到古稀之年，我的时间丢到哪里去了？我这些想法说出来，大家都要说我迂腐，或者说我妻子的病传染给我了。

这几十位技校学生出现在我面前，我认识的不多，认识而且能叫出名字来的只有两位：一位是同彦庆，他是三百名同学中的佼佼者，他分配到机械化施工总公司，工作出色，我 1996 年回西安，他是总公司的第一把手，管理着几千员工的企业。我和妻子进他的办公室聚谈片刻，在座的有多位技校同学，徐玲玲也在座，今次见玲玲我还认识，但叫不出名字了。我能叫出名字的另一位是支解放，我和解放有特殊的缘分。“文革”中有一段时间，他在管牛棚。一天午后王颂汤老师对我说：食堂里有张你的大字报。我闻之十分紧张，便去食堂看。大字报是揭领导包庇我，并非直接指责我。我便去牛棚，正遇解放。我把情况告知，问要不要我进牛棚。解放说：程老师，你是历史问题，没有你的事，回去吧！1996 年我回西安，在机械化公司门口见到解放，他把我抱住，对我说：程老师，我的儿子考上北大了。我祝贺他，我心里想，这个解放和我真有缘。

我叫得出名字的两个同学，一是同彦庆，一是支解放，无巧不成书，从两位的名字，可以知道两位的出生年份。2019 年国庆七十周年，彦庆、解放都登古稀之年了。

四

玉清对世纪之聚的贡献还没有道完。她邀请了几十位同学和十数位老师作“世纪之聚”，有的同学带了摄影器材，拍了许多照片。最后玉清在大量的照片中，选择有代表性的汇编成册。她写了序，付印成极具纪念意义又极为珍贵的一本影集。这或许是二十世纪六十年代西安北郊曾经有过一所机械技校的比较完整的文献。这本影集之名为《春华秋实》。

玉清的外孙女丹丹来加州金山湾区进修，她把影集带来给我，我十分珍爱。此影集是我 2019 年回国之旅的最宝贵纪念品，我将珍藏之。

五

送走了锡华和荣华，告别了彦庆和解放，我稍休息一下。两天前我走进金花饭店后，11 日下午第一次出门，第一次上街，第一次去看看我曾经非常熟悉的街道。笑菊驾车代步，我们去北大街。北大街靠近北关的地方，是陕西省建筑工程局的所在地，在一个省里，这是大机关。我是局下面的下面的一个小职员或者小教员，无事不登三宝殿，局的大楼我从来没有进去过。

技校解散后，我到了“五七”干校，分配到第二连。这个连里有两位副局长，一姓贾一姓杜，还有一位处长姓高，在一个连队，不仅学习劳动都在一起，而且睡在一间屋里，这真是难得的机遇。本来高高在上的领导，一下子平起平坐，我们卑微，说话谨慎，大领导口没遮拦，说话随便，很快成了朋友。姓贾的副局长，原是机械化施工公司的总经理。一天我回西安，他叫我去他家办一件事，他家就在局大楼的后面，我就来过这一次。

几十年后又来到了局大楼前，经笑菊联络，两位老朋友、老同事梁建智和金虎根来到大楼前会面。建智去过美国，到过我家，我回西安也不止一次与他会面。虎根却是数十年不见了。

建智和虎根二位是中国建筑界的知名人士，特别在工业建筑的机械化施工方面。建智毕业于名校浙江大学，一直任职于陕西省机械化施工公司。建智兄和我有特殊缘分，在机械技校筹备阶段，只有他的夫人叶映辉和我两个人在苦苦经营。那是“文革”前。十年动乱后恢复高考，我校办重点班，他们的儿子梁波便在我的班里，后被西安交大录取。梁波毕业后，他的妹妹梁淳又在我的班里，后被西安医学院录取，毕业后出国深造，现在加拿大从医。建智全家都和我熟悉，都在一起奋斗过，这样的缘分真不寻常。

我和陕西省建工局副局长梁建智和总工程师金虎根在建工局大楼前合影。

虎根和我相识于山西大同，那年头我还没有被定为右派。他和另外两位同学分配到我们公司，还不到二十岁的小青年，靠他不懈的努力登上总工程师的地位，而且扬名于全国大型工业建筑界。我们当年的大型厂房建筑，都是苏联设计的，又高又大，一根跨度长三十米的拱形大梁，吊到二三十米的高空，工人在只有五吋宽的拱形梁上走来走去，如履平地，拱梁吊到柱顶上了，要测准位置，然后电焊加固，这时候工人在忙，技术员不能在地面指挥，必须上去，也站在梁上，和工人在一起。这真不容易。有一次工地发生意外，梁和屋面楼板一起坠落地面，保卫科的干部要我上屋顶向地面拍照，我站在没有坠落的楼板边缘上，双腿发抖。叫我在梁上走来走去，谁能借我一个胆呢。虎根的女儿和女婿也是我的重点班学生，女婿马建宁进了西工大，事业非常成功。我到天津，建宁和忆南设盛宴招待我，不再重述。

从局大楼前步行到建智的家，知嫂夫人映辉因伤在医院，不能回来，错失一次重聚的机会。和嫂夫人一起筹备技校的情景宛如昨日，那却是五十五年前的往事。夫人不在，招待客人全由梁波的夫人主持，她忙进忙出，斯文有礼，十分周到。年轻人如此，现在很少见。我暗自钦佩，建智兄嫂有福，子孝媳贤，家庭美满。

茶叙片刻，梁波下班归来。梁波离校后，这是我第一次见他。宾主到齐，建智兄便率领去华山酒店。华山酒店与陕西省建工局为邻，仅百步之遥。既就座，建智兄问我：你久不见梁波，你觉得他有变化吗？我回答：有变化。建智又问：什么变化呢？我答曰：变帅了。我这话，听起来有点轻浮，好像不是一名教师该说的话。其实我是普通人，时代把我推到教师座位上，又推到带学生冲考场的第一线，我本来不是道貌岸然的老夫子。这么多年不见梁波，重逢还不到半个小时，看他的变化只能局限于外观，他也确实帅多了。

女孩子最漂亮的年份在中学阶段，中国人说的二八年华，西方人说的Sweet Sixteen，都认为十六岁的女孩子最美。但是中学阶段的男孩子是不帅的，十六七岁的男孩子身体还没有完全发育，谈不上挺拔，更谈不上魁梧，没有见过世面，没有衣冠楚楚，一举手一投足都叫人失望。只有工作了十几年到二十几年，见过世面，有了一定地位，才全身透出帅气。所以我对梁波的欣赏是真心的，千万不要以为我不正经。

餐后我们排排坐，一本正经拍照。那晚上在座的有建智兄、虎根兄、梁波伉俪、笑菊、小易，还有一位经理和我，共八人。

我在第二故乡西安的最后一晚，建智副局长设宴为我饯行。

离开华山酒店，向主人道别，我和小易仍由笑菊驾车送回金花饭店。甫到房间门口，见李肇亚、张春霞夫妇坐在走廊等我们，便请他们进房间再叙离情。春霞是第二次来看我，肇亚是二十多年不见了。

六

10 月 12 日，星期六。这是我此行最后一天在西安，这一天的大部分时间和马建玲、黄敏慧在一起。建玲和敏慧都是玉兰的学生，而且是关系比较接近的学生。为了和我见面，建玲和敏慧从外地赶回西安，建玲从深圳回来，敏慧从银川回来，她们约好了一起来看我。

建玲是公司党委书记的闺女，高中毕业下乡，回城后在公司下属的一个车间当学徒工。公司第一公主没有享受任何特权，公司第一把手清廉，令人钦佩。1985 年我和玉兰第一次回西安，见到建玲，问她近况，知道她的男朋友回城后去深圳发展。她同她的男朋友王建国是同班同学，两人相爱是老师和全班同学都知道的，于是玉兰和我便劝建玲也去深圳发展。后来建玲真的去了深圳，在那儿安家落户了。

黄敏慧的名字在前面曾出现过，她一直和我保持着联络。天津的叶宏儒找我半个世纪，最后是从敏慧那儿得到我的微信代号，很容易地找到了我。敏慧也下乡了，她有个妹妹叫黄娓，生逢其时，她上高中已经过了知青上山下乡的年份，功课蛮好，分到我的重点班。我对她抱有希望，可惜功亏一篑。1978 年恢复高考，是国内形势的需要，但这种形式选拔人才并非最理想。落到每个人头上，有许多偶然性在左右着。

七

我和小易吃完早餐回到房间，建玲就来了，接着敏慧也来了。不久又来了位同学叫苏梅，她和前面两位同学不认识，她的父亲是建工局属下的木材加工厂的干部，以工宣队指导员的身份派到学校来，成为学校的领导人。尼克松访华后，中美之间开始通邮，我的父亲给我来信从上海转来，我想一定要光明正大对待，便报告苏指导员，美国来信了。想不到指导员对我说：那好啊，你可以去美国看看他们。他的话大大出乎我的意料，我大为惊讶，这世界变得太快，有点难以置信。几年后我真的移民到美国。我到美国后，常通过苏梅问候她的父亲，回西安也去看望过他。那天苏梅对我说，她准备半年后来一次美国，一定到旧金山看我。可是疫情暴发，交通中断，苏梅何日可以成行，现在难以肯定。

苏梅离开后，又来了白桦、谢文丽和蒋蓉娟，加上先到的建玲和敏慧，都是 1972 届的，除了白桦，都是三班的。三班是玉兰带的班，玉兰和这个班的同学感情非常深。那几年玉兰经常胃溃疡病发，每次病发便胃出血，每病必住院一周，出院后遵医嘱又要卧床休息若干天。每次她病了，我就代她的课，还代她管这个班，不麻烦学校另作安排，因此我对这个班的同学非常了解，也很有感情。每次我和玉兰回西安，一定会见到这个班的大多数同学。

玉兰不在了，她辞世之日，我把噩耗告诉了同学们。这次我回西安，我也将行程告诉同学们，建玲和敏慧便安排回陕的日程与我会面。西安的同学们由曹涛同学安排，定于 12 日中午与我聚餐。

曹涛将午餐的地点定在一家很大的上海餐馆。我由同学接我到餐馆，被引上二楼。一张硕大的餐桌可以围坐三十余人，同学们已坐满一围，王焕然老师亦已就座。正面墙上挂着一幅巨大的红色横幅，上面是“欢迎您程老师”六个大字。这使我感到不自在。任何时候、任何场合我都不愿成为中心，不愿成为特殊。我很理解同学们的盛情，如此隆重地招待我，我却反而感到不安了，我没有预期如此隆重、如此破费。这是我第四次回来，前面三次我们都见面，每次见面都握手拥抱，嘘寒问暖，互诉近况，拍照留念，如此而已。十分纯朴，十分简单，十分家常，十分真情。这次破例了，玉兰地下有知，也会叹过分了。我虽然这么说，但心里感激，非常感谢。

话说到这儿，我再多说一点题外的话，我主张低调，做任何事，采取任何行动，尽可能低调。私事公事，家国大事，都尽可能低调。低调能采取主动，低调有回转余地，低调可有备无患，低调是自我保护，低调包含许多优秀的好品质，如朴素、简单、节俭、谦虚。我说了一堆多余的话，请大家理解我的苦心。现在社会上高调成风，我深为担忧，故出此言。

现在一切都高调，年轻人涉世不深，说话也很高调，请看我们微信上传来传去的帖子，标题总加上“震惊世界”“全球震撼”等词语，实际情况是这样吗？哗众取宠到了什么程度。大家都习惯了，口出狂言而不自知，这是很危险的。

餐宴前，曹涛致了欢迎辞，要我讲话。我深知同学们今日设宴欢迎我，是怀念他们的黄老师。半世纪前玉兰种植的爱苗，五十年过去了，仍茁壮地活在同学们的心里。于是我向同学们详细地介绍了玉兰最后十年病中的情况，也介绍了玉兰长眠之地离家甚近，可常去看她。

席间有一位同学送我一方墨，尺寸甚大，何时何地产物，无从知道。我祖父藏砚藏墨，我尚存有古墨十数，均常规尺寸，而这位同学所赠者其尺寸为常规的十数倍或二十倍，令人不解。而这位同学除赠我一墨外，亦赠送其他同学各种他称为文物的东西，诚为难得一见。

餐毕，与王老师及各位同学告别，依依不舍。人生有聚有散，不亦常情乎。

八

12 日下午，我未离开下榻的房间，我知道还有些同学会来看我，我不能出门。下午两点半，来了多位木材加工厂的同学。郭慧敏、王富敏和马桂琴是一个班的，我每回西安，她们一定会来看我。我知道这是笑菊用心的安排，是笑菊告诉她们我的行程的。这三位同学都是十一班的学生干部，十一班是当时全校最乱的班。曾发生一块砖头从窗外飞进来，正中班主任林老师头部，造成严重脑震荡的重大意外。

这个全校第一乱班，急需一位老师接手管束，校长把此重任交给我，我就全力以赴，不出半月，乱班不乱了，不出半载，乱班成了先进班，这三位同学就是和我一起拼搏的人。这三位同学当年都是 teenage，看我一怒之下把那个最捣乱的学生一把推倒在地，看我一心一意把这个年级最好的三十名学生送进大学，后来我出国了，她们怎么想的，这个程老师是不是有点奇怪。但以后四十年，我每次回西安，她们一定来看我。

和这三位同学一起来的，还有一位同学复姓皇甫名玉梅，她的丈夫是她同班同学，我曾短期带过这个班，玉梅是班长。我每回西安，她夫妇二人也一定来看我。

木材厂的同学离去以后，我把时间留给了笑菊的宝贝女儿和女婿，还有宝贝孙女儿。这是最温馨的一段时间。我一直记着笑菊有个小孙子，买了男式童装作礼物，结果错了。还好，女人可以穿男装，女童可以穿男童装，反之则不能。小外孙女一直看着我，目不转睛，大概她在思考，为什么这个老汉把我性别搞错，真是够糊涂的了。

九

第二家乡之行的最后一个晚上，我留给所有为我费心费力的朋友，我在金花饭店中餐厅设宴答谢大家。延波是大忙人，他没有时间参加，他的母亲和他的姐姐光临了，他的秘书李亚参加了。为我从外地赶回来的五位同学都到齐了，他们是马建玲、黄敏慧、魏沛、叶美英和王宝婵。当然有为我做了大量工作的潘笑菊，还有一直在默默地替我做联络的黄娓和陈爱萍，还有，刘校长的闺女刘志英，加上小易和我。最后一晚的晚宴热闹而愉快，尽欢而散。

10 月 13 日，星期六。我和小易离开西安回上海。小易发现乘高铁由西安到上海需七个小时，乘飞机只需三个小时，她决定我们乘飞机返沪。

离西安前夕，我向刘校长和潘老师告别。

我一早收拾好行李，吃完早餐就出发，最高

在西安四日，会朋友无数。13 日离开西安回上海，潘笑菊和魏沛送我去机场。

兴的是魏沛和陈爱萍不愿意错失在一起的良机，再一次陪我们同进早餐。魏沛是一个极活泼、极有趣的人，和他在一起非常快乐。他希望我多给他一些时间，我也真希望有更多的时间和他在一起。

早餐毕，我们就出发了。当时有三辆车要送我和小易去机场，延波派的车、笑菊开的车和魏沛开的车。有人问我坐哪一辆？我立刻回答坐魏沛的，我的心和魏沛的一样，多一点时间在一起。同车的还有爱萍。

白桦准时到达饭店大堂前，我上了车才见到白桦，隔着窗她说着叮嘱的话，虽然没有全部听明白，我频频点头，因为我知道她的叮咛都是善意，都是好心，都是真情。这样的忘年之交，人生能得几回逢。

最后送我到航站楼的是笑菊、李亚、爱萍和魏沛。我在西安四天，笑菊每天陪我，安排我的活动；李亚代表延波，接车送机；爱萍陪我共进两次早餐，两次晚餐；魏沛从重庆赶回西安，常出现在我身边，他们成了此行最接近的朋友，最后送我到机场，一直在航站楼外目送我到看不见了才离去。我要进闸了，回头望航站楼外，笑菊还在，李亚还在，魏沛和爱萍还在。真舍不得分别，心里一酸，老泪纵横。

第三篇　返　乡

李氏坤房二十九世长子云书公在上海创业。他为人正直，思想超前，家族上下均尊重他。图为他的夫人郑氏及后代。

回外婆家

一

平易近人之旅的第四次跨省旅程，我们选择了乘坐东方航空的航班回上海，弃高铁而取航班，是为了节省旅途时间四小时。

四个小时，半天时间，可省当然要省的，我这次回国之旅的全部行程只有四十个半天。可惜航班是很不准时的，我们只乘坐这么一次，不争气的航班就误了两个小时。我们甫上飞机坐定，就被告知起飞时间要推迟两个小时，什么原因却没有说。反正坐在机舱里，不仅早失去选择的权利，也失去了申诉的权利。既来之，则安之，耐心地等吧。

因为航班延误，我们抵达上海虹桥机场的时间已经不是午后，而是华灯初上的傍晚。因为正是下班时间，市内交通阻塞，我们到达新天地住所时天完全黑了，半天时间没有省出来。

因而顺便要赞一下高铁，高铁是绝对准时的，不仅起点发车、终点到达做到准时，中间大小车站都准时到准时发，分钟不误的。对乘客来说有时候真误不起。回到上海的当晚，我有个不能误了的约会，我和小易回到新天地住所，立即更换衣服赴约。

二

我在西安定好航班以后，便和上海的一位同学约好，抵沪当晚和她同进晚餐。她说由她找餐馆，她后告我是她女儿订的位，晚七时在新天地“誉八仙”见面。

她是玉兰的同学、好友、闺蜜，她叫朱洁心。她和玉兰都是在 1952 年全国高等院校院系调整时，由复旦大学转学到上海财经大学的。总体来说，来自复旦的同学水平较高，这样的同学有一大批，其中相当多的一部分在北京和上海工作。2004 年适逢毕业五十周年，同学们约好 8 月回上海母校团聚。当年也是我与玉兰结婚五十周年，我们在苏浙汇设宴，招待全体同学。

朱洁心的先生陆连彬也是同届的同学，我们每次由美国回上海，必与同学们欢聚。1996 年我和玉兰还专程去苏州看望连彬和洁心，他们陪我们游了几处苏州园林，在苏州观前街最知名的得月楼进餐。

从西安回到上海当晚，我和小易匆匆忙忙赶到誉八仙酒家赴宴。当晚为我们接风的是同窗好友朱洁心（坐前排者）和她的闺女佳琳（坐后排者）。

2010 年我和玉兰到上海参观世博会，上海的同学们设宴款待，到场的同学有二十余人，谈笑甚欢，非常热闹。当时没有料到那是玉兰最后一次回上海，最后一次会见同学，当时也没有料到多位同学是最后一次露面，最后一次这么多人聚会。那一年同学们的平均年龄是 78 岁。

这一次我回上海，行前我把行程告诉洁心，她便转告同学会的召集人朱民佑。民佑非常热心联络同学，希望时隔多年再有一次欢聚，岂料竟无人响应。有许多同学在这十年中不告而别，健在者体力和精力均发生明显变化，与十年前不可同日而语。这么一想，今次小聚不仅冷清，而且凄凉。

我离沪北上之前，洁心告我，待我从北方回来再聚餐一次，她要尽地主之谊。盛情不可却，所以就有“誉八仙”一聚。“誉八仙”是目前上海高档食府之一，有多处，新天地店是其中之一。十年前还没有“誉八仙”，我虽然非常熟悉新天地，却不知道“誉八仙”在何方，需要寻找。待我们行到“誉八仙”所在街道，远远便看见整旧如旧的建筑物墙上有红色霓虹灯大字“誉八仙”，“誉”字为繁体字，笔画甚多，成红红的一大片，打扮入时的小青年们可能不识。

我和小易很顺利地找到“誉八仙”，给我们开门的是“阿三”。“阿三”何许人？印度男子也。高龄的上海人对“阿三”不陌生，抗日战争前的上海英租界雇用印度人当警察，在中国人的土地上管理中国人，因阿三头上都缠着红布，上海人称之为“红头阿三”，实际上是贬称。坐定后我又发现在女侍中有一位白白胖胖的高加索人种，或许是俄罗斯人。显然是“誉八仙”的老板有心要制造若干与众不同之处。

与众不同的餐厅挂满了中国字画，我们被引到洁心的餐桌前，洁心立即介绍我们与她的漂亮女儿佳琳相识。连彬不在座，洁心告我他在苏州。洁心还有个漂亮的孙女也没有来。短时相聚，交谈甚欢。洁心是玉兰的闺蜜，我感到她就像是玉兰娘家的人，又可以说是外婆家的人。此行回沪与洁心小聚两次，后我突然回美，不告而别，待洁心再联络我，我已在旧金山了，深感失礼。

三

海外的游子每回祖国必有一些感触，对出生于浙江而成长于上海的我来说：回上海是回外婆家，我的外婆家在上海。对我来说，上海就是我的外婆家，一个很大很大的外婆家，我认识的所有上海人，都是外婆家的人。洁心是外婆家的人，洁心的全家都是外婆家的人。而我的真正的外婆家就在上海，我回上海一定要去我的外婆家，去看望外婆家的亲人。

这次回外婆家的第二天，9 月 28 日，我就会见了外婆家的亲人吴嘉珍和李定齐。嘉珍是大姨的长女，我的表妹，定齐是表妹夫。大姨闺名瑶香，她的先生吴畏，从上海解放时开始，一直任上海电力公司总工程师，直到退休。大姨夫毕业于上海交通大学电机系，他的同系同届同学，都出国未归，唯他一人未曾离去，在故国故土独担重任。大姨夫十分正派，是典型的中国知识分子，是名副其实的中国高级知识分子。他有两个女儿，大女嘉珍居住上海，二女嘉钰定居澳大利亚。宝平陪我到上海，嘉珍的女儿李佳得知，便在南京西路附近的南伶酒家设宴为我接风，定齐、嘉珍在座。他们是我此行最先见到的外婆家的人。

四

外婆家的人多得很，外婆生育三子六女，成家后就是十八人，后有孙辈三十三人，成家后为六十余人。因独生子女政策，第四代和第三代的人数大致相同，再下面的第五代人数也没有超过第三代。即使有计划生育的控制，外婆家的人口已超过二百。观察我外婆家的人口变化，足以证明中国当年实行计划生育政策的必要。外公外婆的后代的准确数字是多少呢？我不清楚，问外婆家的人，也没有一位可以立即给我一个确切的回答。

外婆家是个什么概念？一是外婆家的人组成的家，二是外婆家的人居住的屋。我心中的外婆家，就是五开间的石库门大宅，是南昌路四合里的最后一幢。抗战时外婆家三代人住在一起，每个房间都有好几个人，除了我的姆妈和三舅在后方重庆，外婆家的其他人都住在这幢大宅里。大舅、二舅已成家，子女成群。外婆生了九胎，从第五胎开始都是女儿，五、六、七、八、九，是五朵金花，我第一次去外婆家见到最年长的姨，也才十六七岁，正值最美的青春年华，比我只年长四岁吧，我就叫她姨，也就叫了一辈子。

我第一次到外婆家，对中式的建筑和中式的布置是很喜欢的。那时候还没有南昌路的路名，这条路还用着殖民地路名陶尔菲斯路，整幢楼很光亮整洁，环境也很安静。八十年过去了，经过天翻地覆的变化，与南昌路平行的淮海路两侧的旧建筑差不多拆光了，代之以无数的高楼，成为上海市变化最大、最早的一条街。而咫尺之遥的南昌路四合里一片却没有改变，石库门还在，五开间还在，但旧了，不光亮了，不整洁了。岁月悠悠八十载，石库门内的改变是正常的，但对一个从遥远的异乡重返外婆家的人来说，有些改变却使他深深地被刺痛了。五开间的楼非常宽大，但不可能再扩大，住在里面的人却日益增加，于是有人把房间一隔为二,三代人同居。住的人多了，小家庭多了，于是有人动石库门里小天井的脑筋，在小天井里搭个小厨房，然后大家模仿。我看了心里不好受，岁月悠悠，这个世界上有许多美好的东西是一去不复返的，没有了就没有了。

五

9 月 30 日下午，小易陪我去外婆家。我们是步行去的。因为十年没有来了，新的建筑物很多，道路也有改变，所以小易用手机引路，我们很顺利地找到了四合里，找到了外婆家。我们直接进入二舅的卧室，来到他的床前。二舅立即认出了我，他非常开心。躺在床上的这位老人是我的二舅父，他已高寿一百零五岁，他不仅是外婆家的最高龄寿星，也是我认识的所有亲友中唯一一位百岁人瑞。当然也是我此行中见到的最高龄的长者。

二舅父是我们整个家族中唯一的一位寿登百岁的人瑞，图为其八妹来看望他。

我有三位舅父，大舅父是长子，是上海某一个钱庄的经理，现在称为银行家。他的第一任夫人育有一子一女，不幸早逝；他的第二任夫人育有三子一女。大舅的经济状况和社会地位都很优越，他自己一表人材，很令人羡慕。三舅父在兄妹顺序中排第四，毕业于东吴大学，就业于银行界；三舅母钟吉鱼毕业于中西女中，在大学主修英语，后任英语教师，育有五女，组成五朵小金花，家境甚佳。但大舅和三舅均未步入老年便去世，唯二舅寿过百岁。

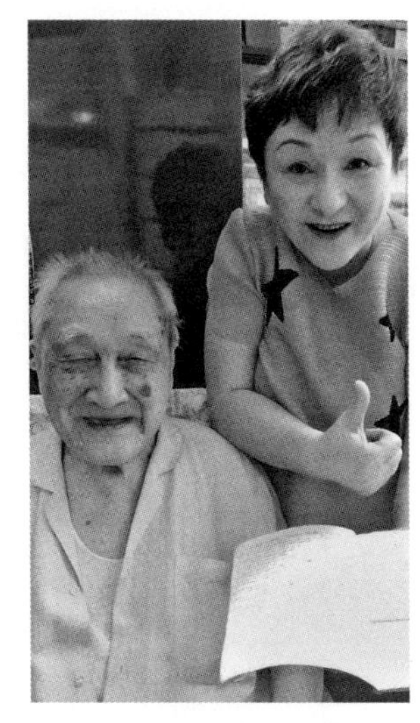

侄孙女丹丹来看望舅公。

二舅母是家庭妇女，不施脂粉，从不修饰，终日忙碌于操劳家务、抚养子女。共育有一女七男。二舅负担甚重，生活极不轻松，而且屡遭打击，第三子善恩早逝；第五子善范从二楼摔落到地面不治；第七子善雄是下乡知青娶农村女孩回城，无力置业安家，二舅将自己的卧室加建一阁楼容子媳栖身，善雄已去世，生育一女夭折，其媳妇仍在照顾二舅；最小的第八子受累于损友，犯罪被判刑十余载，其生活靠二舅供养。如此多不幸，如此重的经济和精神负担，常人遇到一次打击就可能一蹶不振，为何二舅能泰然应付？为何他能够高寿过百？这是很有趣的问题。论基因，三位舅父应大致相同；论生活，二舅不及一兄一弟。所以人寿的长短，因素太多，二舅最后成为人生的大赢家，唯一的解释是他心宽，始终保持愉快。二舅心胸之宽阔达到多么伟大的程度，怎么形容都不过分。他是传奇，他是人生大赢家，他是我们整个家族的最高典范，他是我们整个家族的宝贵财富。

我们去看望二舅时，他的小儿子善康陪伴在侧。善康早已改邪归正，为报父恩，每天守于父亲身侧，我见到十分感动。这是人间的善报，这是人间的佳话，这是人间的赞歌。二舅还有两个儿子善生和善同是每周必来的，他的儿子还剩下四个，最成功的是善生。二舅现在主要依靠善生，善生童年由祖父祖母亲自抚育，果然品德最佳，成就最大。二舅的长子善基曾在西安第四军医大学任教，与我交往最密，可惜已十数年不见了。

六

30 日下午，我和小易看望二舅后，便上楼看望表弟聿明，聿明是大舅的儿子，他有二兄二姐一弟。聿明的房间是二楼的左厢房，原来大舅父和大舅母的房间，房间很深很大，聿明重新装修过，十分美观舒适。我与聿明多时不见，他是从事体育工作的，年轻时十分精干，真没有想到他年近八旬了。他终身未娶，非常潇洒度过一生。

外婆家亲人的上一辈还有三位姨健在，他们是六姨、八姨和九姨。10 月 1 日定齐电我称，九姨由南京来，希望与我会面。我很高兴，立即电九姨，她约我 10 月 3 日去浦东，和六姨、八姨欢聚。我告她第二日我去天津，已购妥车票，希望另选日期，可惜未能商定，此行未能会见三位姨母，诚为憾事。

在聿明处，与他的二姐杏芬的女儿丹丹通了电话，可惜此行没有见到她，有待下次回外婆家了。外婆家的人很多，但我有交往的外婆家的人不多。时间过得很快，八十年前我第一次到四合里，第一次到外婆家，第一次见外公外婆；四十年前外公外婆的一代不在了；三十年前开始舅姨组成的第二代逐个远离，到现在剩下百岁寿星二舅和三位年过九旬的姨和一位姨父；再下一代就是与我同辈的表弟妹，我此行见到的定齐、嘉珍和聿明都是外婆家的第三代；丹丹是第四代了，她还记得我，还记得我一次一次去四合里看望外公外婆，丹丹真是个有心人。无情的岁月向前奔驰，多情的人们承受痛苦，又奈何呢。

我和小易看望我的表弟聿明。

七

9月29日，我们抵沪的第三天，怀洛、文莺伉俪中午在“巴黎春天”设宴为我们接风，在座的有怀濂、培琴伉俪，怀月，安至、晓华伉俪，还有他们的才满周岁的宝贝女儿。我和小易作客。两位堂弟和两位弟妇，均为大伯父的第二代；安至、晓华是大伯父的第三代，小毛头是第四代了；怀月是小叔父的女儿。在座的人除了小毛头都去过美国，都到过我们的新居。也就是说，在过去十年中都见过面，今又在家乡重逢，自然非常愉快。

这次重聚还有一份非同寻常的快乐，怀洛刚刚完成一次身体检查，检查结果排除了起初怀疑的疾病，完全放下包袱，怀洛全家如释重负。在检查之前他们并没有告诉我他们的担忧，检查后告诉我结果，我大为欣喜。这个兄弟为人厚道，诚实善良，待我极好。我最记得一件事，那是在六十年代，怀洛出差来西安，下榻在市内，他千里迢迢来到西安，我们总要见个面。那时我们的生活极其简朴，我骑自行车进城把他接回家，玉兰在家做好简单的晚餐招待他。他带给我的礼物是用纸袋装着的白糖。现在人们送礼不会送白糖吧，可是当时只有最亲的人才会送最珍贵的、最为生活必需的白糖，这是要用票才能购买的，是每个上海家庭都感到不够用的，是他们全家省出来的。那个年代白糖有多珍贵。这一包白糖就代表着我们兄弟之情有多深。所以我记了一辈子。

怀洛比我小八岁，他毕业于同济大学，主修站台设计，我前面对天津、北京的高铁车站发表陋见，车站设计正是怀洛所学，他在铁道部就是做这方面工作，但已退休二十多年。怀洛的夫人毕业于上海中医大学，后从医于上海中医医院。

怀洛昆仲三人，其大弟怀濂自幼学习钢琴，颇有才气，被上海音乐学院录取。可惜在学期间有一同学涉嫌政治问题，怀濂受其所累，未能继续学业，后在工厂就业。妻培琴，非常贤淑。

怀月适逢知青年代，她远赴黑龙江农场，后回上海。靠其勤奋努力，在中国人民银行担任领导职务。

安至是怀洛、文莺的独子，其妻晓华，二人均工作于上海财政部门，十分杰出，为下一辈中的佼佼者。

我十年未归，此行抵沪之第三日，见到杭州义井巷程氏后代的怀、宝、昌三辈八人，甚为喜悦。

八

10月1日，逢建国七十周年大庆。早两日安至与我约好，国庆佳节在他家中观看北京盛大阅兵及庆典，他来新天地接我。一日晨，我与平易二人作好准备，等安至来接。

上午十时，在中央电视台播出七十周年国庆盛典之前，我们准时到达安至的家。这是安至的新居，新居并非特别大，装修十分豪华，我们坐在起居室里，观看电视里播出的国庆阅兵。怀洛、文莺都在座。安至迁入新居后，第一件大事是把父母接来同住。安至晓华可称年轻一代的楷模，三代同堂，其乐融融。我对晓华有特别好评，洛弟夫妇得此贤媳，诚为其全家之幸。

安至的新居在上海的西郊吧，一路过来我完全不认识。新区的街道宽阔，绿化甚好，与其他国内城市的新区没有差别，完全没有上海的特色，甚至和国外的城市比较，也难判断这儿是中国。沿街没有商店，商店集中在购物中心，这就促使每家每户都要有汽车，否则一切都不方便。这就是中国的现状，和十多年前的中国很不一样的地方。

九

回到外婆家，我仔细观察外婆家的变化。我坐在出租车上，我站在地铁车厢里，我站在公寓高层的窗口，我坐在餐厅的座位上，我都在注意四周的动静，来来往往的人群，人与人之间的关系。我得出的结论是：中国社会在过去的十年中发生了巨大的变化，中国社会趋向和睦、文明、谦让、礼貌、斯文，总的来说向着好的方向在发展。

说说十年前、二十年前的情况吧，马路上车多、人多、自行车最多，十字路口互不相让。我那时住在乌鲁木齐路，上街买东西，上街进餐，向南向北都要经过附近的十字路口，要穿过马路真不容易。警察维持秩序，但没有人听他的，有些路人甚至开口就骂警察，警察毫无威信，至于路人之间争吵骂人是司空见惯。十字路口的红绿灯，常常被不当回事，在红灯前，汽车、电动车、自行车，横冲直撞，十分危险。

这次我住在新天地，我住的楼面对复兴路，正在十字路口。我从窗口望下去，每逢红灯汽车必停，自行车也停下来。我有意在午夜之后看看交通管理情况，发现半夜三更甚少车辆，红灯前面，汽车都停着等红转绿，这是了不起的进步。我问上海人怎么有如此大的改变，回答说这是开罚单的结果。那就对了，违法就应该罚，大公无私地执法，才能成为法制社会。

这次回国旅经五大都市，停留二十天，二十天中没有碰到吵架的场面，更没有斗殴的。当然我没有碰见不等于完全没有，至少不和谐的现象很少了，这也是了不起的进步。

在我看到许许多多社会进步的同时，也看到一些严重的退步。一些十分恶劣的行为是社会的极大退步。请看看每天手机里传来传去的上亿的短信，充满了假新闻、假消息，这种假内容的帖子有来自各方面的，观其内容有各种观点的，凡是假的都误导公众，十分有害。我常常不能理解，为什么有人热衷于做损人不利己的事情。我想公众应该不传谣，应该有判断力，明知假的或者有怀疑的就不要转发出去。

还有一种十分恶劣的行为是在一些视频前，用半裸或全裸的女性作封面，用这种卑劣的手法吸引公众观看，真下流之极。如不纠正，这是十分危险的，是整个社会的堕落，是文明的日趋消失，是对年轻人的腐蚀。我想这些十分严重的问题，当局有关部门应高度重视。如任其泛滥，可能会毁掉我们的后代，毁掉我们的民族。

姑苏城外

一

10 月 14 日，从西安回到上海的第二天，我和小易作一次短途旅行，去了苏州。来去的交通还是选择高铁。上海到苏州，三十多分钟就到了，不过两头的市内交通时间远超过半个小时。出一次门，乘一次高铁，都要订票取票，都要依靠小易，而取票完全是为了我，小易自己订的票在她的手机里，我的票要到指定的窗口办理。

这是我第三次去苏州。第一次去苏州是在七十年前，几个同学利用假期游苏州、无锡两地，住在一位姓唐的同学家。那时的苏州非常古朴，没有经过任何的修饰、改变，和唐诗、宋词里的苏州没有什么不同。第二次去苏州是 1996 年，二十三年前，我和玉兰专程去看望连彬、洁心伉俪，他俩也陪我们游了几处园林，在得月楼午餐，当天便回上海。二十三年前的苏州虽然和七十年前比已经改变许多，但远没有现在的规模。

现在的苏州已非上世纪九十年代的规模，更非上世纪五十年代的旧貌，而是幅员广大、高楼林立的大都市，在全国新一线城市排名中苏州列第七，排名在江苏省会南京之前。苏州市的管辖区域包括姑苏、吴中、吴江、虎丘和相城五个区，还管辖四个县级市——常熟、张家港、昆山和太仓。苏州市和上海紧贴着，有非常长的共同边界线，和上海市连成一片，苏州市占尽了地理优势。

第三次苏州行不游名胜，不访园林，甚至不到市中心，直奔我要去的地方，一箭河畔的孟昌明美术馆。我来苏州的目的，就是来看孟昌明，看孟昌明美术馆，看孟昌明近期的字、近期的画、孟昌明最近的艺术成就。

二

孟昌明是谁呢？他是我的朋友，一个好朋友。最初我把他称作文友，文友就是有文字之交的朋友，我主政星岛日报编务的时候，有多版副刊，便要有许多撰稿人，这些作家便是我的文友。文友有纽约的、有洛杉矶的、有西雅图的，有欧洲的和亚洲的，也有许多是居住在旧金山湾区的。我常常邀请湾区的文友们聚会，孟昌明和他的夫人常常是座上客，他便是我的文友中的一位。

多数文友是为我们的文艺副刊写专栏的，他们各自有一片属于自己的园地，按各自的风格写各自想写的文章，主题不限，字数不限，十分轻松。孟昌明不图轻松，他选择了严肃的、高端的主题，写评论性的文章，《关于艺术和艺术家的札记》便是他的大题目。对于我们的读者来说，这类文章无疑是阳春白雪，只有

孟昌明能文善画，他是我文友圈中的中坚分子。此影为文友聚会，中为昌明，左为 Alice，右为世敏，坐其前者为培蒂。

少数的读者有兴趣。作为报社必须要考虑少数高端读者的需求，我们系列地发表了孟昌明的文章，他成了《星岛日报》的专栏作家，成为文友。

孟昌明是山东人，长得健壮魁梧，肤色偏黑，和大多画家一样，留着不梳理的长发，穿着不奢华的衣裳，一看就是位艺术家。在他的身边是一位超级清秀雅致的女子，比江南女子更江南，如果你想她不是杭州人，就是苏州人，你就大错特错。昌明的夫人不是江南人，根本不是中国人，她是日本人。粗壮豪迈的山东汉子配纤幼清秀的日本女子堪称绝配，这才是英雄配美人，形象极佳。昌明的夫人叫阿优米，是我相识有交往的唯一日本友人。据昌明告我，阿优米也出自艺术之家，他们的结合是十分美好的姻缘。

孟昌明极具艺术家的气质，他评论艺术极具艺术家的水准。他是画家，他评论艺术局限于美术，或者说局限于画和画家。画的范围很广，大的区分是中国画和西洋画，昌明是画国画的；中国画又可分为工笔画和写意画，昌明是画写意的；写意画又可分为传统的和创新的，昌明是画创新的。昌明从艺的年代是二十世纪末，昌明生活的环境是西方的大都市，他对艺术的认知必然十分开放，他对艺术的追求自然十分超前。我见过一些画家，一心想改变画风，拼命求中西结合，苦思冥想，改了再改，但终不能成为一种受到普遍欣赏的风格，更谈不上成为一种成功的流派。看了昌明的大量作品，读了昌明的大量文字，我悟出一个道理，形成自己独特的画风，必须先建立自己的艺术见解，也就是先有理论，有理论作指导才能产生优秀的作品。

三

我喜欢画，珍藏了少量的画，收藏了一些名家的画册，结交了一些画家朋友。我的堂妹怀美，生活在山水甲天下的桂林，她喜欢作画，也喜欢摄影，她介绍两位广西画界的名家给我：一位是黄格胜，后任广西艺术学院院长；另一位是谢天成，是刘海粟的入门弟子。这两位画家来到美国，我接待了他们，因而我有机会近距离观察他们作画的全过程。他俩都是写意画家，感觉好的时候，几十分钟就画好一幅。格胜完全是自学成材的，他沿着漓江上下走了几遍，把漓江山水全部印在脑子里，后来他画了一幅漓江长卷，长五百米。桂林的山、桂林的水、桂林的树木，他有他自己的笔法来描述，格胜的桂林山水就是格胜的风格。他的画只要给我看一只角我就认准无误，他有他自己的独特风格。一位画家达到了这个境界，再想冲破自己几十年创立起来的风格也就难了，也似乎没有必要了。后来格胜任艺术学院院长，美术只是其中一个系，还有戏剧、歌舞、音乐等等，行政事务之多可以想象，他又荣任全国人大代表，钻研画艺的时间当然非常少了，但他确实已经很成功了。当年谢天成来美国的时候，还没有形成他自己的风格，他努力领悟刘海粟大师的风格而忽略了自己的创新。我们已二十多年没有联络，他后来画风的改变、画艺的提高，我不知其详。

北京画院有一位油画家阎振铎和一位工笔画家赵秀焕，先后来到美国，我们有特别的缘分认识了。振铎在我家住了近两年，除了陪他参观博物馆和画廊外，他便整天作画，从早到晚，片刻不息，其勤奋精神实为罕见。振铎是中央美术学院油画系的高材生，在校受苏联印象派画家老师扎实严格的训练，其油画的基本功十分到位，画人像可以精准到犹如摄影。他画的江南水乡系列，深受收藏家喜爱，被视为珍品。他来美国后，接触西方艺术，看了西方画家的作品，他也想作些改变，于是离开传统的印象派，稍稍倾向于抽象，他用新的笔法换种颜料画水乡题材，他自己觉得可以，很有信心。九十年代初他回国了，他用新的笔法画了一批，在香港办一次画展，他的这批新作品甚受欢迎，近乎售罄。我现在收藏振铎的画三十余幅，大都是印象派作品，甚少抽象的，有一幅尺码比较大的水乡，是振铎改变画风后的最认真的作品，他送给我，说远远坐着看，越看越深越远。我挂在起居室里，每天都看，百看不厌，有时候真的感觉到新的境界。

赵秀焕是工笔画家，她不画传统的工笔画，画现代工笔画。两者有区别吗？当然有很大区别。她的现代工笔画之有别于传统工笔画：一不留白，二不题字，色与形更近真实，布局更具艺术美。我喜欢工笔画，更欣赏现代工笔画，市场价值和收藏价值更高。我珍藏秀焕的画三幅，都是她赠送的精品，我极喜欢。但是我没有看着她作画，她画一幅两尺半见方的现代工笔画大约要十天以上的时间，从开始看到结束，几乎不可能。当振铎被我邀请搬来我家住以后，秀焕责怪我为什么不邀请她。我对她说：住房受限，请予谅解。如果她也搬来住，就可以看到她作画的全过程了。

既谈到现代工笔画的创新者赵秀焕，也谈一谈传统工笔画的代表人物喻继高，他是中国当代工笔画学会副会长，江苏省花鸟画研究会名誉会长。他是工笔画大师陈之佛的得意门生，也是国画大师傅抱石的入门弟子。继高多次来美国经旧金山，必光临舍间小聚。他赠我多本他的画册，对他的画作我很熟悉。对喻氏的艺术我非常欣赏，我曾写过一篇评论，题为《继往开来高掌远跖》。我这篇文章受到了继高和业界的好评。虽说继高是传承工笔画的代表人物，他在艺术创作中不断地改变创新，已经使传统的工笔画有了新的形式、新的格局和新的内容，这和中国的迅速发展分不开。因为中国建造无数大型建筑物，有超大的厅堂，便需要超大的艺术作品作装饰，如果想用工笔画，就一定找继高大师。我在其画册中见到，《松鹤长春》及《孔雀悦春》二幅巨作，均高一米半，宽六米。继高画巨型画作无数，每画一幅必反复思考构图，必尽可能不重复，必力求画面完美。这是时代赋予的机遇，继高的巨作将向世人展示数百载。我珍藏着继高的珍品两幅，他赠我一幅《杏花鹦鹉》，我视为至宝，后又逢一位收藏继高大作者，因离开美国不便携带，问我有否合适人选可以转让，我当即告他我可以接受，愿奉君购时原价，因此我收藏了第二幅继高大作《牡丹双鸽》。继高的工笔画清雅脱俗，悬于居室，永吐芬芳。

我的画家朋友甚多，远不止上面介绍的几位。上述的几位画家都来过美国，我接待过他们，因而对他们高尚的人品和精湛的艺术知道较多，相识较深。

四

古都西安是一个人文荟萃的地方，西安美术界有众多大师级的艺术家，石鲁是最负盛名的一位。他画了一幅倒长在山崖边的梅花，而倒了大霉，这是“文革”初期很多人都知道的一则故事。西安有西安画派，西安有美术学院，西安是一个书画名家云集的地方。最负盛名的当代画家有王西京、方济众、江文湛和刘文西等。我有幸收藏了他们的作品。王西京是一位热心的西安朋友介绍的，这位远方的新朋友没有会面便给我寄来一份厚礼，他送我一幅《留得残荷听雨声》横幅，十分清雅，充满诗情，我视为藏品中之最珍贵者之一，专程送去上海朵云轩裱好，至今藏于保险柜内，未有露面。

还有一位西安的画家朋友，也送我一幅珍贵的画，也是一段特殊的缘分。改革开放后，西安市有了华侨组织，简称侨办，我的父母弟妹均在国外，我成为侨眷，坏事终于变成了好事。每逢国庆春节，侨办就设茶话会，邀请与“侨”有关的人士同聚一堂共庆佳节。我在茶话会上认识了一位西安美院的罗铭教授，他是从印度尼西亚归来的华侨。有一次聚会，罗教授带来一幅画送给我，画的墨竹，在竹枝上一排停着四只麻雀，整个画面比较深沉。我初不识其贵重，后对罗教授有进一步了解，才知罗教授以画麻雀而知名于国画界，他有一雅号名“罗麻雀”。一如以画驴而知名的黄胄，人称“驴贩子”。大众熟知的是齐白石画虾，定价一元一只；徐悲鸿画马，各种姿态无数；张大千画虎，为画虎而养虎。这些大师画某一种动物，观察入微，画到纸上，出神入化。画家中画各种动物的都有，如画鸡的、画鹤的、画鸽的，画飞禽的比较多。但画猫的画家比较少，我得知老舍有一女舒立，在北航任化学教授，酷爱丹青，尤善画猫。我的六叔任教于北航，我问六叔认识舒立教授否，如果方便可否代求猫画一幅。原来舒教授不在航院本部上班，她工作地点在市内分部，六叔专程登门求画，舒教授不吝赐赠，如今我珍藏着。

说回西安的画家吧，还有位小画家叫樊洲，画家前面加个小，不是不尊重，而是亲近，我见到他学画的时候，他才十多岁。他是西安人，有人脉优势，十三岁拜李西岩为师，李氏以画青绿山水和工笔人物而闻名于西京。十五岁经李老师介绍，转入叶访樵大师门下。叶大师是全国最杰出的花鸟画家之一，当年叶大师已高龄八旬，十分认真地传授画艺，樊洲受益良多。两年后樊洲又有机会随长安画派六画家之一的康师尧习画，以后许多年，樊洲始终跟随叶大师和康大师学艺。“文革”后期，樊洲常侍奉于石鲁之侧，每有新作，必求大师指点。樊洲学艺条件之优，无人可及。他曾带另一位画友来美国，下榻我处，游山逛水，每有艺术活动。多时没有联络，其画艺精进如何？实不清楚。他带来美国的一位画家名宋亚平，亚平的曾祖父宋伯鲁是追随康有为、梁启超变法的人，他的祖父宋福昌、父亲宋曾诒均为书法家。亚平八岁始随父习画，喜画花卉，尤长牡丹。他带给我其父九旬后书写的字，我珍藏着。

五

说了许多画家朋友，我强烈地感到不能忘了玉兰家乡的两位画家朋友，因为他们的杰出和重要。一位是黄叶村，他是画写意画的，以画竹出名，人称他为“江南一枝竹”。虽有名气，但他过得十分清贫，居住于芜湖市内一陋巷，当地美术界的活动，没有把他置于重要的地位。玉兰的外甥王伟介绍我们相识，我们到黄老府上，他引我们进画室，画室简陋，四壁挂满黄老的作品。黄老以画竹知名，并非只画竹，其山水、花卉均十分出色。我正逐幅欣赏中，黄老对我说：你喜欢哪一幅画，可以取下带走，不必客气。我便要了一幅正方形的山水画，画中题字为“山村炊烟起，渔人理钓丝”，山野气息甚浓。接着黄老在画桌上摊开宣纸，当即挥毫，他为玉兰画一株兰花，又为我画一竹。隔一年，黄老驾鹤西去。他甚清贫，我后悔没有在他有生之年给他一点帮助，其实是知识分子的思想作怪，谈到钱总说不出口。又隔一年，有识之士将黄老画作带到北京，请中央美协鉴赏，中央美协一致认为黄老的艺术水准极高，决定为他在中国美术馆举行黄叶村个人艺术成就展，此为中国画界的最高荣誉，可惜黄老已不在人世，未能亲自领受殊荣。另一位芜湖画家是陈一新，一新是一位水彩画家，他是全国水彩画会会长。他的水彩画具有极高的艺术价值，我收藏着一幅他画的徽州风光，可称经典之作。可惜陈氏也早不在人世了。

在美国旧金山湾区我有几位亲近的画家朋友。一位是章尚朴，她是一位传奇人物。1991 年她在旧金山市中心寸土寸金的瑟打街开了一家中国画画廊，我去画廊观赏而认识画廊的东主章尚朴，一见如故，非常投缘，后来就成为好朋友。

尚朴年轻的时候由南京到上海闯天下，投身电影界，当了一名演员，拍过多部电影，其中有一部电影是出了名的，名《武训传》，由赵丹主演，尚朴是配角。后《武训传》遭到批判，尚朴便离开电影界，只身到了香港。尚朴在香港落户后，偶与邻居倾吐，有意从师习画，苦无受业之门。邻居听罢连称有缘，香港知名画家黄般若便居住于此楼，何不登门拜他为师？于是邻居陪她登门拜见。黄般若从不教学生绘画，竟破格收了位年轻的女徒弟。双方议定，每周授课两次，每月束修五十。黄般若要求极严，规定学生天天临摹古人名作，临摹的画由老师审阅指点，然后重新临摹。如此多年，尚朴不知不觉中打下坚实基础，使其后来创造自己独特的风格得心应手。

香港另一位名画家吕寿琨也曾经收章尚朴为弟子。黄、吕二老均为香港中国画家中的新派，两位的艺术创作道路与傅抱石、李可染不约而同，章尚朴继承和吸收两位老师之所长，努力创造自己的独特风格，1980 年在北京举行个展时，李可染大为赏识，尚朴深感欣慰，不负两位恩师培养之恩。

从 1967 年到 1988 年，尚朴先后在东京、日内瓦、伦敦、哥本哈根、法兰克福、巴黎，上海、北京、杭州、香港、台北的当地展览馆或一流画廊举行个展，从这一长串的城市名录，不难想象其艺术成就之辉煌。最后她在旧金山最高级的地点开了一家

“章尚朴画廊”，那一年她已届古稀之年，但她身材匀称，行动敏捷，没有丝毫老态，真是人生的大赢家。

我的另一位画家朋友叫僮振国，杭州中国美术大学的高材生、教师，我与他相识后，请他为我们副刊的一些文章画插图，深受读者喜爱。他是学中国画写意画的，在杭州美大颇有名气。他曾赠我一幅国画，名为《对弈》，我珍藏了。隔了年余，他又赠我一幅国画，我打开一看，又是《对弈》，还是那两位仙人，相貌没有变化，隔了年余，也不显老，我仍珍藏了。为何先后赐赠两幅，是他记忆错误，还是别有深意，我不好意思问他，就算是个不解之谜。振国后迁去夏威夷，在当地执教，娶一美国女士为妻，其乐融融。我偶与其电话联络，互道珍重。

还有许多画家朋友，但不想详述了。高铁到了苏州站，我们出了站，见到了孟昌明美术馆的史经理，就乘她的车去灵岩山的文创园区，孟昌明美街馆便在园区之内。

六

2002 年我退休，当时邀请常来的文友们又欢聚一次，那次来的文友最多，昌明伉俪也光临了。此后数载我常去上海，文友聚会就少些。2008 年我们迁移到半岛，只有很少的几位文友来过新居。一天我和玉兰偶在街头遇见昌明，我俩和昌明都很高兴，均盼再聚。但此后我多次电昌明均未能联络上。我询问文友们，均无昌明消息。年复一年地过去，到了 2017 年我的书在上海出版，我急于要联络昌明，上百度寻找，终于找到了孟昌明美术馆。有了地址有了电话，我便打电话去，接电话的便是史经理。我告诉她我姓程，我在美国。她告诉我昌明还没有到，要再晚一些。我有了昌明的地址，寄了两本《穿越三个世界》给他，说明一册是送给接电话的经理的。

总之，我和孟昌明的友谊中断了许多年，2017 年恢复了。昌明生活、工作在苏州，他的家还在美国，阿优米还在美国上班，他的两个儿子都长大了。昌明每半年回美国一次，每次回来都来看我，每次带给我一罐茶叶。每次我都对他说，我回中国，一定去苏州看你的美术馆。朋友之间诚信最重要，我正在去昌明美术馆的路上，正在实现我的承诺。

昌明没有汽车，所以他请史经理到苏州车站接我和小易。苏州的区域和街道我不认识，从车站向郊外的方向前行，一路上有不少山丘，包括穹窿山、天平山、天池山，车行很长时间，终于到了一箭河，孟昌明美术馆便在一箭河的边上。春秋战国时代吴王夫差为了陪西施游太湖，下令开凿人造河道，一箭射出去，便从箭射到的地方开始挖掘河道。苏州市决定建立文创园，一箭河在文创区内由北向南穿过，昌明被聘请为文创区的艺术总顾问，孟昌明美术馆是文创区的组成部分。

史经理把车停在一幢大楼前，这幢高三层的大楼便是孟昌明美术馆。我们步入美术馆，高大宽敞的大厅，四壁挂着昌明的作品——字和画。厅的一角是昌明文房，陈列的艺术品甚多，包括书籍、画集、字画复制品、文房四宝、印有昌明字画的生活用具、印有昌明字画的 T 恤和丝巾、各种石料的印章。所有陈列的艺术品均明码标价，可以购买。大厅分隔为若干区域，有中式家具，有沙发圈椅，有巨型餐桌，有巨型画桌。我和小易走了一圈，观赏昌明的书画。然后我们登上二楼，二楼是同样宽大的厅堂，但很少陈设，只有一张特大型的画桌，四壁挂满了昌明的作品，我们又仔细地观赏昌明的书画。三楼是昌明的卧室和他的私人空间，我们止步，回到一楼入座，昌明陪我们品茗谈艺。

七

画家是非常高尚风雅的职业，是令人尊敬羡慕的职业，但不是任何人可以胜任从事的职业，中国和西方都一样。具体点描述画家职业的内容，中国和西方却不尽相同。在西方，能画又善画便是画家，在中国，善画不足以成为画家，至少不是全能的画家，一名好画家必须善诗、善书并善印。孟昌明便是一位四项全能的艺术家，中国人称他为画家，因为他诗、书、画、印四项俱佳，艺术家他当之无愧。

一幅油画，或一幅水彩画，画面上没有文字，画家的签名极简单，一笔完成。中国的写意画、工笔画，画面上一定得有文字，文字往往以诗的形式出现：五言、七言都可以，可以只题两句，可以一首五绝或七绝，也可以是一首五律或七律，也可以加上较多的文字。然后画家标注此画送给某某人士，画家何年何月作品，作画时画家年龄等等。有时候整个画面字多于画。画面除了字，还有印，知名的画家用印极多，一幅画上用七八方印是寻常的。画家用印显示其艺术家地位，收藏家识印可辨作品真伪。许多知名画家的印是自己刻的，画圣齐白石、画神黄宾虹都精于金石、擅长篆刻的。一般刻字者的作品难免匠气，为艺术家所不取。

对这四项全能，孟昌明怎么说的，我们看看他的理论和见解：昌明放在第一位的是诗，诗言志，他看重诗作为艺术，本真的性情，他认为诗人的天职是为艺术本体的真与善而砥砺和战斗，他自称不属于天上诗人范畴，也进不得人间诗人，不敢有泪有怀，但时时会想到好句子，记录下来并无非分之想。昌明很谦虚，实际他的诗很有韵味，2007 年他画了写荷花长卷，有诗三首，自称是打油诗，抄录于后。

一挥老荷气潇潇　再添素叶说妖娆
丹青欲洗尘前世　重墨犹自念奴娇

洗手研墨写荷花　莲老依旧带香魂
三秋过后干如铁　又笑大雪满弓刀

荷花须请八大画　八大画完泪珠挂
墨团团里黑团团　苦味墨团奇馨霸

昌明首论诗，再论书。昌明认为书法是超然而独立的美学符号。溯潮流而上，甲骨以降，青铜铭文，陶刻，秦砖汉瓦上那些不加雕饰的文字，书法的历史一开局便铸成了无可比拟的高度。他认为颜真卿、柳公权、欧阳询、褚遂良都是一代书法大师，他们的楷书为中国书法的贡献可圈可点，功莫大焉，但与魏晋文字的风流潇洒比较，未免太老实工整。后世的苏、黄、米、蔡，更被昌明认为进退失据。对于近代和当代的书法家，昌明亦都有客观的评说。昌明认为书法的实用性已近乎不存在，精神性也愈显模糊，最后书法将成为美学的符号而存在。昌明有三首诗是有感于写字的：

弱管千毫气一腔　横平竖直心不忙
生机步步杀招走　万里疆域纸半张

残碑古瓦青铜盘　天机尽在点画间
千年故事六朝尽　青史争说琅琊王

石门铮铮好大王　金刚明明映二爨
开通斜道入天境　怀抱秦汉别宋唐

首论诗，再论书，三论画。昌明论画，篇幅最小，归结为一句话，风格和流派，如抱定前人的门户而不创新，最后是黄粱一梦。他认为笔墨、造型、空间、构成、痕迹等多元构成中国画的美和价值。秦汉气象、魏晋风度、大唐富丽、宋人婉约、明代精致，都是中国画家先天的基因。对埃及、希腊、德国古典哲学、法国印象派、美国现代和后现代等等的研究，一定拓宽画家的视野。“笔墨当随时代”是艺术创作的金科玉律。昌明认为艺术自身的属性决定艺术家身份，也决定了艺术家的结果。

昌明没有论印。他会治印，但他没有论述。他的印很多，亦甚多佳作。他有一首诗《读印草古》，录于后，可见其对治印之情有所钟。

方寸逼得马由缰　铁笔纵横沙飞扬
细读三千古玺印　于无声处看刀枪

他另一首诗《刻印、画画》亦录于后，足见其治印为日常艺术活动，一如写字作画。

刻罢印章画荷花　八大墨性犹可夸

笔随心境龙蛇走　峦山且作葫芦花

综观他对书画两者的论述，对书，他是主张从残碑古瓦中去寻找灵感的。对画，他认为中国历代的画都是应该传承的，而且还要学习西方的艺术和哲理。亦有一诗叙其心志。

声色犬马画图画　乱七八糟打油诗

不读宋帖尊秦汉　砖石瓦块惹人痴

风景始终说江阔　天地自古一格局

江山且做醉眼看　对酒当歌有所思

全面了解昌明的艺术观，得出一个明确的结论，一位画家，或者说一位艺术家要有创新精神，要创建自己的风格，必须先有理论基础。这是非常辛苦的，是长期学习和思考的过程。昌明靠他的不懈努力成功地完成。

要了解一位艺术家和他创作的艺术品的价值，除了看大量的作品外，还要读他的文字论述，真正了解他，才能真正看懂他的作品。

八

孟昌明美术馆是2017年10月成立的，我在百度找到孟昌明美术馆，正是美术馆初成立的时候。美术馆所在的地方就是灵岩山，附近有灵岩寺，美术馆前的道路对面便是一箭河。我们进大楼后没有出过门，昌明准备了午餐，我们便在大厅内的大餐桌入座。昌明和史经理亲自下厨，菜肴丰盛。在座者还有史经理的女儿，是一名中学生。

一楼和二楼四壁的昌明作品，字比画多。据史经理告我，世界各地慕名前来参观美术馆的收藏家，以收藏昌明书法作品为目的，一定购买昌明的字幅欣喜而归。昌明的字被视为当代翘楚，无人能及。昌明对艺术充满热忱和真情，勤奋好学，藏家均被感动，深信收藏昌明的字绝非一时之见，而是久远之得。初识昌明，他便赠我字一幅，我珍藏于保险柜内，未曾露面。昌明文房有丝巾印昌明的字，黑白相间，小易甚爱，昌明欲赠小易一幅，小易拒绝赠送，以优惠价购买两幅，十分欣喜。

孟昌明美术馆之行是我回国之旅的一个热点，昌明的美术馆和昌明的艺术成就我都看到了。下午我们告辞回沪，仍由史经理驱车送我们至车站，我们从姑苏城外回到上海。

星堡访友

一

星堡是一座老年公寓，位于上海宝山区环镇南路，这个区和这条路，以前我都没有听说过，不知在哪个方向。星堡这个名字也没有听说过。我必须承认：我是乡下人。尽管我从前住在上海的市中心，走出家门不远便是南京西路，经常听周围的人把外地人叫作乡下人，自己对上海人的特殊地位沾沾自喜。风水轮流转，我现在口服心服地承认，我确确实实不是上海人，而是乡下人，非常乡下人。

这个我没有听说过的地方，是我这次回国之行的重中之重，我必须到的。为什么这么重要呢？因为这座老年公寓里住着我的一对重量级朋友夫妇。什么样的朋友可称重量级呢？我说几个最，你就信了。这位朋友是我今生结交的朋友中年龄最高的，当时年九十五岁，夫人九十一岁；这位朋友是我今生结交的朋友中友龄最长的，我们相识于 1946 年，至今有七十六年的长久友谊；这位朋友是我今生结交的朋友中交往最多的，我们的足迹同时出现在上海、北京、美国加利福尼亚州和内华达州的许多城市；这个朋友是我今生结交的朋友中最要珍惜的，因为他的人品好，我们相知很深，彼此深深了解，我们还有许多共同的朋友。我想够重量级的分量了吧，小事情就不说了。

我的这位重量级朋友名李家尧，他的妻子名苏凤娟，他俩都是中央歌剧舞剧院的演员，上世纪五六十年代中国知名的歌唱家。李家尧毕业于上海音乐学院，他是周小燕先生的弟子；苏凤娟毕业于中央音乐学院，她是沈湘教授的门生。南李北苏，他俩结为终身伴侣，是中国声学界的佳话。

家尧现在的年龄是九十七岁，七年前，当他们的年龄之和达到一百七十六岁的时候，他们不宜再住在独门独户的住宅里，他们唯一的爱女一年之内六次越洋回沪安排父母今后的生活，寻找理想的居所，办妥星堡老年公寓的居住合约，然后是清理，然后是乔迁，然后是适应，然后是陪伴。请想一想两位老人的生活有多少需人照顾，那就一分一毫不差地落在小娟肩上。小娟是二老的爱女，她定居于美国田纳西州，她的小家在田州，两个儿子也在美国。

家尧和凤娟乔迁之后，小娟把家尧的新址发给我，我把我写的《穿越三个世界》寄给家尧。我对家尧说：我回上海时一定去老年公寓看望你们，这就是我的活动中的重中之重。因为有乡下人的自知之明，我约了家尧的弟弟家桦一同去。10 月 15 日下午，家桦来我的住处，然后我们打的去星堡。路确实不近，先朝西，再朝南，再后来我就不知道方向了，一直走，一直走，到了很远的地方，出租车停在一座漂亮的高楼前面，我们到了。由家桦领路，我们进入楼内，乘电梯直上四楼，到了家尧的房间。两老都不在，于是我们下楼去寻找。最下面的两层全部是公共活动的地方，有书刊室、阅览室、会议室、棋牌室、麻将室、艺术活动室、大大小小的餐室、咖啡室，还每天给每一位居住在公寓内的人提供一杯免费的咖啡。这幢楼落成才六年，所有设施都很完美，整个设计可称理想，我认为这远超过老年公寓的水平，可以称为老年疗养院。这座老年公寓是一对居住美国的华人夫妇投资的，内部的设施和装潢远超过美国的老人公寓，投资者伉俪的照片挂在一楼很显眼的地方。我们转了一圈，当然我们找到了家尧和凤娟，自然有一番久别重逢的喜悦。

2019 年 10 月我在上海宝山区一座名星堡的老人公寓看望了我的老友李家尧和苏凤娟。

我十年没有回国，十年没有见家尧、凤娟了。他俩的年龄从八十岁左右跳到了九十多岁，看上去都很好，尤其是家尧，精神状态非常好，唯一的差别是把胡须留长了，一把白须，有脱俗之感。小娟说：爸是学祖父蓄须，不愿意再剪短，实际是偷懒，不愿意每天刮胡子。家尧陪我上上下下参观，步履甚健。我们在楼上小餐厅找到凤娟，她正在进食，护工在喂她，她吞咽食物很正常，没有困难。她见到我很高兴，我们握了手，相视而笑。一小时后我们又回到小餐厅共进晚餐。菜肴是家桦预定的，凤娟继续进食，仍由护工喂饲。餐后畅叙别来情况，待夜色已深，我起身告辞，与凤娟话别，我说后年春天再来看她。我没有料到凤娟的健康等不到后年，她于2020年11月16日午夜因呼吸衰竭在医院辞世。当时疫情严重，小娟无法回沪见慈母一面，她通过视频为妈妈弹奏了歌曲《奇异恩典》，向妈妈说了告别的话后，看着妈妈平静地离去。这是疫情下的亲人永别。

那天我告别凤娟出来，家尧坚持要送我，在夜色朦胧中，他送我上了出租车。我当时计划2021年再回国，不久应可再聚，何曾想到2020年初爆发新冠疫情。

二

我和家尧相识于1946年初夏，我们的故事从七十五年前开始。1945年抗战胜利，上海街道上再没有日本鬼子，八年苦难的日子终于熬出了头。那一年我第二次投考南洋模范中学被录取，因而1945年是大吉大利的一年，扬眉吐气的一年。进入1946年春的新学期，我的班级破例地来了一名新同学，因为南模寒假不招生，这位新同学一定是从“后门”进来的，而南模管理极严，能打开后门的人绝非一般。世界上的事情，没有巧合，只有缘分，这位从“后门”进来的新同学，十分帅气，身材挺拔，被安排坐在最后一排，和我的座位只隔着一条走道，因而我很自然地成了他最初的朋友。他姓徐，名起黄，他的父亲是国民政府的高官，刚刚从重庆飞来下江当接收大员，因为是高官，就有抬轿子的人把他的子女送进上海最好的学校。同时走“后门”进来的还有李姓昆仲二人，兄名忠权，弟名忠衡，昆仲俩的父亲是英商汇丰银行的副总裁，汇丰银行高层中的唯一华人。昆仲俩年龄小一两岁，插入初中二年级。三位从“后门”进来的同学学业水平与南模的水平相去极远，社会上“后门”成风，中国人有走“后门”的传统，什么事都想走“后门”，没有“后门”好像就没有地位、没有面子。从“后门”进来了，坐在教室里听不懂，学不进去，无异于受罪，走这个“后门”有何意义呢？

距离南洋模范中学不远，有一所中国名校交通大学，南模曾经是交大的附中，后脱离交大成立私立南洋模范中学，校址相距不远，都在上海西南角的徐家汇。抗战胜利后交大为准备进大学的学生开设大学预备班，起黄的哥哥起华是预备班的学生。预备班有许多同学，与我们的故事有关的有三位，他们是：李家尧、殷贻蕃和陈德若。

1946 年春天，从重庆下来的接收大员们，忙着接管重要单位、豪华住宅和车辆，当然不会错失任何可以发财的机会。美国海军在太平洋战争之后，决定处理掉全部剩余物资，不再运回美国。起华的父亲做了一笔大生意，把关岛海军医院的全部物资买下来了。一家医院有些什么东西呢？大件的如 X 光机，小件的如一瓶酒精、一卷消毒棉花，不连在建筑物上的任何东西，统统拿走，一件不留。没有物资清单，不能到场过目，但是不用担心，绝对不会亏本。美军是当垃圾卖的，称分量的最低价。这当然是好买卖，问题就在谁能拿到手。起华的父亲拿到手了，而且货已经到了上海、进了仓库。

起华的父亲为了这一锤子买卖成立了一家公司，名立达行。立达行的办公室在哪儿？不知道。立达行有没有办公室？也不知道。既然是一次性的生意，皮包公司也足可应付的。货到了上海进了仓库，买方收到货要清点造册，工作量极大。卖方发货时为图省事，做了大批大木箱，三度都是二米，任何东西都往木箱里丢。买方打开木箱，必须把所有东西取出来分类堆放，然后分类造册再分类装箱，非常繁琐、非常繁重的工作，由八名青年学生承担着。这八名学生，四名来自交通大学，四名来自南洋模范中学。这八个人的姓名在前面文字里都已提到。

1946 春季学期的最后一天，最后一门课的考试结束，我刚步出教室，起黄便把我拉到一边，告诉我一个好消息。他告诉我有个公司叫立达行，进口了美国海军的剩余物资，现在需要能看懂英文的人去仓库做清点工作，他邀请李氏昆仲和我去做暑假工。起华也邀请了三位交大同学，一共是八个人一起打工。我几乎没有思考就接受了。其实这根本不是什么好消息，我根本没有出去打工的想法，也根本没有钱的概念，完全因为是朋友的邀请，那就义不容辞。可是那三分钟的对话，使我遗憾一辈子。

八个人每天一早赶到杨树浦的仓库，我们的工作就是把大木箱打开，把木箱内的东西统统搬出来，分门别类，清点数字。大木箱很大很重，要仓库的师傅用行车搬动，每次开箱一定有惊喜，我们的乐趣全集中在开箱的那一刻。每天都会打开几箱，每天都会兴奋几次。木箱里到底有些什么呢？凡是医院里有的东西，木箱里可能会有；一般医院里没有的东西，木箱里也可能有，那就是惊喜。不要忘了这是海军医院，因而在木箱里出现手枪和子弹，起华、起黄便占为己有，没有写在货物清单上。

清点工作没有在暑假结束前完工，因而我们八个人全部听从起华兄弟的错误决定，继续清点，而且一拖再拖，耽误了回校上课，八个人的学业都受到影响，这是遗憾终生的错事。

七十五年过去了，当年的错误影响我们八个当事人中每一个。1946 年秋后，八个人中的每一个，各自走着自己的道路。为立达行打工对各自造成多大的影响，各自心知肚明。光阴似箭，日月如梭，曾经在同一列车上的八个人各奔前程，各走各的弯弯曲曲的道路，有人偶有交集，有人永失联络，然后逐个离开这个世界。现在只剩下家尧和我了。

三

我和家尧重逢于 1985 年，重逢于美国加州旧金山市。一天我收到一封记者招待会邀请信，信中说两位来自北京的歌唱家，将在旧金山举行一次演唱会，在演唱会前先会见记者。这两位歌唱家的名字是李家尧和苏凤娟。我突然看见“李家尧”三字，立刻想到在上海杨树浦仓库里爬进爬出大木箱的那个李家尧，没有想想可能是同名同姓的另一个人。我头脑简单没有多想，这个记者会我自己去。

当我到达记者会现场时，两位歌唱家已经在座。四十年可以是很长久的时间，十六七岁到五十多岁，从踏进社会到退休还乡；四十年也可以是很短暂的一瞬，从大木箱里爬出来好像近在咫尺，哈哈！我们又见面了。我发现我不是头脑简单，我是心有灵犀，我深信我会重逢我的老朋友，我们的缘分未尽。会见老朋友，我是有备而来；家尧没有思想准备，他怎么会想到在记者会上遇见四十年不见的老朋友呢，可是当时他也没有特别惊讶，一切似乎都很正常。从这一天开始，我和家尧的关系非常密切，补足了四十年不见的空窗期。

一个星期后的星期天，我和阿兰到旧金山的加州州立大学，听家尧、凤娟唱歌。音乐会结束，我和阿兰到后台看家尧、凤娟，有一位六十岁光景的美国人在散场以后也来到后台，他对两位歌唱家很仰慕，我正巧在场，便当了临时的翻译。这一次的相遇完全是缘分，志趣相投，因而我们有了再见面的安排，因而我们组织了一个非盈利团体，因而我们举办了一次高档次的音乐会，因而我们成了好朋友。

这次音乐会牵出以后的一系列活动。那么这次启蒙的歌唱音乐会又是谁在幕后主持的呢？这说来话长，有位青年歌唱家叫蔡正超，他曾是李家尧的学生，来美国继续深造，课余时间在旧金山日落区一家叫“大上海”的中餐馆打工。餐馆的老板姓李，老板娘叫李嘉慧，他们来自台湾。在台湾的时候，李先生是教语文的老师，嘉慧是他的学生。李先生为人十分善良厚道，书生从商，诚信为本。一日，蔡正超在李氏夫妇面前偶展歌喉，李氏夫妇十分惊讶，交谈之下才知师出名门。李氏决定邀请正超的老师李家尧和苏凤娟来美献唱，这就有了州大旧金山分校的歌唱音乐会。

四

州大旧金山分校的歌唱音乐会是朴素的，因为幕后的主持人行事一贯地朴素。唯一可以称得上奢华的，是请来了钢琴家顾国权作钢琴伴奏。

尽管不远万里请来音乐人办一场演唱会，形式朴素低调，但李家尧的男高音和苏凤娟的女中音已经使台下的观众感到高度满足，都认为这是一次高水平的音乐会，特别感动了一位美国人。

这位美国人的姓名是 Harold Baron，犹太裔，二战参军，太平洋战争结束后随军到了上海，去过中国不少地方，从此对中国和中国人产生深厚的感情。正因为他对中国人有一份特殊的感情，如果有中国人的活动，他决不错失机会。音乐会结束后 Harold 不失认识歌唱家的机会来到后台，这也是一次珍贵的缘分，使我和 Harold 成为朋友，他是我到美国后的第一个有深交的美国朋友，互相尊重和信任的朋友。

那一天 Harold 友谊丰收，后台一见多了四个朋友：家尧、凤娟、玉兰和我，他当即邀请我们去他家，他准备晚餐招待。到了约好的那一天，我驾车去家尧伉俪下榻的李先生处，接了他们去 Harold 家。Harold 的住处在金门桥以北，位于海湾之滨，坐在室内，终日听着海浪拍岸的声音，窗外则是海天一色的美景。我们围餐桌而坐，听着海浪声，一位年轻的男生为我们服务。这是 Harold 一贯的做法，他先把食品准备好，在进餐的时候，他请一个年轻人来当服务生，他就可以和客人一起坐着谈话，而不需要分心。那天的晚餐从蘑菇汤开始，每人面前有一杯水，然后端上来一大盆小鸡腿。家尧、凤娟各吃了两个鸡腿就停下了，他们想不宜吃太多，后面还有佳肴呢。我们坐着等，结果年轻人终于出现了，他给每个人送上一小杯冰激凌。家尧用上海话对我说："迭能介，一塌刮子一盆鸡腿。"他以为说上海话只有我能听懂，其实那个场合，说普通话、苏州话、宁波话，都只有我听得懂，我对他说：你多吃点冰激凌吧，我帮你再要一份。这是很有趣的插曲，我们在 Harold 家用餐几十次，这是唯一的一次客人没有吃饱。

在 Harold 家的第一次聚会，我们讨论了一桩正经事，Harold 提议，我们成立一个非盈利团体，专门介绍中国艺术来美国。在座的人都感到很有意义，大家认为应该请大上海的老板李先生参与，于是决定由家尧和李先生商量。两个星期后的一个星期天晚上，我们在大上海餐馆举行了一次会议，决定成立一个非盈利团体，名中华艺术协会，协会的宗旨是把中国的艺术介绍给美国民众。协会的创会主席是 Harold Baron，副主席是李嘉慧，其他创会成员包括李家尧、苏凤娟、顾国权和我，还有一位创会成员吴宗素。李先生本人不出面，但每次活动他都在场，李太太任副会长，是最好的安排。协会在加州登记，成为合法的非盈利团体。不久吴宗素退出，家尧和凤娟长期不在美国，我们又增加一名新成员，名 Martin Frick，他是一名舞台艺术设计师，非常友好快乐的人，很快成为我的好朋友。因为我们介绍中国的艺术，我们都喜欢中国，Harold 和 Martin 都希望有一个中文名字，于是我推敲出两个中文名，分别是贝海如和冯马丁。我觉得很好，李先生和李太太也说好。有一次我请了姓马的朋友们聚餐，在餐桌中间放了一匹很大的唐三彩的马，在座的有良友画报第五任总编辑马国良和他的女婿顾国权，作家马大京、陈愉庆夫妇，大京的女儿马达理，冯马丁和他的母亲。可惜马总的夫人马思荪和女儿马常子未能光临。我对 Martin 说，你的中文名有三匹马呢，他很高兴。

五

中华艺术协会成立之后，办的规模最大、规格最高的活动是在旧金山举行一次歌唱音乐会，两位歌唱家早一年在芬兰国际声乐比赛中得了金奖和银奖：女中音梁宁获得第一名；花腔女高音迪里拜尔获得第二名。1985 年 9 月梁宁和迪里拜尔随其导师沈湘教授来美国费城参加帕瓦罗蒂国际声乐比赛，贝海如得知消息，提出大胆设想，协会邀请两位歌唱家在比赛结束后，顺道来旧金山，举行一次歌唱音乐会。想法甚好，如设想成真，对协会来说，无疑是一次开门红。但邀请中国的艺术家出国献艺，不是艺术家个人可作决定的，必须得到国家的批准，因而要做大量的工作。

首先要得到中国驻旧金山总领事馆的同意，由总领馆向国内文化部申请。旧金山总领事馆负责文化交流的是陈书玉领事，陈领事很支持我们的活动，乐观其成。出国的文化交流活动的最后决定权在国务院文化部，直接向文化部陈情或许是最有成效的一步，那么向文化部哪一部门哪一位陈情呢？我们的运气真好，顾国权认识文化部负责对外文化交流的李刚先生，于是我写信给李先生，详细介绍我们的协会和音乐会的安排。

不久，我们的申请得到文化部的批准，批准文件按正规的渠道下达，总领馆的陈书玉领事通知我们：歌唱家梁宁和迪里拜尔获准将前来旧金山，为中华艺术协会演唱一场，沈湘教授负责带队。9 月底我们获得正式批准，愿望成真。我们安排的演出日期是 1985 年 10 月 15 日，时间非常紧迫，我们有大量的工作要做。

沈湘教授和梁宁、迪里拜尔于10月8日晚飞抵旧金山，贝海如、李嘉慧、陈书玉领事、我和玉兰到机场迎接。航班误点了，我们等候近两个小时。等客人到达，我们一见如故，谈得兴奋，忘了取行李，待寻找行李时，又遍找不见，后发现行李在办公室内，因过了午夜，工作人员已锁门而去。如何处理客人们的行李呢？贝海如用他的办事方式打电话给航空公司经理，请派人来开门，对方说无此先例。贝海如警告对方，你如派人来，一小时结束；你如不派人来，我打碎玻璃取走行李，后果你负责。两种方法都无先例，你愿意用哪一种？最后经理同意派人开门。我们又等了半小时，取得行李去下榻酒店。贝海如的作风给我上了深刻的一课。

沈湘教授是上海人，中央音乐学院的声学教授，曾就读于圣约翰大学，和我是校友，他长于我，是学长。梁宁是广东人，迪里拜尔是新疆人，两人都就读于中央音乐学院。苏凤娟曾受教于沈湘教授，是梁宁、拜尔的师姐。一次音乐会使素不相识的人聚在一起，是缘分。音乐会后我与玉兰取道香港回国，到了北京和家尧、凤娟相聚多日，又专程去了中央音乐学院，看望学长沈教授和两位歌唱家梁宁、拜尔。

六

梁宁和迪里拜尔的歌唱音乐会10月15日晚8时在旧金山表演艺术中心海伯斯特剧场举行。此剧场是旧金山最高音乐殿堂，旧金山市政府属下的一个艺术单位，剧场的对面便是旧金山市政府大厦。15 日晚的音乐会，中华艺术协会是主办单位，世界事务议会北加州分会是协办单位。

梁宁和迪里拜尔的音乐会无疑是当年旧金山文化艺术活动的重头戏，10 月 15 日海伯斯特剧场前车水马龙，盛况空前。场内楼上楼下座无虚席，气氛热烈。梁宁和迪里拜尔在台上看满座的剧场，兴奋的观众，自然心情大好，演唱状态最佳。全场观众见此盛况，都对演唱期以厚望。整个音乐会共分八部分，两位歌唱家各出场四次，迪里拜尔演唱了三支中国歌曲，梁宁唱了两支中国歌曲，一支是康定情歌，另一支是新疆民歌。

一场成功的歌唱音乐会在美国旧金山的文艺活动中留下了辉煌的一页，这是中华艺术协会成立以后，完成的最有意义、最好成果的一项活动，现在回忆三十七年前的盛举，这份成就应该首先归功于贝海如，他是会长，邀请梁宁、迪里拜尔来旧金山的想法是贝海如提出来的，以后大量的工作是他亲自做的，要办一次如此规模的音乐会，没有社会各界特别是文化艺术界的支持赞助是不可能的，贝海如发挥了他的非同寻常的能力，建立了广泛的人脉。这样的工作让一名华人去做很受局限，必须由一位美国人担当，这个美国人必须对中国的文化有感情，有时间去完成，有财力可负担，贝海如真是最好人选。

但在 10 月 15 日海伯斯特剧场座无虚席的幕后，只有少数人知道真相。一般的音乐会在一年前就开始筹划、宣传、预售票，我们只有半个月的时间做准备，而两位中国歌唱家的名字是美国音乐爱好者从来没有听说过的，因此到 10 月 12 日我们还有近半的入场券没有售出，于是贝海如当机立断，用他原有的人脉和新建的人脉，立即送票。这一大批人都是旧金山最活跃的社会活动家，他们立即打电话给他们的亲友："免费的音乐会的票你要吗？要了票是一定要到场的，如不能肯定到场，就不要拿票。"因为这些人的地位和诚信，他们做到了座无虚席。贝海如做任何事情必须做到最好，中华艺术协会的第一场音乐会必须圆满成功，我们必须永远没有遗憾。这就是我们成功的音乐会的幕后故事。贝海如损失了数万元，他一声不响。今生今世我永远不会忘记贝海如办事的魄力。

贝海如住的地方离我家较远，我和玉兰最后一次去看他是在一个晚上，那一年他八十七岁。他对我们说：他希望活到一百零五岁。我退休后，去了上海。2002 年 5 月底我接到玉兰电话，她告诉我，贝海如离世了，很突然，很意外，没有丝毫理由他这么快就走了，离他的期望年龄还差很远呢。没有听说他有什么慢性病，最后见他时他行动非常缓慢，他在衰退中，但没有理由可以判断他只有两年时间了，精明的贝海如在离九十岁还有三年的时候，提出希望活到一百零五岁的期望，这不是他的作风。非常遗憾，偏偏是在我远在中国的时候，我最亲近、最敬仰的美国朋友在他八十九岁时走了。我没有和他告别，我深感悲痛。

没有了贝海如，也就不再有中华艺术协会。中华艺术协会的所有文件、财务资料都是贝海如一人保管的，他没有交代过任何人，他离去了，中华艺术协会的所有资料也就消失了。中华艺术协会的创会会员们从此再没有聚在一起过。比贝海如早五年离去的是冯马丁。马丁是同性恋者，九十年代中他被诊断罹患艾滋病，医生告诉他已是晚期，不久于人世了。他很痛苦，但每见我们仍强颜欢笑。我介绍一位中医朋友骆曙光给他，仅能缓解眼前的痛苦，无法转危为安。他人生的最后一小段路，如何艰难度过的，我们都得不到讯息，他走得十分凄凉。

我不久前和李嘉慧通过电话，她的声音清脆得如同年轻人，她还自己开车，常往返于旧金山和柏克莱之间。但李先生十多年前已去世。贝海如离去后，我与玉兰曾专程去旧金山日落区看望过李氏伉俪，那是最后一次会面，距今十六七年了。

顾国权是一位杰出的钢琴演奏家，他自己定位当年是中国钢琴演奏家的第三人，仅排名殷承宗、刘诗昆之后。我认为他更是一位杰出的经纪人，他先任职德国一家钢琴制造厂的经纪人，后又任房地产经纪人，均做得有声有色，总之他是极聪明的人。联络他很不容易，四年前终于联络上他，约他出来共进午餐，但此后又联络不上他了，可见朋友失联很容易，我已经有许多次这样的经历。

中华艺术协会创会的成员中，还有现在住在上海星堡老年公寓的李家尧。他是非常关键的人物，如果没有他们俩，就没有在贝海如家那一餐吃不饱的晚餐，就没有中华艺术协会的创会一说，就没有一连串的事件，所以“南李北苏”是协会的关键性人物。

七

现在我要从另一个角度讲述“南李北苏”的故事。

1946年秋，八个头脑简单的人把最后一只大木箱清理完毕，钉上钉子贴上封条以后，离开仓库各自回家，以后很长时间彼此很少见面。偶尔见了面，何时何地，记不清楚了，问题是在那段时间见过面或未见过面完全不重要，就不详叙了。

总之，家尧、贻蕃、德若还有起华都没有再回交大预备班，因为预备班本来不算交大的学生，他们离开得不痛不痒。后来起华的行止我完全清楚，至于家尧等三人怎么走过来的，据家尧的女儿告诉我，那两三年他们走的路颇惊险曲折。那一段时间是1946年末到1948年底的两年多时间，“三人行”前往台湾，准备入读台湾大学，但被风浪所阻，航船误时，未赶上考试。既然来了台湾，就环岛畅游一圈。从台湾回来后，“三人行”北上山东，进了山东大学农学院，不知道他们在山东待了多久，只知道他们没有扎根，又回到上海。

1949年贻蕃和我都在香港，他住九龙，我住香港，我们常互相造访。他的家在九龙加连威老道，我去他家，因而认识了他的弟弟贻恭和他的两个妹妹。那段时间我们有没有谈起过家尧和德若，现在记不清了，终究是七十多年前的事。1982年我移居加州，我的公寓和贻恭家很近，他带我去看他的父亲。殷伯父是康乃尔的研究生，和我父亲同校，他们是否相识，我竟未问过父亲，颇后悔。在殷伯父家见到贻蕃的遗孀和女儿，贻蕃最后就读于广东农学院，与同学南蕙结婚，可惜英年早逝。

李家尧走上音乐之路，和殷贻蕃有一点牵连。贻蕃随上海国立音专的意大利美声声乐教师博纳·维培学艺，一日贻蕃约家尧同行，贻蕃向老师介绍：家尧是唱京戏的。老师有兴趣听家尧唱一段，家尧一开口，维培说这就是美声，而且家尧音色很美，他要家尧随他学意大利的美声唱法。从那一天开始，家尧随维培老师学艺长达六年，直到维培老师离沪返国。

上海音乐学院成立以后，家尧成为上海音乐学院最早的一批学生中的一名，成为周小燕先生的门生，而且是周先生培养的第一名歌唱家。

上一世纪五十年代的苏凤娟。

在中国的北方，首都北京成立了中央音乐学院，苏凤娟是中央音乐学院的第一批学生。她和她的中学同学罗忻祖一起报考了北京师大和中央音院，都被录取了。同学俩商量了一下，两者不可得兼，舍师大而取音院也。她俩进了声学系，有多位声学老师，其中最出名的是沈湘。沈湘毕业于上海名校圣约翰大学，约大没有音乐院系，沈湘嗓子好，是一位业余的歌唱家，以唱《夜半歌声》而唱红中国歌坛。他没有受过声学的系统教育，对于培养唱歌人才，他只能慢慢地探索。苏凤娟有一副好嗓子，一直到她在校的最后一年，来了苏联声学专家。她跟着专家学了半年，完全变了样，连沈湘也不能相信，为什么半年时间提高这么多。从 1954 年开始，苏凤娟和罗忻祖由苏联专家重点培养，此时上海音乐学院调来一名学生接受专家培训，此人便是李家尧。“南李北苏”是这样相会的，这是缘分，这是月下老人早有安排的，当然李家尧的声音把苏凤娟吸引了。

从天赋和培训的角度来看，家尧是非常优越的，家尧曾有六年时间受意大利人的严格训练，打好了基础。意大利男高音声学家发现家尧是可遇而不可求的好嗓子时，主动承担培训任务，收家尧为学生，他常向人介绍家尧是金嗓子，是中国的吉利。吉利(Gigli) 是意大利最负盛名的抒情男高音歌唱家。

在几十年的艺术生涯中，凤娟取得很大成就。他俩后来都是中国歌剧舞剧院的演员和歌唱家，凤娟在许多部歌剧中饰演女一号，颇负盛名，她在国际和国内得过许多奖。苏凤娟是中国培养的第一位女中音歌唱家，为当年四大女中音之一，与罗天婵、关牧村、董爱琳齐名。

八

我和家尧在旧金山重逢以后，我们的关系就非常密切。与当年在仓库里混日子的情况不同的是：当年我们还是少年时，十六七岁，如今我们年过半百,五十开外；当年我们都是小单身，没有负担，如今我们都成一家之主，责任在肩。

家尧见到了我的第一件事，就是问我可不可以接待他的女儿。女儿就是小娟，他要把女儿送来美国上学，他的一位在西雅图的朋友答应帮助小娟办各种手续，他希望我给小娟一个居住的地方。我说可以，玉兰也说可以，而且非常欢迎。

1985 年 9 月，小娟从北京飞来旧金山，我和玉兰到机场把她接回家，小娟就在我家住下。那是我到美国的第三年，宝和还没有立业，宝平才高中毕业，我们处于新移民的初创阶段，生活非常简朴。我们租赁的公寓只有两卧室，我与玉兰用一间，宝和、宝平用一间，小娟只能睡在起居室，当然不方便又不舒适。秋季学校开学，小娟在旧金山学校附近赁屋居住，我限于条件未能更好安排小娟的生活而感不安，有点对不起家尧之感。

那一段时间如果我们有活动，常常邀小娟来参加，中华艺术协会有活动也请小娟来，小娟结婚，协会成员为她庆祝。小娟婚后不久随夫迁去田纳西州，见面的机会就很少了。小娟育有二子，她一手抚育成人，现均就职于旧金山湾区的高科技公司。孩子们回到湾区，小娟也多些机会来加州，过去三年内，她两度来湾区，都来看我。

1985 年 11 月份我去北京，和家尧、凤娟相聚多日。他们有一个儿子，是小娟的哥哥。可惜这个哥哥得了白血病，因而不能正常上学和就业，后来白血病一度受到控制，遗憾的是最终还是复发，救治无效。家尧爱子英年早逝，因而赡养双亲的责任全部落在小娟肩上。小娟的哥哥有一个女儿，如今女儿也早结婚了，生了一个儿子，是家尧的第四代。

九

南李北苏，这两位中国声学界的神仙伴侣，在上海宝山区比较偏远的一座老年公寓里颐养天年。凤娟辞世后，家尧独居。我所熟悉的家尧，喜欢交朋友，喜欢热闹，喜欢活跃，喜欢奉献。静悄悄的生活，没人聊天的日子，他是不喜欢的，但是他无力改变。独居两年多了，健康尚佳，他把人生完全想通了。他是我的朋友中最高龄的一位，我的朋友中人品高尚的一位，一位真正的人瑞。

南李北苏，是建国初期最早培养的歌唱家，在中国几个亿的人口中，只产生几个或几十个出类拔萃的歌唱家，在上世纪后半叶唱响了多少首歌，他们的歌声留在亿万人心中。他们的晚年生活怎么样，社会上应该关心吧。中国人是重情义的，中国的传统是敬老的，他们应该受到关爱和照顾，但事实上有点被遗忘的感觉。小娟是这样说的：老爸不应该搬回上海，老爸想告老还乡吧，就动了回上海的念头，老妈没有建议也没有反对，神仙伴侣就“落叶归根”了。其实他们在北京成家立业，已经在北京扎了根，退休了，住在北京，北京的单位、同事、朋友会关心他们。搬回上海有哪个单位对这对神仙伴侣了解和关心呢？所以不是落叶归根，根不在上海。

凤娟退休太早了，五六十岁正是她歌唱艺术发展的巅峰期，她各方面条件都很好，正应该将她的歌唱艺术贡献给社会，怎么就自动退出舞台呢？“文革”结束的时候，凤娟才四十七岁；改革开放的时候，凤娟才五十岁，那个年代中国的文艺舞台正是百花齐放、蓬勃发展的年代，许多凤娟同龄的歌唱家表现非常活跃，各种音乐会、文艺晚会、电视台的文艺节目纷纷推出，许多艺人都忙于经营自己的艺术活动，十年以后，甚至二十年以后，这些凤娟同时代的艺人们还频频出现在大大小小舞台上，凤娟却在家中书房里默默无闻地生活。

退休后，凤娟开始她的第二爱好，当年考大学，她报考音乐学院也报考美术学院，都录取了。退休以后，她开始习画，以画花卉为主，她画的牡丹甚得好评。但她在绘画方面不可能有出色成就，她成不了画家，她只是一位学画消遣的退休人。可惜了，凤娟是一位非常杰出的歌唱家，她却过早地离开了她的文艺舞台。

“文革”以后，凤娟的艺术成就正在辉煌期，作曲家施光南创作了《祝酒歌》，歌谱送到凤娟家里，是为凤娟量身定制的女中音歌曲，凤娟原唱，中国唱片社出了唱片。现在 YouTube 可以找到苏凤娟唱的《祝酒歌》，画面是 1977 年北京天安门国庆游行。1979 年 9 月丹麦女王访华，凤娟受邀参加欢迎女王的国宴，并在国宴上为女王献上一曲。这足以证明凤娟当时在文艺界的地位。

凤娟还有一则非常有趣的故事。2006 年 4 月，《俄罗斯艺术三百年珍品展》在中国美术馆展出，一位凤娟的亲戚参观画展时，发现有一幅油画竟是凤娟的肖像。凤娟闻讯后也赶去参观，看到了自己从未见过的肖像，传媒把这件有趣的事说成是“与自己重逢”，而凤娟自己解嘲说：“我好像是出土文物。”

凤娟退休三十年了，前二十年可以自由活动，近十年则体力渐差，五年前搬到老年公寓，三年前开始体力和记忆力明显下降，这是不可抗拒的自然规律，奈何。凤娟住在老年公寓里，语言能力减退，失去平衡能力，全部生活依靠护工护理。人到了老年，就像风中的残烛，即使当年是舞台上歌声嘹亮的知名歌唱家，也避免不了自然规律的无情。我向凤娟道别离开星堡时，我说两年之内我再来看你，我不知她听明白没有？我心里是非常不舍，不知道还能再见她否？虽然我和凤娟相识远没有和家尧相识时间长，也整整三十五年了。凤娟为人厚道，待人平和，很好相处，是我们的好朋友。1989 年 12 月家父辞世，凤娟参加了追悼会，并献唱《安魂曲》，因而我们全家都记得她和感谢她。

家尧喜欢自己联络上各地音乐学院，不辞辛苦地登门讲课，这就是他努力于普及音乐知识的一个方面，真正做事的态度。当他退休以后，他不再必须完成本职工作，到了自己想做什么就做什么的大好时候，人生的最后历程，他过得爽。我理解他。

十

我对凤娟许下的诺言“两年之内我再来看你。”在一年之后就成了空话。2020 年新冠病毒爆发，国际间的空中交通完全中断。苏凤娟的健康情况每况愈下，上海星堡老人公寓的工作人员不断给远在美国田纳西州的小娟报告凤娟的病情，一次比一次严重。要求小娟作出安排，最好是立刻回去。因为上海的白天正是美国的夜间，小娟必须在夜间和上海通话，而老人公寓提出的情况大多不能在电话中得到妥善的解决，回上海又不可能，既无航班又无签证，真正苦了小娟。小娟常把她母亲的情况及时告诉我，我也苦于没有任何好点子可以帮助她。

李家尧和苏凤娟的爱女李小娟单独居住于田纳西州，她的两个儿子在加州硅谷高科技公司任职。

在庚子之年，遇到如此不幸而又不能尽最后一份心、最后一份情的生离死别一定有不少，谁遇上了真是痛苦之极。2020 年 11 月 16 日，我收到小娟的微信，全文如下：

亲爱的亲人和朋友们，妈妈苏凤娟（1929 年 11 月 25 日生）于 2020/11/16 周一凌晨 1∶38am（美东时间周一中午）因呼吸衰竭在上海的医院过世。妈妈走前我有幸通过视频为妈妈奏了歌曲——奇异恩典（过去这两年回上海常听妈妈哼唱这首歌），另外让在她身旁的堂妹给她播放了她生前演唱过的歌曲，说过告别的话后，看着妈妈平静地离去。天使接妈妈去了天堂，妈妈在天上和已过的亲朋好友团聚了，继续在天上歌唱。

中国最早的最负盛名的女中音歌唱家之一苏凤娟与世长辞了，我真的说了一句空话，我读着她女儿小娟的微信，流泪不止。我把小娟发给我的凤娟唱的歌转发给我的成百的朋友们，请更多的人来纪念这位善良厚道的歌唱家苏凤娟。作家陈愉庆给我的复函："苏凤娟浑厚明亮的歌声，曾伴我走过青少年岁月。歌唱家远去，歌声永远在我们心中回荡缭绕，人民歌手千古。"

我的好朋友又走了一个，我的人生又翻过去一页。我很挂念家尧，小娟告诉我：她的爸爸很好，生活如常。但他心里的痛和苦，旁人看不见，旁人也没有可能理解和帮助他承担。我远远地祝福他无病无痛、快乐平安。

小港李氏

一

小港李氏，这是比较生疏的名称。小港应该是个地名，这是个城市呢，还是一个港口？它在哪个省，哪个县？我对这个名称感兴趣，缘起于一个偶然的发现。

我读到一则介绍上海静安区陕西北路的帖子，现在的陕西北路南起延安中路，穿过威海路、南京西路、北京西路和新闸路，止于苏州河。八十年前新闸路以南的路段叫西摩路，那是英租界定的路名，抗战时期，取消殖民地名称西摩路，改为陕西路。新闸路以北的一小段名李诵清堂路，李诵清堂是宁波籍银行家小港李氏的堂名，整一段街是小港李氏开发的，是李氏的产业。1943年这段用私人堂名作路名的特殊先例被取消，改为祈门路，1946年正名为陕西路，成为陕西路的延长。

1947年，我的父亲得了癌症，去美国芝加哥做了手术，回国以后，遵医嘱需有较长时间观察和疗养，因此父亲准备较长时间定居上海，暂不返重庆履职。急于在上海觅一住处，最后在邻近大伯父家的陕西北路租了一处住宅，这个住宅便是小港李氏的产业。两条弄堂的两排住宅都是李氏投资建造的，我们租的是第一条弄堂的第一家，我们贴对面的一幢李氏自用。那时候这二十多幢住宅中有多少幢是李氏后人居住着，我们不知道。这两排二十多幢住宅是云书公的女婿巫振英设计的，巫氏毕业于清华大学建筑系，赴美国哥伦比亚大学进修。当年设计这两排住宅是新式的里弄住宅，不再是石库门。巫振英与云书公的爱女慧英结婚后，育有一子二女，子巫协宁，上海圣约翰大学医学院毕业，国家一级医师，从医六十多年，不久前才退休；女儿巫漪丽是中国第一代钢琴演奏家，不久前才去世。

宁波李氏一族在上海是极为有名的，我的朋友中有多位李氏一族中的人，我最熟悉的一位是李维经，于是我向他询问有关小港李氏的典故。维经复我：当年开发新闸路以北一小段陕西路的小港李氏确实是他的族中人，但他不知其详，他的姑母宜华曾整理族谱，最好是向宜华询问，于是我向宜华学长请教。下面就是宜华给我的答复。

小港在宁波镇海，李氏祖先就居住在小港港口，当初贫穷，最早是在船上做小工，然后到上海打工。小港李氏的太公叫李也亭，也亭公生于1808年，殁于1868年，享年六十岁。也亭公在世时，李家都在镇海乡下。也亭公十五岁只身在舢板船上打工，他勤劳诚实，被老板看重，他又聪慧过人，舢板载货南来北往，小小年纪学跑单帮，虽收入微薄，但日积月累，也颇可观，终于可以自己买船当老板，并从一艘船起家发展到拥有十二艘船。当资金日益增多，也亭公开始经营钱庄，他以诚信为本，经营钱庄，得到众多乡亲信任。这就是宁波籍小港李氏银行家的由来。

现在的小港称为北仑港，是一座非常现代化的港口，当地政府在港口建了一座小港李氏纪念馆，当地文史部门编写出版了多部介绍小港李氏发展史的书籍。小港李氏至今有一部比较完整的近代家族发展史，是十分珍贵的。

二

太公李也亭是小港李氏第二十七世祖，现存小港李氏家谱的记载是从第二十七世开始的，再上一代是第二十六世祖敬明公，资料不详。

太公李也亭昆仲二人，他是弟。其父敬明公早逝，兄弟商议决定：兄留家乡侍奉慈母，弟闯天下改变家境。弟弟也亭公十分勤奋，又足智多谋，开始在宁波小港买地置业，又在上海自建码头仓库，投资房地产。此时的也亭公与兄长不分家，所有资产均兄弟共享。其兄一房称为乾房，后在上海愚园路安家立业，人称愚园路李家；也亭公一房称为坤房，在上海西摩路开发创业，人称西摩路李家。乾坤二房同时发迹。也亭公膝下独子梅塘公，为第二十八世。梅塘公有七子三女，使坤房人丁兴旺，厚字辈兄弟七人，为第二十九世。梅塘公生于 1841 年，殁于 1900 年，他去世后，他的夫人张太夫人主持家务，他的长子云书公在上海创业，投资房地产和经营钱庄。小港李氏开设在上海的钱庄甚多，知名的有天、地、玄、黄四大家，钱庄是中国银行的前身，所以小港李氏确是中国的银行家。坤房第二十九世的老大云书公是一位为人正直、思想超前的人，他是大家长，带领兄弟创业，兄弟都听他的。他曾经是上海总商会第二任和第三任会长。

第三十世是祖字辈，坤房祖字辈的堂兄弟姐妹共九十六人。他们最早的居住地点便是西摩路。宜华是三十一世，“名”字辈，她便是在西摩路出生的。人口愈来愈多，事业愈来愈旺，“名”字一辈的堂兄弟姐妹有数百人，便慢慢搬得分散了。

上海的小港李氏现在传到第三十四世，从太公李也亭的第二十七世传到现在，共八世，大约经过二百多年，超过两个世纪。从也亭太公只身闯世界，到如今人口逾千的大家族；从贫穷的港口工人，到如今拥有成群高级知识分子的望族，小港李氏在上海滩的发展，便是上海发展的缩影。上海有无数如小港李氏一样的家族，用他们的勤奋、智慧、善良，塑造出中国第一大都市上海。今日魔都上海便是在过往的二百多年岁月中，由无数个小港李氏这样的家族一年复一年、一代复一代建造成功的。这就是中国近代史的一部分。

三

小港李氏在上海的大家族中，我认识的李家人上下共五代，最高一代是“祖”字辈。李氏“祖”字辈应该是我父叔一辈，但我遇见一位“祖”字辈的李氏女公子李佩云，年龄或许只比我大两三岁，她是香港长城电影制片公司的创办人李祖永的妹妹。李佩云住在旧金山湾区的福斯特市，偶然的机遇她到我家作客，从此成为朋友。

上世纪四十年代末在香港北角的一班老朋友们，在隔了三十多年以后又在美国旧金山重聚。董寿宇刚从上海来，要到纽约去，因此我们急忙安排时间多几次聚会。一日我邀请这批老朋友光临寒舍，邀请的有张乃兴、张乃赓、潘祥骏和董寿宇，也邀请了洛杉矶的严仁燕，仁燕把佩云带来，因而我们相识。此后我与阿兰常去看望佩云，她独居一公寓。她有一女，亦居住金山湾区，但未曾见面。最后一次去看望佩云，公寓已经易主，询问公寓管理处，被告知佩云已去世。得到如此答复，我们深感震惊，因不久前我们还曾见过，她好好的，何以突然辞世，我们甚为悲痛。因不知其女的地址，佩云生前最后的情况无从知道，不知因何辞世，当时她的年龄不过六十光景。

1985 年的匆匆一聚，已经是三十五年前的往事了。当晚谈兴甚浓，六个在香港北角几乎朝夕相处的朋友能再次聚于一堂诚为不易，话当然是说不完的。但当时何曾想到，这样的欢聚竟再无下一次了。今日我回顾此事，发现北角六人同聚一堂那是最后一次，而当日在座者至今仅剩我一人，包括佩云、阿兰和当时在座的我的长子宝和都不在了。

四

我认识“名”字辈的两位，一位是李玫，另一位是李宜华，必须说明，李府女性的名字是不一定遵循排行的。

李玫的祖父云书公是坤房七兄弟中的老大，所以她是大房，大房的祖字辈有兄弟姐妹十八人。李玫的父亲叫李祖贤，祖贤叔是坤大房的老三。他人缘极好。他留美回国后，事业有成，对李氏族内的子侄辈十分照顾，为人慷慨、慈祥，为族内子侄辈所敬重。

李宜华是上海圣约翰大学新闻系同学，她的先生是约大校长涂羽卿的公子。

祖贤叔是我父亲的朋友，李玫有个家庭教师，后来成为我的母亲。抗日战争爆发后，祖贤叔举家内迁重庆，因我父失偶未婚，李玫的家庭教师陈小姐是单身，祖贤叔知情，愿牵红线，征得双方同意，离沪去渝时邀家庭教师陈小姐同行。千里姻缘牵成功了，祖贤叔是大媒人。

姆妈很感谢祖贤叔的，每说起妞妞，便会赞扬祖贤叔的为人。姆妈的故事我甚知其详，姆妈的性格真诚直爽，她没有秘密，任何事情她不能放在心里不说出来。姆妈对我这个继子也是畅所欲言，我们母子之情甚深。她晚年的时候，最喜欢讲年轻时候的往事，我每去看她，泡杯茶，坐下来聊天，我就听她讲由上海到香港、由香港飞重庆的故事。她记性很好，记得许多细节，还有一些意外的曲折，包括半路杀出一个程咬金，公开追求姆妈，幸有祖贤叔出面阻止此君的行动。她就常常说起她的学生妞妞，妞妞就是李玫。妞妞的名字我听得最多，却从来没有见过；祖贤叔婶我也从来没有见过，因为我四十年代末离开上海，在外长久了。

李玫曾经把写给老师的信寄到我处，纸短情长，密密麻麻写满一张纸。我拿给姆妈时对她说：“妞妞给你来信了，这是你的学生写的。”姆妈说：“我是教她英文，没有教过中文。”李玫说可能来美国，便在美国见面。姆妈七年前离世，李玫近年没有来美国，我们还是一直没有见面。

宜华是出生在西摩路的，她的堂姐李玫是否也出生在西摩路？李玫的父亲祖贤叔一定在西摩路住过，父亲在上海寻觅一处住宅，是否通过祖贤叔，这个问题现在找不到答案。我和宜华说起，也真是巧事，我们还先后住在同一个地方。

李宜华是坤三房的，曾在圣约翰大学主修新闻学，后转系改修英文文学。我和宜华虽有同学之谊，但分别甚久，长期无联络，一直到2004年我回上海，新闻系老同学郭慧秋盛情邀请许多老同学去她家聚餐，才见到涂继正、李宜华伉俪。

五

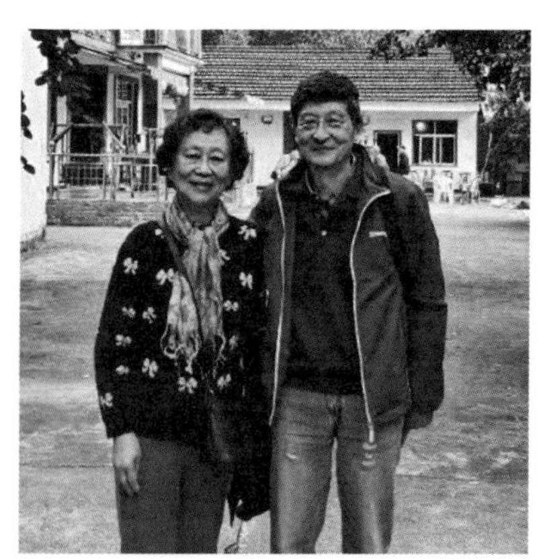

小港李氏家族中我最亲近的是李维经、张式训夫妇，从上世纪六十年代初相识，至今接近六十年了。

我认识“维”字辈的一位，名李维经。

李维经也是李氏坤三房的，他的父亲与宜华是堂兄妹。他的祖父与宜华的父亲是亲兄弟。我们相识于1965年夏天，我当时在西安的一所机械技校任教，他刚毕业于上海同济大学，分配来陕西建工局机械施工总公司。当时技校还在筹备阶段，正缺专业教师，领导就把维经安排到技校任教。

维经到达西安，便到总公司的人事科报到。我那天有事去总公司，甫进院子，人事部门主管在楼上窗口叫我上去。她说：这是你的同乡，分配来技校当老师的，你把他带去技校吧。那天我接回来一位同乡、以后的同事，而且一经交谈知道彼此同是上海南洋模范中学的校友，真的，我们的关系比较特殊，而且远比同学、同事、同乡更深的，我们是世交。

经其同学介绍，维经与在西安电力设计院工作的张式训相识，不久步入婚姻殿堂。式训也是上海人，她的父亲任交通部的总工程师，她随父亲在北京成长。西安电力设计院与我们的总公司在同一条街上，相距甚近，维经、式训住在设计院院内，我和玉兰常去串门聊天。维经、式训以后多次调动工作，或在北京，或在上海，我们始终保持往来，总能经常见面。维经在八十年代多次出差来美国，每次必来旧金山湾区看我们。

上面我介绍了三代李家人，我还认识维经的公子新元，新元的妻子高卉。新元是小港李氏第三十三代，排行为“汝”，因新元生于“文革”期间，不用排行，外公起名叫新元，沿用至今，如用排行应叫“汝元”。我还认识维经

维经的儿子元元每到美国必来看我，2019 年他们全家来美，一起来看我。左起：新元、怀澄、贤宁、高卉。

的孙女贤宁，第三十四代。我认识小港李家五代人，从三十世到三十四世，这五代的排行是“祖、名、维、汝、贤”。

六

小港李氏二十七世也亭公勇闯上海，二十八世梅塘公随父在上海创业。梅塘公和他的夫人张氏育有七子三女，使小港李氏人口剧增，七兄弟长成后，便是坤一房到坤七房，在西摩路北端尚未开发的地段，建造两排双层两开间的住宅二十余幢，成为李氏初创的家园。我的父亲于 1947 年租其中的一幢居住，我先后在那儿住了五年。

小港李氏在上海创业发展非常快。那还是十九世纪。也亭公创业成功，带领李氏家族走出贫穷，因此族内都尊称他为“发财太公”。也亭公操劳一生，创造奇迹，他辞世后，小港李氏的家业由梅塘公继承。中国民间有个说法，富不过三代，就是说到了第四代以后，富家子弟好逸恶劳，纸醉金迷，自然败落了。小港李氏闯入上海的一支至今历八代、经二百年，始终朝气蓬勃，欣欣向荣，诚是也亭公立下的家规好，代代相传，也有继承者梅塘公的功劳，特别是梅塘公的贤内助张太夫人为小港李氏欣欣向荣的发展建立了造福后代的不可磨灭的贡献。我认识的李氏几代人都是善良厚道人，就可以知道这个家族是不可能败落的。

李也亭是李氏家族后代子孙必须永远纪念的一位祖先，他是创业者、开拓者、先行者。但后世还应该记住一位祖先，就是张太夫人。创业不易，守业更难。也亭公创下伟业，他还没有作周

小港的李氏家族纪念馆。

详安排，便很不放心地走了。也亭公之后，李氏家业如何经八世而益发兴旺的？全靠张太夫人。张太夫人是个文盲，但她最重视教育。梅塘公去世后，张太夫人是一族之长，她主政三十多年。她的第一个重大举措是把居住宁波乡下的子孙全部迁到上海，只留下她的第六个儿子管理乡下事务。其目的是让子孙在上海受到最好的教育，后来她又坚持把子孙送出国留学。子孙都成为受过高等教育的知识分子，观点、格局、气度都不一样了，祖先创的业，自然能守住。中国广大的老百姓过去世世代代穷，就是因为贫困，没有条件读书，一代传一代只能当苦力，翻不了身。张太夫人虽然自己没有受过教育，但她深明受教育的重要。既然“发财太公”发了财，为后代子孙创造了经济条件，那么后代子孙必须受教育，而且要接受最完整的高等的教育。她在子女受教育的问题上，男女同等对待，这样的观点在一百年前是非常了不起的。十九世纪中到十九世纪末，乾房的后代绝大多数居住在宁波乡下，受张太夫人的影响，到二十世纪也大多迁到上海。张太夫人除了重视后代教育外，还做了大量的善事，造福乡里。

我读到的介绍小港李氏的帖子，称小港李氏是银行家，因此我又问宜华学长：李氏经营银行是从哪一代开始的？李氏家族的银行是哪一家？宜华告诉我最初是钱庄，到了二十九世，坤房下分七个房，七房中的每一房有许多兄弟，宜华是坤三房的。坤三房昆仲五人有四人留洋读书，只有老二留守上海发展，就是宜华的二伯父李祖基，他经营一家银行名东南银行。祖基在上海银行界是颇知名的。我的大伯父程本同在美国取得硕士学位后，回上海一直主持上海银行公会，上海银行界人士他都熟悉，祖基先生他一定认识，而且可能关系甚好。

宜华的大伯父李祖恩，便是维经的祖父，他是坤三房五兄弟中的老大。他十八岁负笈英国，在伦敦大学主修政治经济学，学成回国得盛宣怀赏识，历任清政府邮传部主事、民国政府财政部库藏司司长等要职，后又创办实业。祖恩先生能力极强，可惜正值盛年，大显身手之时，却英年早逝，离世时才四十八岁。

宜华的父亲和另两位叔父留学归来后各自经营房地产或各类企业，不是三言两语可以说清楚的。当年上海是中国工业最发达的城市，李氏坤二房经营一所化学工业社，生产日用化工产品畅销全国，如三星牌牙膏、三星牌蚊香、剪刀牌肥皂等等。一直到现在上海化学工业的底子还是靠李氏的化学工业社。坤二房三十世的祖范和三十一世的名岳均兢兢业业在化工业工作到各自退休。

“文革”结束后，宜华的母亲决定要续谱。当年老太太八十八岁高龄，是当年李氏家族中年龄最长者。宜华是母亲的得力助手，到 1997 年完成了更新的家谱。到了 2016 年，宜华又和多位堂弟和侄辈对 1997 年本作了增补，并正式出版。时隔近二十年，人物又有变化。照宜华的说法，读家谱真如读历史。

七

美西金山，华东浦江，隔洋相望，远离万里。客居异乡的人，总是心念故里，思念故乡亲友。2002 年退休后可以自由活动，我一年飞上海两三次。2010 年后妻子患失忆症，我又重新失去自由，近十年没有回上海了。

我上一次上海之行是 2010 年 4 月，参观上海世博会，和维经、式训会面，专程去维经、式训位于龙华的新居，维经母亲还健在，我们有幸再瞻慈颜。

2015 年维经和式训曾来金山湾区，在式训的妹妹式谷家度假，其间来我处小住一周。

2019 年秋回沪，我一个月前就告诉维经、式训，并且明确地告诉他们：此行一定要见到他们的姑母李玫，请他们安排。讲了许多年要和李玫聚一聚却一直没有实现，因而见李玫是我此行的重中之重。

维经接受我的要求，非常认真地作了安排。安排一次聚会并不是一件轻松的工作，特别有两家是从美国去上海，什么时候到上海？什么时候没有活动？什么地方聚餐比较方便？必须一家家核实。我还要求维经、式训请一位他们不认识的朋友郭慧秋，这样的要求实在太过分了，但慧秋不仅是我想见的朋友，也是宜华想见的朋友，李玫想见的朋友，请她来参加当然是最理想的。维经、式训接受了我的不情之请，把慧秋请到了。

10 月 18 日中午，一次“世纪之聚”在上海南京西路梅龙镇广场二楼的圆苑举行。为什么称为“世纪之聚”呢？我想无需解释。小港李氏的后人在座的有六位：李玫、张小妞母女（李玫的先生张绍梁君因偶感不适未能光临，很可惜，但见到小妞幸甚）；涂继正、李宜华伉俪；东道主李维经、张式训伉俪。六位是三家，我认识或超过半个世纪，或超过七十年。李玫我没有见过，但妞妞之名如雷贯耳四分之三个世纪了，这是第一次聚在一次，多么不容易，多么具有世纪意义。

2019 年 10 月 18 日，维经、式训在南京西路梅龙镇广场的圆苑举办又一局“世纪之聚”，出席者有李氏家族成员两代六人。

八

早于圆苑的“世纪之聚”之前，维经、式训已与我相聚两次。第一次是我刚回到上海，9 月 29 日下午他们从龙华远道进市中心，我们在新天地相逢，晚间在新天地附近的“金玉满堂”进餐。第二次是我从外地回到上海，10 月 16 日应维经、式训之邀，我们乘地铁到龙华，整个下午在他们家中休息聊天，晚间到龙华的绿地购物中心二楼就餐，餐馆名字叫“人和馆”。这家餐馆的格局和布置都很独特，菜肴亦甚有特色，据云“人和馆”之名源自杜月笙公馆的名称。餐后我们在绿地中心内外闲步观赏。十年没有到龙华，如今的龙华已经是一座非常漂亮、非常现代化的市镇，绝对适合退休人士居住，唯一的缺点是离市中心远，对退休人士就不是大问题。

2019 年回沪，同维经、式训聚三次，这三次都有小易作陪。我们曾商量我回美离沪之前可再聚一次，不料我突感不适，当天便告别上海，以至有多位想见的人未能会面，深感遗憾，与维经、式训再聚一次的机会也失去了，只能等近年内再次回国。

9 月底我一到上海，维经和式训便来新天地看我。

九

10 月 20 日中午，郭慧秋在北京西路上海政协礼堂设宴，宴请圣约翰大学校友，出席者二十余人。这二十多位校友，我只认识其中的四五人，一位是宴会做东者郭慧秋；还有涂继正、李宜华伉俪两位；还有一位朱炎仁，他现旅居澳洲，也是 10 月份回上海省亲，时间相同，机会难得，我是一定要和炎仁会一面的。席间有一位校友表示，他还记得我，当年在新闻系，他曾到过我家。这使我深感惭愧，我连他的姓名都不记得了，我问了炎仁，才知道他叫姚宗谊，曾是新华社的资深摄影记者，长驻非洲，现定居西安。

餐毕我告辞出来，在政协大堂又遇见李玫，她独自一人，坐在轮椅上，独自驾御。我很高兴又见她一面。

探亲会友

一

"平易近人"之旅，实质是探亲会友之旅，国内的亲人朋友至少有十年不见了，十分思念。我下决心作此远行，便是去家乡探望亲人、会见朋友。我在出发之前列出一份名单，我将去的城市要会见哪些人，哪些人要预先联络好，这份名单共有二百多人。实际我到了五大都市，比计划少了两个城市，但见到的亲朋并不少，甚至还多一些。我大概地统计一下，从 9 月 27 日晚抵达上海到 10 月 20 日晨离开上海的二十二天中，会见亲朋二百三十六人。

既然我的目的很明确，探亲会友的时间尽量赶在前面。2019 年 10 月 1 日，七十周年国庆。侄安至三天前和我约定，国庆早晨他来接我们，去他家看北京的国庆阅兵盛典。中午在附近一家餐厅进餐，餐后安至送我们回市中心，我想可请安至送我们去一个朋友家，或许是最节省时间的选择。这个朋友住的地方还算顺路，不需要兜圈子，但那一片屋宇拥挤，道路拥塞，十分难行。很不容易找到我的朋友家，那环境和房屋实在差，我很为这位朋友难过。

这位朋友是我和阿兰在西安工作期间的同事，1963年春我们从广东茂名调到西安，在新的单位认识许多新同事，这一位是上海人，所以很快就熟悉了，成了好朋友。这位朋友名邵志健，学土木工程的，分配到建筑工程局当技术员。从姓名和所学来看很男性，但她是一位女士。我和她一起下过工地，她干起活来也和男同志一样，非常豪迈。她的丈夫叫陆梨，学的干的也是这一行，也是上海人，但不是同学，他们的结合是月下老人的安排。月下老人办公室，有位科级干部是负责大学生分配工作的，他了解清楚后，把他俩分到同一个单位合成一对，组成一个美满的小家庭。他们一直在西安，陆梨一直在工地上拼搏，很忙很累。忙了一辈子，为祖国三线建设奋斗一辈子，退休了，回到上海，上海房价奇高，非他们可以承担，只好赁屋居住。对志健现在的居住情况，陆梨地下有知，会非常不安的。

我们一到上海便抓紧时间看望好朋友邵志健。

志健伉俪都是正派厚道人，他们育有一女二子，长女出生于上海，在上海长大，毕业于上海医科大学，行医于上海肿瘤医院，极有成就。第二个孩子是男孩，名洪波，一直留在身边，在西安长大，高中进入重点班，成了我的学生，高考录取在矿业学院。他自己不满意，我也很懊悔没有建议他考文科。陆梨、志健在人到中年时又添一子，名洪涛，如今就是这小儿子陪伴着她。

我和阿兰出国后，1985 年和 1996 年两次回国，志健尚未退休，我们在西安见面。志健退休后回上海定居，我们每次回去都能见到，她一定来看望我们。君子之交淡如水，每次重逢，清茶一盅，别来无恙，彼此谈谈家常，从未断了联系，亦从未盛宴接待。今隔十年未见，她出门不便，我必须登门拜访。国庆大喜之日，得见良友，知其安康，诚大喜也。

二

2019 年我回到上海，在我的探亲会友名单中，有一家非常独特的亲戚，是从来没有见过面的，而我心里特别重视，生怕失礼。这一家是我的新亲家。他们住得甚远，在浦东新区的一个镇。浦东新区已经够远的了，新区下面的一个镇，名称叫航头镇。名称里带头带尾的，一定在边边上；又带个航字，航空或航海，都必远无疑。总而言之，新亲家是住在上海的边边上。我给新亲家打电话，很坦诚地说我行动不便，不登门拜访了，请亲家夫妇进市中心来相聚。

他们如约而来了。他们非常朴实，亲家公名王荣章，亲家母名张青青。称他们为亲家公、亲家母或许不太妥切，因为我们之间错着一代呢，是他们的女儿嫁给了我的孙子。我的长孙没有了父亲，也就没有了母亲，我是男方家长的总代表。他们于 2019 年 3 月在上海结婚，然后定居美国旧金山湾区。我的孙媳妇名英达，这个名字很容易记住，因为宋丹丹的丈夫也叫英达。英达的双亲没有来过美国，我这次回上海是第一次见面。新亲家第一次

我的新亲家王荣章和张青青伉俪。他们非常朴实，我第一次见亲家，给我极好印象。

上门，从前有些什么礼数，我还真不清楚，在我童年、少年时没有碰到过。两家结秦晋之好，自然是大喜事。现在是新社会，我从海外来，一切从简了。这话应该是对方说的，我却自己说了，很难为情的。人家把个宝贝女儿给了我们程家，我第一次见亲家只带着小小的伴手礼，真的很难为情。

亲家荣章开了一辆漂亮的红色奔驰跑车来了，这车是英达出国时留下给父亲用的。他们一到就说在城隍庙老饭店订了座位，请我去午餐。于是我们就遵从亲家的安排，去了城隍庙。老饭店店如其名，厅堂很大，布置传统，全是八仙桌。这家餐馆是我以前没有来过的，亲家说是传统本帮菜，菜肴十分可口，是我此行中最配胃口的一餐。

亲家夫妇都曾在当地政府部门任职，是公务员，不久前退休，现在过着舒适安逸的退休生活。我邀请他们来美国，在旧金山湾区居住一段时间。第一次短暂的会面，谈得很融洽愉快，我们两家的秦晋之好便这样开始了。

三

2019 年 10 月 17 日，我谢绝了所有的邀约，把这一天空出来，我要出远门，去会一位我的老朋友。我要去的地方是松江，离市中心比较远，但还没有出上海市。可是一提到松江我已经很担心了。我熟悉的上海很狭小，东起外滩，西止静安寺，南起复兴路，北止新闸路，在这个区域之内，我不会走失，我不需要问路，我可以自由行动，不会迷失方向。可是现在的上海是我熟悉的上海市中心的上百倍大，我一走出市中心，我就很担心，我就完全是个乡下人。星罗棋布的交通轨道网我知道得太少，还没有时间摸索清楚，最麻烦的是用手机买票、进站、出站，我的手机不可以。上海人惯把外地人叫作乡下人，我连乡下人都不如。

可是我的这位朋友，她始终很特殊，她有极高的鉴赏力，她喜欢住在很偏远的地方。她住在松江很久了，说过许多次叫我去看看她的漂亮的公寓。2019 年我终于回到上海，当然要去看她，看她的漂亮公寓，看她一直推介的松江市镇。我在美国就记下来的在上海要看望的亲友中，这位朋友是第一位。和这位朋友已经十年不见，所以我为见她特别空出一天。好在有小易帮助我解决交通中会遇到的问题，我把时间安排好就可以了。

我的一位很特殊的好朋友王剑芬，我们十年不见，建凡神采依旧。

大概用了一个半小时在路上，我们乘坐的轨道交通一会儿在路面，一会儿在地下。松江很漂亮，整洁，甚具规模。我们出了车站，打的到这位老朋友的公寓。这幢公寓确实很特殊，它是正方形的高层建筑，每一层只有一户。电梯在楼的正中间，走出电梯便是房间，然后转一圈经过所有房间，透过巨大的玻璃窗，整个松江尽收眼底，其观景功能一如东方明珠电视塔。

该介绍一下这层公寓的主人了，她是王剑芬。我们在美国相识的时候，她不用这个名字，剑芬这个名字有刀有剑，她结婚时决定收起刀剑为人贤妻，更名建凡。她的丈夫是萧孟能，比她更有名气。萧氏的父亲名萧同兹，国民党中央社社长。孟能办了一份刊物，是台湾最知名的杂志《文星》。孟能办这么一份杂志目的是引进西方的思潮，倡导自由思想与批判精神，改变当时台湾的文化沙漠状态，但却犯了当时国民党极权政治的忌讳。碍于其父在国民党内的地位，没有立即采取行动，但终于在数年后动手查封了。待萧父过世后，将《文星》的当事人以莫须有的罪名下狱。

我们移民美国，定居于旧金山湾区。1990 年我们迁居东湾的卡斯楚谷，孟能伉俪也在差不多时间乔迁到同一社区。我家的后院贴着公园，玉兰每天带着孙子在公园玩，孟能、建凡夫妇常来公园散步，一回生，二回熟，同为华人，就成了朋友。待后交往多了，我们成了好朋友。

据孟能、建凡告我：孟能办《文星》杂志，聘请一些笔杆子，其中有一人名李敖，此人善写作，孟能甚器重。孟能爱人才，但未察人品，萧氏伉俪去南美旅游，将住宅钥匙交给李敖看管。待孟能、建凡归来，整个家就没有了，从家中最贵重的古董字画收藏品，到普通日常用品均被李敖占为已有，拒不归还，房子竟然送给了李敖当时的妻子胡茵梦。孟能托李敖办的所有事情全黄了，使孟能损失逾亿。询问李敖，对方拒不承认，孟能无奈诉之于法庭，告李敖背信侵占罪，李敖因此获罪被判刑六个月。最为遗憾的是萧氏聘请的律师没有同时提出民事诉讼，要求经济赔偿，因此巨额损失分毫未还。李敖服刑半载甚不甘心，出狱后便作疯狂报复，以各种荒唐的名目状告孟能达四十多宗，时间延续八年之久。最后孟能忍无可忍，决定离开台湾以避祸。李敖善作伪证，善编歪理，不择手段，可称“讼棍”。他对孟能恩将仇报，竟不依不饶，孟能不得不离台赴美，避其锋芒。人中最恶者，略有才而无德，李敖正是此类恶棍。孟能告我他与李敖之间的纠葛，诚难以置信，自视甚高的李敖，何有如此不齿之行为。据孟能所言，李敖有才而无德，但孟能所言，是他与李敖之间产生纠葛的结果，纠葛的时间长达十年，经过的细节一定很复杂，不知其详了。离开细节，仅知结果，似乎不合人情之常，诚为不可能发生的事情。

受人之托，终人之事，这是中国人做人最基本的信念。这个李敖受老板之托，怎么会把所有钱财均占为己有，贪婪如此，诚闻所未闻。孟能告我实情，我实在难以置信，但孟能与我为近邻，交谈了解甚深，我对孟能高度信任及尊重，从此对李敖看法改变。为了进一步了解李敖，我便买了李敖的自传体著作两部，一为《李敖回忆录》，另一为《李敖快意恩仇录》。我为了客观地对李敖其人有全面的了解，看了他的两本自传。发现李敖人品甚差，乱搞男女关系无数。其著作中详述男女关系，如数家珍。每宗非正常关系如何相识、如何引诱、如何带家、如何得手，皆描述入微，自鸣得意。连对方女子如何对话、如何动作均记录详尽。更有甚者，对方真实姓名、身份、年龄均交代无遗，如此则置对方于何等处境。李敖如此嚣张，因为人皆不敢惹他，更不敢对他提出诉讼。台湾的普通老百姓怕他，当官的也怕他，当大官的更怕他，诚社会的怪现象。正因为台湾有如此怪现象，才产生如此下流的文人如李敖者。

善有善报，恶有恶报。李敖最后得了恶报。他七十多岁罹患脑癌，痛苦至极。为什么他偏偏得了脑癌呢？是否因为他动坏脑筋太多，作恶害人太多，脑子不干净而成恶疾？

我现在要讲的是好朋友王剑芬。剑芬家是居住上海的宁波人，她童年时随父母迁去台湾，在台湾成长，她上了台湾名校台北一女中，是该校高材生，中学毕业便上台湾大学，主修哲学，得台大哲学硕士学位后，赴美深造，在美国名校范德堡大学进修图书馆学，得硕士学位。范德堡大学之名为众多国人所未闻，此校位于田纳西州，在美国大学排名中，2021 年位居第十四，称其为名校名至实归。其图书馆学更位居全美之首。其英文校名为 University Vanderbilt。

剑芬是个真正的读书人，她自修中国命理，领悟甚深，常为人卜算前程，在朋友圈内有王半仙之称。我写《穿越三个世界》及《在美国当报人》，剑芬得知后愿意审读初稿，提出修改建议。试想谁愿意用宝贵的时间读未必能出版的书稿，我又能接受修改意见，这就可称非同一般吧。她的审稿和修改意见，不在于改错别字，也不在于语法方面的纠正，而是将整篇文字的结构整理得更合逻辑。她的文字功底和论理能力均胜于我。她是真有才的，我也乐于接受，她是好朋友。十年不见，我到了上海当然一定要和她见面的，就有了 2019 年 10 月 17 日松江之聚。

过了古稀之年，剑芬很重视养生，她曾向我推荐一款保健品，据说有抗衰老的功能，可长生不老。此款仙丹为美国产品，可想而知不是炼丹炉上炼出来的，而是化学家在实验室里配制出来的。据云李嘉诚已服用多时，国内一些大款也在服用。剑芬向我推荐，我婉拒了她的好意。长生不老是神话。秦始皇求之不得的灵丹，我们能在药房买到吗？买到了，有效吗？当然价格不菲，李嘉诚吃得起，我这点钱就要考量一下。最主要的是，大量的人们长生不老了，社会准备好了吗？社会如何承载人口之大量增加，社会又如何解决养老的需求？后来剑芬不提了，我问她原因，她说自己实在也怕活得太久，愈老愈丑，她受不了。她只是想保持健康，活得自在。因为她如今单身，乏人照顾，老而生活不能自理，如何度日？她的境况可以理解。她的晚年怎么度过，她自然应该有周全的思考。人皆爱美，这是很正常的，每个人都年轻过，都美丽过。剑芬年轻时很美，我见过她在台大求学时期的照片，清秀脱俗，不施脂粉，身材苗条，穿着一袭棉布质地的长衫，宽松不贴身，散发着仙气。那是半个多世纪前的剑芬。现在的剑芬仍然身材苗条，仍然不施脂粉，但她明白不可能长久保持美丽，年龄大了总要慢慢老的，她不想活得很老，所以得认真思考，怎么样活得更好。我的这位朋友想法很特殊，不是吗？

我们在剑芬的漂亮公寓里逗留约一小时。她藏书甚丰，她的起居室的一大幅墙全是放满了书的书架，每间房都挂着许多画，我以前见过一些，还有印象。然后我们步行去松江镇的中心，在许多新型的高楼中穿行，最后跟随剑芬进了一幢大厦，在一楼的一家日本料理店进餐。餐后我们原路回到剑芬的公寓，我们送她回家后，便向这位老朋友告辞，打的去车站，返回上海市中心。这一天出了一次远门，去了一处从来没有到过的地方。这一天只会见一位朋友，这样的安排在整个旅程中是唯一的一次。我和剑芬十年不见，久别重逢，彼此安康。

四

我在上海要见一位年轻的新朋友，她叫吴欣荣。她如约来到新天地看我，方坐定，我就发现坐在我对面的是位大美人。她的姨婆是严幼韵，她的姨母是严仁美。欣荣，真不愧出生于上海的美女世家。

在探亲会友的活动排得异常紧凑的旅程中，在上海停留时间有限而要会见的亲友特别多的情况下，我没有忘记要见一位年轻人。这位叫吴欣荣的女士我只见过一面，可以说是新朋友，但我一定要再见她一面，因为她很特殊。她的特殊在于她有一位小龙舅和一位小龙叔，这一舅一叔都是我的交情很深的朋友，我的同龄人。我到了上海，就告诉欣荣我已经到了，何时何地见面请她安排。欣荣很快复我：她可以来新天地见我，时间由我定。这个主意真好，因为我们只见过一面，在公共场所未必一见面就认出来，或许有点尴尬。

我们第一次见面地点是美国旧金山湾区我的家里，第二次见面地点是上海新天地我的临时住所。第一次见面时间很短印象较浅，第二次见面我们面对面坐下来，这时我突然醒悟，坐在我对面的是大美人，出身于美女世家的美人。“美女世家”这个名称听说过吗？可能你听说过“音乐世家”“文学世家”“教育世家”，那么“美女世家”不是一样的理儿吗？欣荣的上一代，她的大姑母严仁美是上海第一名媛美女，上海滩上喜欢怀旧又喜欢舞文弄墨的一写到上海的美女，千人一律把严仁美排第一，如选美当了冠军。欣荣的母亲叫严仁芳，比仁燕大两岁，全家叫她小妹，当然也是美女。欣荣的上两代，有四位祖姑母，都是当年上海滩上最负盛名的名媛，欣荣是严氏后人中第三代美女了。

欣荣的小龙舅严仁燕是我青年时代的好朋友，他家祖籍浙江宁波，他的曾祖父严信厚，曾是上海总商会的创会会长。他以盐业起家，成为东南巨商，他经营的企业有纱厂、面粉厂、药房、保险公司及景德镇江西瓷业公司，受盛宣怀之邀任中国通商银行首届总董。上海南京路上有一家绸缎店老九章，是上海人熟知的，也是严家经营的。出身于上海富商之家的仁燕晚年非常清苦，他只身住在洛杉矶唐人街的一座老人公寓里，真可怜。2010年秋我和阿兰专程去洛杉矶看望他，由我儿子宝平驾车。隔了一年，严家在上海售出一宗物业，得款分给严氏后人，仁燕亦得一份，他不愿此款存入他的银行账户，问我可否代他保管，我当然同意，这就有了欣荣和我的第一次联络。款存入我的账户后，只根据仁燕的吩咐汇两笔给仁燕的女儿。仁燕去世后，他的远在纽约平素不认父亲的女儿向我追查其父的银行存款，我联络欣荣，建议将存款退给欣荣，由她处理，这就有了欣荣来美国时来我家的第一次会面。

严家的后人中出名的都是女性，严信厚膝下有个儿子叫严子钧，严子钧子女甚众，有四位千金，依次为四女彩韵、五女莲韵、六女幼韵和七女华韵，四姐妹都才貌出众。大姐彩韵是营养学专家，她在中美两国的生化及营养学领域均负盛名，贡献良多。二姐莲韵曾任金陵女子学院校董、基督教上海女青年会名誉会长，是知名的社会活动家。三姐幼韵的第一任丈夫，是杨光泩，杨奉命出使菲律宾，以公使衔任中国驻马尼拉总领事，日军占领菲律宾后，杀害了杨光泩及大使馆其他人员，共八人罹难成为烈士。幼韵失偶后赴联合国任职，后与中国最知名的外交家顾维钧结婚。这四位严家千金中，最值得大书特书的，是莲韵和幼韶都寿登百岁，仅这一点，就可以称她们是人生的大赢家。

严家的好基因又传到下一代，下一辈以“仁”字排行，大姐严仁美也寿过百岁，前几年还在，真是奇迹。严仁美就是我的好友仁燕的大姐。仁燕一身是病，患糖尿病、患癌症又患老人失忆症，他如此多病的身体，居然活到八十七岁，不能不承认他接受了严家的好基因。仁燕 2016 年 1 月 5 日辞世，当天一早给我电话，叫了两声“怀澄”，就再无声息，后来我知道他就是那个时辰离世的。这位结过四次婚又离过四次婚的多情种子，我们的友谊从近二十岁到近九十岁，延续七十年，最终电话告别，他叫我两声“怀澄”，我听到了；我叫他许多声“仁燕，仁燕”，他一定也听到了，但匆匆上路，不再出声。人生如此，友谊如此，是上苍的安排吗？我不知道。是人生的偶然吗？我想不是。应该是偶然中的必然，有心人偶遇有心人，必然有欲哭无泪的结果。听了我这段故事，就知道欣荣对于我有多么特殊，所以我到了上海一定要会她一面。

除了小龙舅，还有小龙叔。小龙叔名吴大钧，是上海南洋模范中学的同学，他住在美国旧金山湾区的半岛，与我家很近，我们交往密切。大钧和我既是同乡、同学，又是同龄，我们的经历时空相同，反映到我们的思想、认识和观念也大致相同，非常谈得来。大钧出身自上海的望族，他的父亲是美国花旗银行Citibank上海分行的负责人。他家位于南京西路泰兴路口的张家花园内，是一幢由匈牙利建筑师邬达克设计的豪宅。他家人丁兴旺，他有同父同母兄弟姐妹十六人。

我的忘年之交维纳有一天在车行途中问我："你认识的女性中最多生育多少子女？"我立即回答："我的一个朋友同胞兄弟姐妹十六人，他的妈妈真是伟大的母亲，我要介绍你会见我的这位朋友。"大钧今年九十三了，他的许多哥哥姐姐都早过了一百岁，现在十六个同胞中，只剩他一个。欣荣的父亲排行第十一，娶了美女严氏。大钧的十哥也娶了位沪上的美女名袁美。有一天大钧问我，你上过沪江大学，你知道袁美吗？我说当然知道，我还知道她的妹妹袁丑。在抗战胜利后的上海这姐妹俩很出名，姐姐上了沪江，妹妹在圣约翰，袁美很美，袁丑也美，她们的妈妈生了一对美女，她们的爸爸起了两个美名，使她们名扬海上。

大钧的夫人也姓严，但和他们的十一嫂严仁芳并非同一家。大钧的岳家也是上海的望族，严氏府邸在静安寺北的愚园路上。

五

我还有两个朋友也是要见一面的，一位名侯晓虹，她的妈妈崔永珍是玉兰的同学，也是好友。永珍在北京工作，我们回国每到北京，与同学重聚必见到永珍。晓虹曾留学加拿大，忙于学业而疏于个人生活，比较大龄仍未婚，永珍托玉兰把晓虹的事放在心上。玉兰非常认真，她从来是受人之托终人之事的热心人，好朋友的事更加视为最重要的，托了不少人也见了不少人，达到双方同意见面的有两次，其中一位是世界知名物理学家吴健雄的侄子，可惜最后都没有成功。这是很遗憾的，月下老人做的事情，我们凡人做起来很累。

到了上海，我给她电话，她说周末来新天地看我，那天是星期六。十年不见了，深感见一面不容易，最值得高兴的是她的双亲都健康，在武汉安度晚年。她的哥哥是一位出名的医生，在武汉某医院任职。有她的哥哥在，她的双亲有最好的护理和照顾。

我回美国后不久，晓虹在年底去武汉看望双亲，因武汉疫情暴发，她很长一段时间留在武汉，我和她一直保持联络，知他们全家都平安。

2019 年 10 月 19 日是星期六，我想是我在上海的最后一个周末，我要见的还在上班工作的朋友，必须在这个周末会见，再没有其他时间了。我要见的两位都曾经是我的学生，一位是在澳大利亚工作的李军，他正巧回上海，西安的同学给我他的联络电话，希望一见。但我始终没有联络上他，未曾见面。另一位是在复旦大学任教的林娟，她答应和她的先生周六来看我。

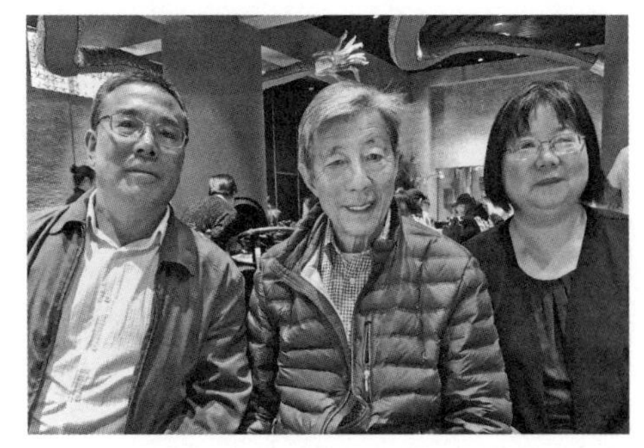

我的学生林娟和她的先生周选围均任教于复旦大学。

林娟是我在西安最后一届重点班的学生，她上了大学之后没有再见过，我四次回西安也没有见到她，对她的奋斗历程我完全不知道，当我知道她在复旦大学任教时，我真为我们的重点班又多一位如此出色的同学而高兴。那一届有三十多位同学考上大学，最后有多少位同学进了研究院、得了硕士以上学位我不知道，但我知道很多同学作出杰出的贡献，成为某一方向的特殊人才，或担任领导职务。我断定林娟一定智商较高而又十分勤奋，才能进入中国最高学府之一的复旦大学任教。她的先生周选围也在复旦任教。

2019 年 10 月 19 日中午，侯晓虹和林娟夫妇来到新天地看我，我们一起去附近餐厅进餐，交谈甚欢。林娟有儿子在旧金山，已结婚就业。他们决定次年暑期来美，我得知很快可以再聚非常欣喜，但谁会料到次年年初新冠疫情暴发，交通中断，他们来美计划搁浅。现在期望疫情过去可以成行，我可以在旧金山湾区再和他们相聚。

六

10月17日，我去看了剑芬；同日晚，与远道前来参加“一九之聚”的怀美、怀汶小聚。10月18日中午，我赴维经伉俪之盛邀，会见小港李氏两代六位，十分难得珍贵之聚；同日晚间外甥国俊来新天地接我，去他的公寓看他的妻子和女儿。10月19日林娟夫妇及晓虹来看我；当日晚间参加“一九之聚”。10月20日赴上海市政协礼堂，参加圣约翰大学同学会盛宴，由同学郭慧秋组织邀请。哦，真够忙的，几乎没有空档。18日下午小易赶回芜湖，因爱犬无人看管，心事重重。宝平于19日抵沪，在上海的最后三天由宝平陪我。

为远程前来参加家族大团聚的嫡堂妹怀美夫妇和嫡堂弟怀汶夫妇接风，怀洛弟在座。

七

宝平于10月19日中午由日本飞抵上海，他是赶来参加“一九之聚”的。我对他说：还有一家老朋友没有见，你约一下，明天晚上我们可以和他们晚餐。

这家老朋友夫妇是江永清和钱坚。他们亦因邻居而成朋友的，而且成为世交。世交一词英语译为 family friend，我们三代人和江氏三代人都是朋友。我们认识江氏夫妇的过程和认识萧氏夫妇的经过一样，也是在屋后的小公园，也是玉兰任睦邻大使，也是一回生、二回熟，成了莫逆之交。有个前提是江氏一家也是上海人，而且是比我们一家还要上海的上海人。怎么才是比上海人还要上海的呢？很难解释吧，有个最生动的形象，一说就明白了，那就是永清的母亲。永清的母亲名陈清莹，一位全职的家庭主妇，这个家庭因为有了她，就无比完美，衣食住行各个方面都井井有条，无可挑剔。她经手的事情，一定做到极尽完美，食品是最可口的，衣着是最适时的，环境是最整洁的。玉兰在时，我们到了上海，清莹隔几天就来看望玉兰，还带些她烹调的食品作为伴手礼。

永清在上海交大主修电子工程，结业后旅美深造。他来美后正逢中美贸易发展迅速，亟需这方面的人才，他便弃学就职，进了 Sybase 公司，负责对中国的出口业务。他充分发挥他的优势，最后成为该公司驻中国公司的负责人。他在卡斯楚谷初为我们邻居时，正值他初任职于 Sybase，前程无限美好之时。那段时间永清父母亦在美国，其父年龄与我相近，有共同语言，成了常聚的朋友。后因业务需要，永清离美迁居香港，再迁居北京，最后定居上海。他们每乔迁一次，我们都不远万里前往造访，真是老朋友了。钱坚非常能干，每个成功的男人背后，必有一位能干的女人，在江氏夫妇身上再次证明此言是真理。钱坚和我是没有代沟的忘年之交，我们谈得来。我对她说：江浙的钱姓人家，很可能是吴越王钱镠的后人，你查一查，或许我们是亲戚。

2019年回国之行最后会见到的亲朋是陈清莹和钱坚婆媳和第三个孙子。

江氏夫妇每来美国，我与玉兰每返中国，一定要见面的。所以2019之行，我必须与江氏会面，这是三十多年没有改变的。但这一次永清在香港，我们就约了钱坚、她的婆婆清莹和最小的儿子一起餐叙。我们只有这一个时间，没有选择。我们请钱坚选择餐叙地点，她就选择了离新天地最近的“誉八仙”，这是我此行第二次光顾“誉八仙”。我与宝平抵达时，还是阿三给我们开的门。餐后我们离去时，还是阿三给我们开门谢客。我没有想到这一餐是2019回国之行旅程中的最后一餐，清莹和钱坚是我2019之旅中会见的最后两位老朋友。我们和两位老朋友道别，便步行回家，钱坚驾车回浦东。

八

会见江氏婆媳之后，我在上海探亲会友的愿望堪称完满完成，虽然最早列的名单中还有两位未能会见，原因是联络不上，实无可奈何。我计划次日去芜湖，停留两天去杭州，在杭州亦停留两天，便回上海。然后我与宝平返回美国，整个旅程正巧一个月。

当晚我和宝平睡于同一室，上床后便出现问题，小便不爽而非常疼痛，转侧不能入眠，如此折腾竟夜。宝平见状作出决定，明晨便飞回旧金山，回家再就医。他当即电航空公司定位，非常顺利。这个小小的意外使我不告而别，上海的亲友真没有想到，远道来的人竟无声无息地走了。我自己也觉得很不爽。“平易近人之旅”的结局很不体面，虎头蛇尾，不是吗？

我回到家中，收到展奋传来的五姑母的书画作品。五姑母的字之秀画之美，非亲眼一见难以心领和信服。我曾见过一次，终生难忘。

我的五姑母程本瑞的书法作品《丹徒戴鹤皋明府消寒鸿雪长歌》

第四篇　寻　宗

这张略晚一点的照片前排坐着的是七弟、五妹和八弟，后排是大哥、三哥、四哥、六哥和二哥。一个世纪前的照片。我们今日看先辈们，可以看到兄弟之情穿越世纪，融入岁月。

新安程氏

一

2021年春夏，我先后收到两本《硃卷》和一本《自述》。这些宝贵的文字原件对于了解我的家族史无疑是最宝贵的文献，应该可以代替我求之许久而未能得到的《行述》。

先是居住于加州洛杉矶的马欣荣电传给我一份《程良驭乡试硃卷》，我仔细阅读，不胜欣喜。程氏迁杭始祖和最早的五世祖辈的名与号都有了可靠的文字记载。马欣荣是我嫡堂妹怀谷的儿子，欣荣从小在上海外婆家长大，他的外公本同公是我的大伯，他的外婆周清畹夫人是我的大伯母，欣荣对外婆家感情甚深，近年他一直在探索寻求程氏家族的有关文字记载，他每得资料便立即转发给我。

又过了十多天，居住在辽宁省鞍山市的嫡堂弟怀济发给我微信，他最近从上海图书馆买到两本硃卷的复印本，如果我需要，他可以寄给我。这两本硃卷是《程良驭乡试硃卷》和《程学銮乡试硃卷》。我立即复函请他复印寄我，一星期后我收到了，如获至宝。纸本的木刻版文件读起来容易多了，我可以看清楚每一个字。据怀济云，他有女程薇对搜寻程氏祖上的任何文字记载和任何文物极为热衷，亦甚具能力，许多宝贵的文物是薇侄得到的。半月以后，怀济又函告我，薇侄又从网上购得《拙园老人壬申自述一卷》（复印件），是曾祖父七十六岁写的，写下一生经历的大事。怀济也复印寄我。我幼时见到《行述》一册，内容亦为曾祖父一生所经历大事，我因年幼未读内容。现家族中一本无存，今得《自述》，应可满足我们想厘清近百年家族史的愿望。《自述》寄到，我奉读再三，立即认识到，杭州义井巷程氏的故事必须重新叙说。

近一年以后的2022年初，怀济弟告我，薇侄又在上海图书馆找到祖父学銮公口述《先府君行述》一卷，图书馆无法提供复印件，只有影印件，已用邮件发送给我。我立即查看邮箱，怀济发给我的邮件已到。我便下载认真阅读。一看网络传来邮件，我便肯定这份《先府君行述》就是我幼时见到过的《行述》。我记得薄薄的线装册子封面封底是用土黄色的纸，封面印"行述"二字，这是我保存了八十多年的记忆。薇侄询问上海图书馆，馆方称，馆藏此册没有封面。

到了2022年初，我手头有了两册《硃卷》，一册《拙园老人壬申自述》和一册《先府君行述》，要厘清义井巷程氏迁杭的前五世应可有比较真实的依据，但撰写两卷两述者当时都没有想到要让后世知道得清清楚楚，他们还需要投入更大的功夫。我要把迁杭程氏的传承说清楚实在不易，如同一个人在两卷两述中却用了不同的名字，我阅读十数遍，反复推敲分析才比较明白的。至今我最想梳理清楚的部分基本清楚了，不负两卷两述的得之不易。

二

我的祖父学銮公把自己的祖先归为新安人，也就是徽州人。我尊重祖父的想法，所以我一直这样介绍我的祖籍：故乡是杭州，原乡是徽州。

新安是一个地名，一个古老的地名，是一个郡的名称，最早出现于公元 280 年，距今超过 1 700 年。那个时候的朝代是晋，那个时候的新安郡管辖范围包括现在浙江省淳安以西，安徽省新安江流域，祁门及江西省的婺源。说得易懂一点，新安就是徽州，新安是徽州的别称。再说得更具体易懂一点，新安郡包括现在浙江省的一片土地、安徽省的一片土地，还有江西省的一片土地，1 700 年前这几片土地连在一起，加上一条江穿行其间，那就是新安郡，穿行其间的那条江就是新安江。

现在中国的地图上有没有一个管辖范围叫徽州的？没有。有没有一个管辖范围叫新安的？也没有。现在只有浙江省、安徽省和江西省，但现在还有新安江，由西向东流的新安江和 1 700 年前一样昼夜不停地奔流着，名字也没有改。新安江全长 159 公里，属于钱塘江水系的一条主要河流，发源于祁门县，流经黟县、休宁县、歙县而汇入钱塘江。新安江沿岸景色奇绝，水如翡翠，山似玉簪。两岸茶园碧绿，景色迷人。村落点点，白墙青瓦，人称有漓江之胜，三峡之奇。我曾到访新安江畔的屯溪，站在桥上观看新安江水奔流而东，真是美景。据云新安江以屯溪为终点，过了屯溪江水照流，但名称不是新安江了。新安江两岸的土地一会儿划归这个省，一会儿划归那个省，那是行政的事儿，江水照流，老百姓的日子照过。婺源原为徽州属下的一个县，后划归江西，据说婺源老百姓心中不喜欢，很留恋徽州人的称号。

中国从二十世纪八十年代开始改革开放，徽州拥有丰富的具有悠久历史的文化艺术资源，当地政府立即大力开发旅游业，作为徽州旅游门户的屯溪名气不够响。请示上级准予更名，从此就有个黄山市。黄山是中国最知名的风景区之一，并不贴近屯溪，屯溪也不在黄山景区之内，把屯溪更名黄山实在欠合适。九十年代我和阿兰回到安徽，有个机会去屯溪，我们决定去原乡一行，于是我去车站买去屯溪的火车票，结果售票窗口递出来的是两张去黄山的车票。我立即向售票员说车票错了，我是去屯溪。售票员说："没有错，没有错。"后面排队的人也说没错没错，你放心。我被弄得一头雾水。后来知道屯溪改名黄山的故事，我向安徽省建言，屯溪最好改名为徽州市。我的建言没有得到答复，我写了一篇文字《原乡行》发表在《芜湖风情》杂志上，杂志的同志告诉我：已经改成黄山市了，不可能再改。最近传出消息：安徽省正在重新规划，准备建立一个完整的徽州市，恢复这个蕴含着丰厚历史文化的地名。承认当年改名黄山市不能说是错误，至少是仓促的。

现在回到我要表述的题目来吧，我特别要强调的是：新安是徽州的别称。"新安程氏"四个字是刻在祖父的一枚闲章上的，他写个扇面，写个立轴，都要盖上"新安程氏"这枚闲章，通名报姓之外，似乎他总不忘报告自己根之所在。

我们子孙后代还记得我们根之所在吗？或许用“记得”两个字不确切，改用“知道”吧。我们知道爷爷或太爷爷的名字吗？见过他的照片吗？知道他年轻的时候曾经出使日本、法国和新加坡吗？我想我们都知道我们是杭州人，即使从来没有到过杭州。但我们不知道屯溪、徽州，更不知道古朴典雅的地名“新安”吧。如果我告诉你：我的故乡是杭州，我的原乡是徽州，这个根已经挖得比较深了。如果问我更早的时候，老祖宗是从什么地方迁徙到徽州的？或许我的爷爷也不知道，我当然更不知道，一点也不难为情的。我想任何人能够知道自己上面的三代和自己下面的三代就很不错了。就怕连自己的上下七代都说不清楚，那就有点难为情了。

我在《穿越三个世界》一书里，讲了我们祖先的一些故事，我的侄辈和侄孙辈看了我写的故事，知道多了一点。反过来我觉得写得实在太少，因而很想再写多一点，作些补充。2020 年新冠肺炎病毒在全球蔓延，抗疫而不能外出，我就利用困守家中的时间撰写《穿越三个世界》的续篇。2021 年春天，我得到了非常宝贵的文字资料，即上海图书馆藏本复印的《程良驭乡试硃卷》和《程学銮乡试硃卷》两册。这对我来说，无异于雪中送炭。于是我再次动手修改原稿，务求真实。

我简要地介绍了古时的新安郡和至今还在奔流的新安江，可是“新安”二字在两份硃卷中一次也未曾出现。怎么解释呢？我认为并非我们这一支程氏家族和新安关系不密切，恰恰相反，我们这一支程氏是曾经在新安繁衍和发展的，徽州实实在在地是我们的原乡。祖父喜欢把自己的一支家族称为新安程氏，完全是有他的根据的，绝非因为他的诗情画意。他是一个很典型的江南文人，我最敬爱我的祖父，我最欣赏祖父的文人意气，我还是喜欢用祖父最喜欢的“新安程氏”称呼我们的家族。两份硃卷里只字不提“新安”或“徽州”，是撰写《硃卷》的人不了解实情，写了两千几百年前东周时代的程氏赐姓始祖，忽略了对程氏世系来说具有里程碑意义的“新安程氏”的重要过渡，这是对程氏宗谱的巨大疏忽。请看下文，便知我言之不谬也。

三

《程良驭乡试硃卷》和《程学銮乡试硃卷》的文字没有“新安”二字，那么记述了些什么呢？

两份硃卷的第一行是：

赐姓始祖　乔伯

仕周为大司马有功锡封于程后遂为氏

短短二十余字，说明我们的一位远祖名乔伯的，在春秋时代的周当了大司马（相当于国防部长或总装备部部长），官当得好立了功，周王就将一处名程的地方赐封给他，从此他就用程作为姓氏了。周春秋始于公元前 770 年，周终于公元前 256 年。春秋终于公元前 476 年，公元前 475 年起为战国。我们的始祖乔伯公生活于公元前的东周时期。程为古邑名，又作郢，周文王曾迁居于此，在今陕西省咸阳市东。根据这一段文字，可以肯定的是程氏始祖起于陕西，时间或在 2 500 年前。

硃卷的第二行是：

洛阳始祖　羽

宋太宗朝以辅翼功赐第京师因家洛阳曾孙讳珦字伯温仁宗朝为黄陂尉知兴国县官至大中大夫玄孙讳颢字伯淳谥纯公封河南伯讳颐字正叔谥正公封伊川伯俱从祀　圣庙迨子孙繁衍随驾南渡分为七支曰鄢陵杭州山阴吴门河门徽州山西其徽州山西二支系出伊川公三世孙

从周到宋，从乔到羽，从公元前500年到公元1000年，可能经历了1 500年。经历了70代。羽是乔的嫡裔吗？是的，我们是乔或羽的嫡裔吗？也是的。我们知道我们肯定是伊川公的嫡裔。从这一小段文字，我们知道了，程羽辅佐宋太宗有功，获赐京都宅第。他的曾孙程珦在仁宗朝任黄陂尉，他的玄孙程颢被封为河南伯，程颐被封为伊川伯，他们的后代子孙随驾南渡。随驾南渡共分七支，其中提到一支南迁徽州，并称这一支是伊川公的三世孙。

硃卷的第三行和第四行：

山西始祖　德

国子监监丞出判山西平阳府遂居荣河县巩村入籍山西

迁绍始祖　大

字进化行一洪武十四年由山西平阳府荣河县巩村迁绍兴山阴县三江城因隶籍焉

当国子监监丞的祖先程德判任到山西平阳府，便在荣河县的巩村安家落户，报上山西户口。程德的后代程大于洪武十四年（1381年）离开山西迁到绍兴山阴县三江城，在新址报上户口。

因此看来户口制度在中国历朝历代都是认真执行的。但对我们寻根的后代来说，传承甚不清晰。程大由山西迁浙江绍兴，无关迁居徽州的一段重要历史。

硃卷一开始便告诉我们四位不同时期的始祖。但迁杭始祖并没有并列于后。在迁绍始祖之后，硃卷从二世祖开始，一直排列到十一世祖。这十代祖先都居住生活于绍兴。十一世祖迁杭，成为迁杭始祖，在《硃卷》中未有列出。

程大于明太祖洪武十四年迁居绍兴，《硃卷》记载为由山西省迁绍兴，那是公元 1381 年，六百多年前的交通及通讯情况，如此远途迁徙，很难想象。如按祖父的“新安程氏”说，由新安江畔的屯溪顺江而下则十分可信。我想在这个问题上，祖父之说与《硃卷》之说不合，应信祖父之说。则我新安程氏一支 1381 年迁绍，在绍兴定居 335 年，历十世，于 1726 年迁杭。何年何月由何地迁新安，现无从考证，亦无需考证。在此之前的列祖列宗非我一支之祖，而是全国程姓之祖，我等有何能力与责任追溯如此之远。总的来说，《硃卷》所列，既不清楚，又有矛盾。一位编写文员，并非历史学家，对其不能苛求。

二世祖　贵

行三

三世祖　茂

行二

四世祖　鹏

字举远　行一　明绍兴卫三江千户

五世祖　徽

字之美　号易庵　行四

六世祖　表

字勉斋　行五　武庠生

七世祖　彰宗

字纲我　行一

八世祖　应聘

字起萃　行一

九世祖　廷芳

字茂生　行一

十世祖　可大

字尔范　行一　国学生

十一世祖　理

字文裕　行二　雍正四年由绍兴三江新河村迁居杭城文锦坊入籍钱塘为杭族之祖

我们的迁杭始祖到这儿才出现，那是清朝雍正四年，公元1726年。程氏迁到绍兴的一支，传到第十一代，兄弟中的老二突发异想，人往高处走，决定迁居杭城，于是成为迁杭始祖。他字文裕，就用“文”字作第一代的学名排行，就有了“文锡兆锦良、学本怀宝昌”，就有了我们这些子孙后代。

中国历史悠久，我们程氏家族也历史悠久，从周春秋时代获赐姓开始，经过唐、宋、元、明、清，经过陕西、河南、山西、安徽、浙江，我们程氏一族，源自陕西咸阳附近的地方程，到现在居住于全国各地，经过两千五百多年，经过多少次改朝换代、兵荒马乱，多少次自然灾害，能够家族繁衍，真不容易啊，太不容易了。

两份《硃卷》没有提到“新安程氏”，而提出了迁洛阳始祖、迁山西始祖、迁绍兴始祖，造成我等后代在认识上的混乱，其实所有迁居各地的程氏，均为新安程氏的后裔，而且是嫡裔。因为读书，考中功名，派往外地当官，便迁居外地，迁居并非原始企图。如今日国家干部的分配工作，用得上迁某地始祖之称吗？

两本《硃卷》帮助我们了解家族近代的传承功不可没，因此首先要谢谢怀济和他的女儿程薇，怀谷的儿子马欣荣，他们热忱地关心家史，多方设法发现和取得文件。程薇和欣荣是程氏迁杭第九世，程氏杭城大宅门他们没有见过，学銮公和许太夫人是他们的曾祖，他们也没有见过，他们有一份深厚的亲情，诚万分可贵。

四

读我祖父口述的《先府君行述》后，我感到要真正理清我们的家史是甚不容易的，或许根本不可能。《先府君行述》是这样开头的：“府君姓程氏讳良驭字质侯晚号拙园老人先世本伊川先生嫡裔由河南迁居山西之荣河县由荣河迁居绍兴复由绍兴迁居杭州遂为浙江钱塘人。”头十七个字是曾祖父的名与号，接下来四十二个字是程氏的家史。从河南到杭州，经上千年的历史，数千里的路程，四十二个字就交代了。上千年的家族史，祖父考证过吗？我想没有，他不可能亲自做一番考证，他只用了四十二个字来叙述千年的家族史，简约得不能再简约了，他是从两本《硃卷》中选择了最少的字写了千年家族史，完全是根据官方的资料，并非他自己的语言。而他自己的语言"新安程氏"却一次也没有出现。

祖父口述《先府君行述》是在 1941 年，八十年后的今日如何看这个问题呢？我想我们应该从时序上来分析：祖父口述《行述》是在 1941 年，他用"新安程氏"的图章是一直用到 1960 年他去世之前。如果如《行述》所述，我们这一支是由山西荣河迁浙江绍兴，没有在新安居住过，祖父为何要用"新安程氏"的图章盖在他所有书法作品和诗词作品上呢？他坚持是新安程氏之后，是不是有一定的依据呢？我幼时常听曾祖母与祖父谈话中提到屯溪，屯溪有多处程氏遗址，他们的谈话内容对我们有价值吗？可惜祖父没有留下任何有关文字，父辈们也都不在了，现在没有人可以请教。

我们再重读一下两册《硃卷》中的记述，洛阳始祖羽，玄孙讳颢，字伯淳，谥纯公，封河南伯；玄孙讳颐，字正叔，谥正公，封伊川伯。圣崩随驾南渡分为七支，七支为鄢陵、杭州、山阴、吴门、河门、徽州及山西。其中徽州及山西两支为伊川公三世孙。祖父口述《行述》中称先世本伊川公嫡裔，可能是直接迁徽州的一支，亦可能是迁山西再迁徽州的。可惜，先祖居住地的变迁经过千年又缺记载，现在难以确定了。今后亦无可能有准确的论断。

上面一段话便是我读《硃卷》后，对程氏世系的了解，偏偏没有“新安程氏”的记述。如何解说“新安程氏”一说呢？使我很困难。事有巧合，在我最需要的时候，得到了详述新安程氏世系的一册程氏宗谱汇编。

五

如何理解“新安程氏”之说，正在我难以解释时，外甥马欣荣告我一个信息，他说有《程氏宗谱汇编（第一辑）新安程氏世系》一书，问我有否见过。我即答其未见。此书共 千余页，他便择重要者下载传送予我。此书共记录程氏八十八世传承，涉程氏后代数千，以表格列出，阅读十分不易。我细阅多时，仍未得要领，我现努力从简述说，希望读者可比较容易明白。

《新安程氏世系》是由黄山市程氏文化委员会出版。屯溪是新安江与钱塘江分界的地点，进了屯溪，就进入新安江流域了。屯溪有甚多程氏遗址，古建筑有长达五百余年的历史。程氏后代自称“新安程氏”是从长久的历史广袤的范围确定的，包容着华夏土地上所有的程姓后人，我的祖父学鎣公自称“新安程氏”，便是如此广义观念。我等后人不容置疑。

《程氏宗谱汇编》一开始便交代程氏所自出，按史记校定：自黄帝至重、黎共六世，为程氏所自出，程氏出自黎之后。然后程氏宗谱汇编包括两个世系，一是广平伯符开宗世系，伯符，名乔，世居广平，仕成王献三异之瑞，封程国，更名符。因以国为氏，为程氏开宗受姓一世祖。伯符在两本硃卷中都称为乔伯，赐姓始祖也。其二世禀丁、三世仲壬、四世子臧均居广平世袭程国伯。

广平伯符开宗世系传至第五世，有淮夷叛逆，宣王命程氏休父为大司马，出兵伐之，叛既平，徒封安定，改安定侯。休父之妻胡氏为安定胡开国女。

广平伯符世系传至四十五世，有元谭者生于公元245年，在晋怀帝愍帝年间曾任广平太守，因胡羌乱失官，归琅琊王镇东军谋。后从晋元帝渡江是谓东晋，公元317年元谭公出任新安太守。元谭公任新安太守，深受新安百姓所敬爱。其任满离职时，百姓遮道请留，诏褒嘉之，赐田宅于新安郡之篁墩，为新安程氏一世祖，接广平伯符世系四十四世。元谭公寿至八十有二，葬于新安郡西之双石（府志载：冷水铺）。宋封忠佑公。新安程氏从程氏总世系四十五世元谭公始，从此天下程氏统称新安程氏，我的祖父亦以新安程氏自居。

程氏四十五世始，统称新安程氏，是程氏后代对元谭公的建树的高度肯定。两份清朝的硃卷只字未提新安程氏，是《硃卷》撰写者的重大失误，早于公元1480年《新安程氏世系》已经面世，撰写《硃卷》者应该熟知的。

新安程氏三十世（总七十四世）出程羽者，字冲远，天福进士，文明殿学士，赠太子少师，赐第东京泰宁坊，《硃卷》列为程氏迁河南始祖，实为新安程氏一支系，因官职而迁居洛阳。

新安程氏三十四世（总七十八世）出程颢程颐昆仲，为羽之第四世孙：颢，字伯淳、号明道。明道元年（1032年）生，嘉祐二年（1057 年）进士。寿五十四，追封河南伯，从祀孔庙，元加封豫国公，创理学。颐，字正叔，号伊川，明道二年（1033 年）生，寿七十五，追封伊阳伯，从祀孔庙。元加封洛国公，创理学。

程颐，号伊川。我必须重复追述，我的祖父学鎏公在《先府君行述》中，一开始便述明先府君良驭公是伊川公嫡系后裔，我们这一支程氏后代既是理学创造者洛国公的嫡系后裔，当然是新安程氏之后了。当然可以自认为"新安程氏"。程颢、程颐昆仲是程氏传承近百世中最知名的人士，他们出生于黄陂，后伊川公的后代迁回安徽池州。

"新安程氏"三十七世有程德者迁居山西。在《硃卷》中称德为程氏迁山西始祖，实为"新安程氏"一支系。德是伊川公之孙，伊川公有子甚众，大多在安徽黄山与长江之间生息繁衍。德因为官而被判任山西平阳，迁居应非其本意也。

《新安程氏统世谱序》为明成化十八年（1482 年）程敏政所作，敏政公为明成化进士，并奉训大夫左春坊左谕德同修国史。

综上所述，在数千年历史中，程氏宗谱只有两大世系：一为广平伯符开宗的世系，一为四十五世元谭公任新安太守后形成的新安程氏世系。前者包容后者共记录八十八世，现在已超过百世。其间迁河南者、迁山西者、迁绍兴者及迁杭州者均为支系。均为被派往各地任职而迁居当地的，与今时之工作调动、职业变迁无异。两份《硃卷》之叙述，此点有误导之嫌，更难以厘清关系。然近代程氏世系传承，两份《硃卷》均叙述甚详，我厘清近世家族传承，主要依靠两份《硃卷》。

六

在杭州义井巷二号的大厅里，和菩萨堂对称位置的祖宗堂有一幅木刻的对联，对联的文字是："文锡兆锦良学本怀宝昌，福其祖有德善乃家之祥。"我们从这副对联说起。这上下联各十个字的对联是迁杭程氏学名的排行，也是迁杭程氏的家训。二十个字的排行现在刚刚用掉一半，我的六个孙辈是"昌"字辈，为迁杭第十代。四个孙子、两个孙女都用"昌"字排行命名，我的两个儿子是"宝"字辈，他们出生的年份正是最革命的年份，我们感到"宝"字即使不是反革命，也不革命，就藏而不用，移民以后才从箱子里找出来。两个儿子改名为宝和、宝平，现在程氏的"宝"字辈、"昌"字辈有很多不再用排行，令人惋惜。

二十字排行的第一个字"文"字辈是新安程氏迁杭的第一代，现在非常清楚肯定地知道这位始祖文裕，是 1726 年由绍兴迁杭州的。文、锡、兆三代生活于十八世纪中到十九世纪中，都在清朝。迁杭始祖的一生大部分时间正逢乾隆盛世，他定居杭州从经商开始，以商养学，生活是不愁的。

文、锡、兆三代的情况，现在从我的曾祖父良驭公和我的祖父学銮公的乡试硃卷中可以得到简约的文字记载，至少可以知道我们有多少位祖先和他们的名和号。我凭后面几代的点滴情况，反过来推敲前面几代祖先的生活，不知是否可以符合万一。祖上做什么生意呢？这个问题硃卷里没有记载，一接触到钱就比较俗，硃卷不提人间俗事，这是中国知识分子的通病，但人间世世代代都接触到钱，没有钱怎么过日子？我们迁杭程氏传了十代，没有忘记我们是做鞋卖鞋出身，可以比较准确地回答，开鞋店，刚刚开始的时候是摆个鞋摊，卖的是布鞋。开始自己做，生意做大了就要请伙计，资本盘大了就要开店铺。起初开一家鞋店名“合利”，到了“兆”字辈，开了第二家鞋店名“爵禄”，第四代“锦”字辈有五兄弟，于是“兆”字辈祖先决断：“合利”分给大房、二房，新店“爵禄”分给三、四、五房。两店分产的年份是1888年，在1880年及1892年爵禄店曾两度蒙祝融之灾，两度均重建复业。

七

传到第四代“锦”字辈五兄弟，估计他们在世的年份大约是十九世纪三十年代到二十世纪初。按江浙人的习俗：一个大家族往往住在一起，几个兄弟在称呼上分几个房来区别。那个时候杭州程氏的第四代分为五个房，从大房到五房。1860年太平天国的七千兵马从安徽出发，伪装清军，直抵杭州城下，将杭州团团围住。杭州老百姓从南宋以来享受了几百年的太平，突然兵临城下，大祸临头，满城老百姓乱作一团，倾城夺路出城避难。太平军进城时，“锦”字辈五兄弟都已成亲。

我们是“锦”字辈四房的后代，也就是说我们的高祖父是“锦”字辈的老四。高祖父学名锦绶，字晋卿，高祖母钱太夫人的闺名在硃卷中无记录。太平军进入杭州那一年，高祖父30岁，高祖母31岁，三位兄长年龄稍长，大哥名锦洲，字步瀛，在战乱中殉难；二哥名锦礼，字翥卿，号敬夫，咸丰乙卯科举人。三哥名锦秀，字芝生，这就是三房本毅叔的曾祖。五弟名锦绅，字佩生，在战乱中殉难。

战乱中，程氏移居杭州的一支，中坚是第四代锦字辈。咸丰辛酉之年，太平天国二次攻占杭州，市民躲避不及，锦字辈殉难者多达八人，五兄弟中大哥及五弟罹难，妇女殉难者共六人，包括大房嫂夫人、二房江太恭人、三房徐太夫人、五房徐太孺人及两位锦字辈高祖姑母，一适段，一适周。

段、周二家应为程氏姻亲。段姓亲戚我从未见过，周姓亲戚有一位，我童年时她常来寓中，我得尊称她太太，曾祖母也，而她与我的祖父同龄。先在杭州，后在上海，她几乎每周必来。她和我的曾祖父是什么关系，一直不清楚。现读良驭公硃卷之记述，周老太太应为良驭公之嫡表妹。周氏母罹难后，其女幸存于世，终生未婚，随父姓周。她有养子，是我叔祖，娶妻王氏，一职业妇女，曾任上海市西中学校长。

程氏迁杭第五代良字辈，在辛酉之年大多是童年或少年，随父母避难。至少有五名男童罹难，皆为良驭公之嫡堂兄弟。文字中未提及嫡堂姐妹，皆因重男轻女之故也。

八

迁杭程氏以文裕公为始祖。文裕公名理，文裕为其字，行二，雍正四年（1726 年）由绍兴三江新河村迁居杭州文锦坊，入籍钱塘，为迁杭始祖。文裕公有兄弟文玉、文衡，均定居绍兴未动。

迁杭程氏的第二代为锡字辈。我们的二世祖名锡朋，字悦贤，行二，夫人为言太恭人。二世祖有一兄三弟，名锡明、锡禹、锡尧、锡弨。

第三代为兆字辈。我们的三世祖名兆麟，字瑞徽，行二，夫人为张太夫人。后居住杭州义井巷大宅门内的三、四、五房均出自三世祖兆麟公。兆麟公有一兄名兆斌，无其后人消息。

第四代为锦字辈。四世祖是我的高祖辈，长兄锦洲公和次兄锦礼公两支久失音讯，我从未见到大房和二房的后人。而最亲近者为三房和四房。我的高祖父是锦绶公，高祖母钱太夫人。钱太夫人对程氏家族之贡献，无人能出其右。我写第一册《穿越三个世界》，第三章便是《钱太夫人》，再写《穿越三个世纪》，仍有一章《钱太夫人》，可以毫不夸张地说，如无钱太夫人，可能就没有我们四房这一支后代。

锦字辈三兄名锦秀，字芝生，其夫人为徐太夫人，殉难于战乱。战乱平息后，芝生公续弦，后得二子，长子学名良驹，字庆阁；次子学名良骐，字紫佩。芝生公英年早逝，他将二子的抚养和教育托付给其侄良驭公（我之曾祖父）。二子皆幼，良驭公受伯父遗命，不敢稍怠，为二弟延请名师授课，要求乡试及第，当业师不在馆时，良驭公必亲自代课，督导甚严。后良驹、良骐均学业有成，良驹公被荐甲午科举人，良骐公为光绪戊子科举人。两嫡堂弟不负期望，良驭公深感未负伯父之托，窃以为喜。

良驭公无弟，仅有一妹适沈。后良驭公确定良驹公为三房继承人。五房无后，良驭公确定良骐公为五房继承人。良驭公规定三、四、五房同住一宅，同营一店，并示我祖父学銮公此为古训，能同居一日总须同居一日，休戚相关，互为匡弼，家门之幸也。因而良驭公购老旧大屋，亲自督导修理，为可容纳三、四、五房共同居住也。

良骠公及良骐公均英年早逝。良骠公有一子名学株，我祖父的堂弟，但年龄相差甚大。良骐公继承五房后育有三子二女，我均常见，其中一位祖姑母适钱，我和她最亲，钱学森是其侄子也。

厘清义井巷程氏四房的传承比较容易，我见过上面三代，幼时也常听长者说起高祖的故事。但要厘清三房的传承比较难。三房良字辈的祖先是谁呢？三房的本毅叔不知道其祖父的名字，我最希望把三房的传承梳理清楚，现在知道了本毅叔祖父名良骠，但仍不知其祖母及曾祖母的姓氏，诚不完美。

我现在能告诉本毅叔和两位姑母（杭州人叫干娘），你们的祖父是良骠公，字庆阁，一字绍芝。我最后能非常清楚地列出三房的传承，实在不容易。因为两卷两述对同一个人用了不同的名字，又不知其年龄，又不知其为何人所出。我反复思考、反复推敲、反复读原文，最后得以肯定，诚十分欣喜。我即电告航弟航妹（本毅叔之子程怀航和媳周丽航）：你们的曾祖父是良骠公。高祖锦秀公有二子，良骠公为其长子。至此三房的传承清楚了。

九

杭州义井巷大宅门程氏一支，是新安程氏始祖元谭公的嫡系后裔，也是新安程氏三十世祖天福进士程羽公的嫡系后裔，也是新安程氏三十四世祖理学家伊川公程颐的嫡系后裔，也是新安程氏三十七世祖程德公的嫡系后裔。近二千年的传承中，我们程氏出了多位栋梁之材，重要人物。作为新安程氏的后裔，应该万分珍惜这一份世袭的荣耀的。

马欣荣仔细阅读、反复查核后，列出新安程氏我杭州义井巷一支的嫡系祖辈名录，一直上升到新安始祖。历时十八个世纪近一千八百年。能知道如此古远的祖先的名和号、职业和建树，诚甚难得，诚甚幸运，诚应万分珍惜。

新安程氏杭州义井巷一支世系

程乔伯						
程氏世系	新安世系	姓名	妣氏	公元年份	排行	备注
45	1	程元谭	徐	245—325	行二	新安始祖
46	2	程超	张		行二	
47	3	程冯	游	343	行二	
48	4	程丰	王		行三	
49	5	程景秀	王		行三	
50	6	程元政	游		行五	
51	7	程宝云	王		行四	
52	8	程法晓	顾		行一	
53	9	程隐隽	肖		行一	
54	10	程道乐	张		行二	
55	11	程次茂	何		行一	
56	12	程?	吴		行一	
57	13	程宝惠	胡		行一	

续 表

程氏世系	新安世系	姓名	妣氏	公元年份	排行	备注
58	14	程灵洗	董	514—568	行一	
59	15	程文季	苏	?—579	行一	
60	16	程子响	陆		行二	
61	17	程育	肖		行三	
62	18	程皆	?		行一	
63	19	程弘	?		行三	
64	20	程大辨	?		行一	
65	21	程文英	潘		行三?	
66	22	程皓	?		行二	
67	23	程日华	金		行二	
68	24	程怀直	王		行一	
69	25	程执恭	周		行一	
70	26	程世庸	林		行一	
71	27	程严	洪		行一	
72	28	程秀	高		行一	
73	29	程俶	叚		行二	
74	30	程羽	张	913—984	行一	洛阳始祖
75	31	程希振	崔		行一	
76	32	程遹	张	—1024	行二	
77	33	程珦	侯	1006—1090	行一	
78	34	程颐	苏	1033—1107	行二	伊川公
79	35	程瑞彦	史		行三	
80	36	程昮	?		行五	

续　表

程氏世系	新安世系	姓名	妣氏	公元年份	排行	备注
81	37	程德	?		行一	山西始祖
?	?					缺 5—7 世
87	43	程大	段	1381	行一	迁绍始祖
88	44	程贵	邓		行三	
89	45	程茂	费		行二	
90	46	程鹏	王		行一	
91	47	程徽	姚		行四	
92	48	程表	傅		行五	
93	49	程彰宗	孙		行一	
94	50	程应聘	陶		行一	
95	51	程廷芳	郑		行一	
96	52	程可大	吴		行一	
97	53	程理	言，言，冯	1726	行二	迁杭始祖
98	54	程锡朋	言		行二	
99	55	程兆麟	姚，施，张		行二	
100	56	程锦绶	钱		行四	
101	57	程良驭	徐		行一	
102	58	程学銮	许征祥		行一	
103	59	本字辈				
104	60	怀字辈				
105	61	宝字辈				
106	62	昌字辈				

钱太夫人

一

我的曾祖父良驭公在他七十六岁（实为七十五岁）的那一年写了一本自传，书名《拙园老人壬申自述》。良驭公在自述之前言中阐明："将余一生所历之境所为之事，凡记忆所及者辄按年笔之于册以代口述。今年岁次壬申为余入泮周甲之年，蒲柳之姿幸未凋谢，回溯往事百感丛生，因将所记述者整理而完成之，为余七十六年之回顾。"

《自述》从1857年开始，列为一岁。那一年是丁巳年，良驭公于是年5月出生于杭州。按现在对年龄的准确计算，那还不到一岁。次年列为两岁，再下一年为三岁，都无所记述。1860年良驭公列为四岁，实为三岁，有两行文字记录：是年洪杨军入浙逼近省会杭城。父辈奉大母张太夫人迁避萧山之长塘，8月杭州沦陷，全家平安。良驭公笔下之洪杨军，太平天国也，洪为洪秀全，杨为杨秀清。大母者，祖母也。读《自述》，始知良驭公的祖母为张太夫人。读《自述》，亦始知太平天国第一次攻陷杭城，程氏全家平安。

太平天国围攻杭州前后两次，第一次是1860年3月，行“围魏救赵”之计，以解天京被围之危，3月11日兵临城下，持续攻城七天，至3月24日撤出杭州。此役历时十三天，死亡的军人及平民共十二万人，平均每天死亡近万人，死亡人数之巨，放在任何战争中均骇人听闻。第二次是1861年太平军决定拿下杭州，5月进入浙江，浙西、浙东大部分被太平军所占，11月初围攻杭州，12月29日再次占领杭州。杭州被围两月，城中粮尽。太平天国第二次占领杭州两年三个月，1863年9月左宗棠率湘军攻打杭州，双方激战半载，太平天国终不敌，于次年3月30日午夜撤离杭州。连年战祸，杭州城里的人口由八十一万减为七万。

二

战乱中，我们的祖先是如何逃避战祸、保护家族的？细读《拙园老人壬申自述》，深知我在拙作《穿越三个世界》一书之《钱太夫人》一篇，是我幼时听长辈言谈，想当然地记述而成，述说难免有误，必须更正。我仍以《钱太夫人》作篇名，再述说这一段家史。

1860年，良驭公三岁的时候，太平天国围攻杭州，良驭公的父辈昆仲五人保护着张太夫人由杭州迁避萧山之长塘。杭州沦陷，程氏一家平安。次年张太夫人在长塘病逝，良驭公追颂张太夫人才德兼备，家务店务均一手操办，有条不紊。张太夫人在诸媳中最爱四媳钱氏，在诸孙中最爱良驭公。是年10月，全家奉张太夫人灵柩回杭州安葬于杨家牌楼。

程氏昆仲五人奉母灵回杭仅数日，太平天国又进军杭州，杭城城门封闭。程氏昆仲欲再迁萧山躲避战乱，已不能出城。杭城被围后城内断粮，饿殍遍地惨不可言。12 月 29 日杭城再陷，程氏昆仲及侄辈全被俘，妇幼均殉难，唯钱太夫人挈带幼子良驭公奔回娘家，随娘家人逃出城外，但出城后走失，钱太夫人带着幼子不辨东西，随群乱窜，身无分文，掘野菜为食。良驭公年幼不能行，钱太夫人背着幼子奔走，幸钱太夫人是一双天足，奔走数日到达江边，想乘渡船过江，船夫索取巨资，难民无以应付对江而泣，良驭公幸有金耳环一只藏于袜底，钱太夫人取出耳环交给船夫，得以渡江。此耳环为张太夫人为孙子准备的，以图吉利，想不到有此金耳环，真的大吉大利。待到达绍兴，当局已安民，可随便行走，良驭公饥不能行，见粥摊久立不去，有路人见此妇孺可怜，买粥两碗供母子一饱，难中喜逢善人。

得路人善者帮助。母子又继续上路，又有善者施舍百余文，得以勉强维生，而每食钱太夫人必惠子克已。如此又行数日，不足四岁的良驭公脚伤不能再行，钱太夫人便把儿子背上勉强徒步。

次年，良驭公之父晋卿公由杭城逃出，来到绍兴曾经居留之地，夫妇父子重聚不胜欢喜。不久二伯父敬夫公、三伯父芝生公及堂兄紫英、季文均先后逃出到达绍兴。至此经太平天国两度攻陷杭州，程氏一家亲丁二十余人，只留下七人。七人中男性六人，“锦”与“良”两辈各三人，“锦”字辈的大哥锦洲公未见从杭城逃出，在良驭公的《自述》中亦未再提及，应是罹难了。六男性中日后乡试及第的举人三人。七人中女性仅一人，就是钱太夫人。整个太平天国围攻杭州的战乱中，程氏一族只留下钱太夫人唯一的一位妇女。

综上所述，与我《穿越三个世界》文中所述有相同之处，如钱太夫人背负幼儿落荒逃奔，饥寒交迫，因有耳环而得渡江，因有田契而得生计，最后生者重聚，全家仅留七人。但我原述情景时序有误，细节欠详。今凭良驭公《自述》，便知最真实之情景，我等子孙后代读之，知祖先当年之痛苦艰辛，钱太夫人贡献之巨，我等当铭记于心。

三

在太平天国两度围攻杭州的惨烈战乱中，钱太夫人保护了幼子良驭公，就是保护了程氏四房的传承。现有子孙后代一百四十余人的四房，如果没有钱太夫人，我们就都没有。

惨烈的战乱之后，社会要重建，城市要重建，每个家庭都要重建。钱太夫人不仅要重建自己的小家庭，还要协助两个兄长重建各自的家庭，还要重建两处鞋店。

1861 年底，杭城二次沦陷之时，钱太夫人与娘家人仓皇外逃时走失后，外祖家已暂住上虞之松厦。后知钱太夫人母子平安的消息，便派人来接女婿、女儿及外孙往松厦，同住于某姓的祠堂。不幸在大兵之后继以瘟疫，钱太夫人之父母及弟相继病殁，晋卿公及钱太夫人亦病不能起，良驭公不慎左腕骨脱。

1863 年 9 月，左宗棠率湘军攻打杭州，激战半年，太平军终不敌，于1864年3月撤出杭州。两年侵占，半年激战，杭城一片狼藉，面目全非。杭城既光复，芝生公约晋卿公同回杭城察看祖业，爵禄店已全毁，合利店仅留木框。

战乱之后，逃难回来，程氏家族只留下一位主妇，便是钱太夫人。家族中一切事务都由钱太夫人一人劳心劳力，办理妥当。1866年三哥芝生公再婚，暂住杭城市中心黑风洞，钱太夫人便拖儿带女搬去黑风洞帮三哥重新成家。次年二哥敬夫公续弦，亦招钱太夫人去上虞操办家务。钱太夫人诚程氏一族的大管家也。

四

1864年，良驭公七岁，进村学读书，但村学聚数十幼童，功课全无。然从七岁启蒙始，晋卿公偕钱太夫人对良驭公的学业高度重视，逐年更换教师，十岁始读四书，是年读毕《大学》《中庸》二册，次年读《孟子》。十二岁从余杭名宿姚鹤。

1877年，徐太夫人得一女，名桂娥，是我的祖姑母。三年后我的祖父诞生，名学銮。光阴飞逝，新安程氏迁杭一支于1726年迁居杭州，至我的祖父诞生已经历154年，一个半世纪过去了。传到“学”字辈是第六代。到了十九世纪八十年代，钱太夫人膝下有孙儿孙女，安享天伦之乐。

1884年，晋卿公偕钱太夫人卜居三元坊，年尾迁入新居，三元坊位杭城市中心。至此长毛之劫已成过去，程氏各房兄弟重新盘点家业，尚能苟安，三房、四房兄弟，辛劳最甚，使家业重振。1885年秋良驭公乡试及第，秋闱中试第九十一名举人。诚喜事连年。良驭公时年二十八岁。

1886年初，良驭公首次北上参加会试，与内弟博泉同行，均不第。此年胞姐桂娥适同邑沈聪士先生之子作谋公。沈氏是我族重要亲戚。沈氏、作谋公之后亦均钱太夫人之后也。

1888年，良驭公之堂弟良骐公中试一百零四名举人。这一年合利爵禄两店正式分产，前者归大、二两房，后者归三、四、五房。但战难开始至今，未见提及大房之人，此仍留有疑问。如大房无后，何分产；如大房有人，何无踪。

自1884年尾迁居三元坊，此地此宅风水极佳，良驭公于光绪乙酉（1885年）及良骐公（字紫佩）于光绪戊子（1888年）相继乡试及第。三元坊的门厅增添两幅“文魁”大匾。风水一直延续，我的祖父学鎏公于光绪庚子（1900年）乡试及第时，仍居住三元坊。程氏在此宅连中三元，诚吉屋也，诚宝地也。

中国昔时的地址不用街、道，而用坊，通报地址，说明某市某坊即可。杭州的三元坊位于市中心，南宋的御街穿过三元坊，也穿过清河坊和其他的坊。到了1914年，杭州市当局决定扩展御街，三元坊的房屋必须拆除，不得已迁居大塔儿巷。三元坊住宅为晋卿公偕钱太夫人所置，居住三十年，颇称平安。因建路而拆民宅，无可奈何，唯深感不舍。

程氏居住此宅三十年中，举行甚多婚丧大事。1886年钱太夫人在此宅出嫁女儿静英；1899年钱太夫人在此宅迎娶孙媳许氏。1905年晋卿公病逝于三元坊；五年后的1910年12月，钱太夫人驾鹤西去，新安程氏四房的缔造者、守护神与世长辞，阖府悲恸。钱太夫人享年八十晋一。我父叔辈八人均出生于三元坊，晋卿公在世之日，见过四名曾孙绕膝；钱太夫人生前看到七名曾孙，最长者已九岁，诚全福也。次年为辛亥革命之年，武汉起义，各地风声日紧，家人亲戚皆避居上海，11 月钱太夫人随晋卿公合葬于金家山新茔。

五

迁杭程氏这一支的四房是从晋卿公开始的，已经传了七代，最值得我们后代纪念的是钱太夫人。

钱太夫人是吴越王钱镠的后人，她是钱镠的第三十二世孙。公元 852 年钱镠出生于临安（今杭州），儿时很丑，父母不想留，打算送人，婆婆不允，便留下了，因而小名叫婆留。中国俗话说人不可貌相，婆留长大后却是一位出类拔萃的人物，他四十岁时被任命为唐朝的镇海节度使，管辖现在浙江省的全境和江苏的一部分，唐僖宗赐金书铁券，免其九死，子孙皆免三死。公元 907 年封为吴越王，吴越国建都杭州。那一年就是唐宋两朝之间的五代十国时期的开始，吴越国是十国中的一国。吴越国传五代，历七十二年，公元 978 年降北宋。

钱镠有三十三个儿子，被分派往吴越国各地，也就是如今的浙江省和江苏南部，经过千余年的繁衍，江浙钱姓家族有一百多支，皆钱镠后人。钱太夫人的一支始终居住杭州，她的内侄曾孙钱思亮出自西南联大，曾任台湾大学校长。思亮公是我父亲的表兄弟，他们的表亲关系已经是第三代了，仍有联络。父亲同意我弟怀洵去台大读书，或因校长是表兄弟有关，1949 年父亲坚决不去台湾任职，也不同意我去台湾上学的。2011 年 5 月钱思亮回故乡杭州参加钱王祠祭典，那一年钱思亮晋入钱氏名人堂，为千年来的第十七位。思亮公是我们的近亲。

钱氏家族的名人实在太多了，从五十年代开始，中国的尖端知识界有“三钱”之称：“三钱”者，便是钱学森、钱三强和钱伟长，他们不但都姓钱，而且都是钱镠的后代。钱学森是钱镠的第三十三世孙，他也世居杭州，他的父亲钱均夫是一位教育家，曾任浙江省教育厅厅长，钱镠的三十二世孙。我的一位祖姑母嫁给钱均夫的长兄，我童年时常去看望这位祖姑母，我们非常亲近，因而我也常常见到钱均夫和他的一个养女。均夫公也是我们的近亲。

细心的读者一定发现了问题。程氏和钱氏两次结亲，一次是钱氏的闺女下嫁程氏，吴越王的三十二世孙钱太夫人是我的高祖；后一次是程氏闺女嫁钱氏，我的祖姑母嫁的也是吴越王的三十二世孙。两次通婚的辈分，钱氏都是吴越王三十二世孙，而程氏一方辈分差了两代。当时发现了吗？我想应该是没有发现，如果发现了，就不成功了。我这位祖姑母是程氏最美的闺女，嫁到钱府，丈夫英年早逝，这位祖姑母很不幸。我上中学的时候，每个月我一定会去看望她一次，她的尚未出阁的二女陪伴着她，后来她们迁回杭州，见面的机会就少了。这位祖姑母不仅美貌，而且非常厚道善良，可惜命运不好，早年失偶，育一子二女，长女和儿子均不在身边，晚年生活很孤独寂寞。

六

近年网上流传的文字说钱氏一族百年来人才井喷，出的学者、文人、科学家、院士、名人数以百计，所有这些钱姓名人都是吴越王钱镠的后人，所有钱姓出名的人都是一家人。这样说法准确吗？可靠吗？因为我们是钱太夫人之后，我们和钱家有血缘关系，我们可以说所有钱姓名人都是我们的远房亲戚吗？

中国俗话说：五百年前同一家。指同姓的人往上推，或许本来就是一家人。吴越王钱镠是一千年前的祖先，同姓钱的人更可能是同一家了。何况吴越王钱镠有三十三个儿子，经过上千年发展，子孙后代遍布江浙各地，出现于各行各业是不足奇的。但是

钱学森全家合影。后排左起蒋英、钱学森、钱均夫，钱均夫的养女。

我希望有更准确一点的依据，我查钱姓名人的资料，有没有他是钱镠第几世孙的记载。如果有，那确是钱镠之后。

我们先从最出名的三钱开始吧。

钱学森（1911 年 12 月 11 日—2009 年 10 月 31 日），享年九十八岁，浙江杭州人，吴越王钱镠第三十三世孙。1934 年毕业于上海交通大学机械与动力工程学院，同年考取清华大学第七届庚子赔款留美学生，美国麻省理工学院航空工程硕士，加州理工学院博士。他被称为中国导弹之父、中国航天之父。

钱伟长（1912 年 10 月 9 日—2010 年 7 月 30 日），享年九十八岁，江苏无锡人，毕业于清华大学，加拿大多伦多大学硕士，美国加州理工学院博士，中国科学院院士。他被称为中国近代力学之父。

钱三强（1913 年 10 月 16 日—1992 年 6 月 28 日），享年七十八岁，浙江湖州人，出生于绍兴。毕业于清华大学，法国巴黎大学研究生。他被称为中国原子弹之父，原子能科学之父，两弹一星元勋。

三钱的最简单的资历一起列出以后，我们发现在这字数不多的极简资历中，有很有趣的点滴。第一，三位出生的日期非常接近，分别是 1911、1912 和 1913，钱学森最长，钱三强最幼，年龄之差不足两岁。第二，三位都与清华大学有关系，钱伟长和钱三强都毕业于清华，钱学森考取清华大学留学名额。第三，三位都是中国某一科学领域的创始人，都有一个或两个某某学科之父的称号。最后我要指出的是：只查到钱学森是钱镠的第三十三世孙，其他两位没有记录。没有记录不等于不是，但也不能肯定是，我花功夫查证，目的是为了准确。

我又查了钱穆的资料，钱穆是无锡人，是钱伟长的四叔，介绍他的资历中说明他是钱镠之后人，但没有说明他是钱镠的第几代孙。因此我们可以肯定钱伟长是钱镠的后人，和钱学森本是一家人，他俩出生年份只差一年，但他俩的辈分却不一定是同辈，大一辈、大两辈都是可能的。我又查钱三强父亲钱玄同的资历，没有这方面的记录，因此不能肯定钱三强是不是钱镠的后人。

再看一下钱锺书的资历，1910 年 11 月 21 日—1998 年 12 月 19 日，享年八十八岁，江苏无锡人，文学家，中国社会科学院副院长，清华大学教授。钱锺书的父亲钱基博，也是知名文学家，父子的资历中都没有提到他们是钱镠的后人。姓钱的名人确实真多，大约有三位数，是否都是钱镠的后人不能肯定，但可能性极大。

钱学森有个堂兄弟名钱学榘，曾是美国波音飞机制造公司的总工程师，他的儿子钱永健是 2008 年诺贝尔化学奖得主，他的另一个儿子钱永佑是杰出的神经生物学家。这一家真厉害，他们确是钱镠之后。另一支钱镠之后钱思亮一家，钱思亮任台大校长后，又任台湾中央科学院院士、院长，他有三个儿子，次子钱煦也是台湾中央科学院院士，父子同为院士，传为佳话；他的第三个儿子钱复曾是国民党政府的外交部部长及监察院院长。这两家钱氏都是我们的近亲。

拙园老人

一

我这篇文字是想多讲述一点迁杭程氏这一支的发展。当然钱太夫人是程氏四房的奠基者，我们子孙后代要永远纪念她的。

经钱太夫人认真的督导教育，她的唯一的儿子、我的曾祖父良驭公在逃难回来后，立刻在家塾接受当年视为最正规的教育，准备参加科举考试。良驭公在逃难时摔倒，造成左手掌背折，当时逃命要紧，手掌骨折无法就医，后又左臂脱臼，又没有就医。两次伤了左手掌和左手臂，手掌、手指无法正常张合舒展，手臂不能提重物，成为终生轻度残疾。

曾祖父的晚年，早晨起床后就坐在他的书桌前，一直到晚上睡觉前，他一直坐着看书，没有其他活动，我没有见他写字。曾祖父中举以后，有一段时间任太湖厅同知，也就是知府。他为官廉正，名扬远近，于是钦定他掌管漕运。漕运是官场第一肥缺，要在这个任上做到廉洁，出淤泥而不染，才真叫清廉。曾祖父辞世时，我九岁，在一名八九岁儿童的眼里，他就是圣人。他留给我的回忆，就是一位圣人的完整形象。

他不饮酒，不吸烟，不吃零食；他不打牌，不听戏，不作任何娱乐。一天三餐都在书桌前进食。早晨是一碗粥，一小块曾祖母亲手制作的腐乳。中午和晚上是一小碗饭，两样永远不变的菜：一样是笋干蒸火腿，小碗的一半是切成一段段的笋干，笋干上面是切成条状的火腿，蒸透了，火腿的油到了碗底，笋干浸在油里，曾祖父每餐也就吃两三块火腿，他的牙齿当时剩下无几，我想他根本嚼不动，就吞下去了。另一样是煮得很烂的青菜。两样菜他都只吃一点点，一小碗笋干蒸火腿吃许多天。这是他的饮食，或许与年龄有关，或许可以说明他的节俭。

我说他是一位圣人。第一，他无欲。曾祖父科举出身，是个文人，传统的中国文人喜欢字画、古籍、文房四宝、古瓷、青铜器等等，从喜欢到收藏，从少量到大宗，可称为爱好，可称为收藏，实质是一种占有欲。我的曾祖父对所有这些可供玩赏、可作珍藏的文物完全不感兴趣，他的晚年与一张普通的书桌、几本翻了无数遍的线装书为伴，他的身边一件文物也没有，他也没有留下任何一件珍贵的物品。从这一点我可以想象他当官的清廉，这在中国的官场是极为罕见的，无怪他的廉洁朝野尽知。他无欲，自然无贪。

第二，他无私。在家里，他的同辈都不在了，他成了大家长，他对侄辈像对自己的子女一样。程氏这一支一直保持着三房、四房和五房在一起，共同享用着义井巷的大宅门，共同分享着鞋店的收益，和睦相处，完全是一家人，几十年如一日，这完全是大家长的无私才成为事实的。在杭州城里，他声誉甚隆。他退休后，杭州市的乡绅就推举他总管杭州市的慈善事业，他任杭州同善堂总董一直到生命的最后，对这份义务工作他一直非常认真，他不能出门，但所有事务，他必躬亲过问作出决定，这是我在他身边那几年亲眼看到的。而除了同善堂的事务，他从不邀请任何朋友来家中叙旧。他没有私事也没有私情。

第三，他无憾。曾祖父的一生，虽当过不小的官，但他生活俭朴，反对奢华，非常普通平淡的一生。有他的追求吗？这个问题的回答是肯定的。他有追求、他的愿望是把他的后辈培养成材。我的祖父学鎏公在现代人高中毕业的年龄中了举，他出使日本、新加坡和法国，当了十几年外交官，不用曾祖父操心。我的祖母生了七子一女，使程氏四房人丁兴旺，曾祖父沉浸于欢乐之中，他的全部盼望、全部精力都放在这八个孙儿女身上。他把孙辈教育的每一阶段都安排在最佳状态。第一阶段相当于小学，在家设馆，延师施教，他自己督导。第二阶段，送上海澄衷中学住校学习。第三阶段，进名牌大学。长孙进复旦，次孙及三孙进交大。最后阶段，送美国留学，长孙去纽约大学，次孙及三孙去康乃尔大学。我在曾祖父身边的日子，第一批留学美国的三个孙子已经学成归国，其余的孙辈也都学业有成。曾祖父的愿望实现，他此生无憾。

曾祖父不仅要求后代接受完整的最好的教育，他还十分重视品德教育。我的家族有几条不成文的规矩，家族成员必须遵守，不可逾越的：一不许纳妾，二不许养丫环，三不许在家中唱戏。这个规矩或许是钱太夫人定下的，或许更早就有，但我的曾祖父无疑是以身作则的。他是一家之长，谁敢以身试规？好风气一直沿袭至今。

我的曾祖母是我最亲的人。我出生时曾祖母高龄七十一岁。我一岁丧母，曾祖母就接受我，让我生活在她的身边，直至她九十一岁辞世。

曾祖母是一位心胸宽大的人，她从来不生气，对待任何人都非常友善。我不知道她娘家的情况，她的三个内侄都是银行界的高层，因此推断娘家一定也是诗书人家。我的曾祖母得过诰命一品夫人的称号，文书实物我未曾见过。我想她能得此殊荣，也是曾祖父的政绩造就。

二

我和三个嫡堂妹怀玉、怀礼和怀诗见过曾祖父，但我们都年幼，良驭公的一生我们知之甚微。曾祖父逝世之日，我年九岁，还没有正确观察和判断事物的能力，凭我的记忆述说曾祖父的一生，难免有失真之误。因此我一直寻求一本名《行述》的册子，《行述》述说良驭公的一生，是否与《拙园老人壬申自述》同一内容，甚至《行述》者就是《壬申自述》，我曾经无法确定，但我深信自己的记忆力，我记得“行述”二字应无误。

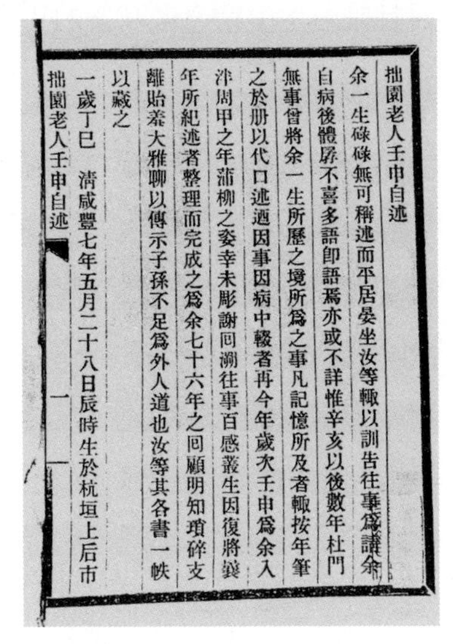
拙園老人壬申自述

余一生碌碌無可稱述而平居晏坐汝等輒以訓告往事爲請余自病後體孱不喜多語即語焉亦或不詳惟辛亥以後數年杜門無事曾將余一生所歷之境所爲之事凡記憶所及者輒按年筆之於册以代口述迺因事因病中輟者再今年歲次壬申爲余入泮周甲之年蒲柳之姿幸未彫謝回溯往事百感叢生因復將袠年所紀述者整理而完成之爲余七十六年之回顧明知瑣碎支離貽羞大雅聊以傳示子孫不足爲外人道也汝等其各書一帙以藏之

一歲丁巳　清咸豐七年五月二十八日辰時生於杭垣上后市

拙園老人壬申自述　一

我的曾祖父良驭公在他 75 岁时作《壬申自述》。

未得《行述》，却得《壬申自述》，已足可详细了解良驭公的一生。下面文字就是根据《壬申自述》，介绍良驭公一生奋斗的经历。

每个人都年轻过。每个人都奋斗过，每个人都生龙活虎过。我生活在曾祖父膝下的时候，良驭公垂垂老矣，垂暮之年的良驭公在七十六岁（实为七十五岁）高龄时以拙园老人之名撰写自传。我细读《自述》，不禁惊叹，良驭公的一生，十分勇敢，十分真诚，十分精彩，绝不是我看到的默坐书桌前的曾祖父。

三

曾祖父良驭公的一生用于读书、乡试、会试的岁月非常多，而且是一生中精力最旺盛的年华。太平军战乱结束，良驭公十岁开始读书，第一年读《大学》《中庸》，第二年读《孟子》。读书一直勤奋，深受教师喜爱。十四岁开始写整篇文章，十六岁第一次参加乡试下第。以后多年，在其十八岁、十九岁、二十二岁时，屡试不第。一直到良驭公二十八岁九月秋闱，以第九十一名举人报捷，从年龄来说是比较晚的了。

次年二月，良驭公与内弟博泉同行，北上参加会试不第，此为第一次。三十二岁时再与堂弟紫佩北上会试，以后多年均每年北上参加会试，但均无果。良驭公赴京参加会试无数次，但始终未能及第，离进士之学位并不远了，可惜年复一年，终功亏一篑，程氏这一支终未出进士。良驭公则在京高层大宅中设馆，教育后辈，此时良驭公已年近四旬。

四十岁是良驭公一生的分水岭，从这一年开始，他出任外官，这一年 7 月他以同知衔赴江苏省工作。10 月到省，12 月被委发审局。关于曾祖父的履历，以前只知他任太湖厅同知，读其《自述》后，知其在太湖时间很短，同知之职非从太湖开始。十九世纪清朝政府之体制和职称及其内容现在很难弄明白，给我述说增加困难。

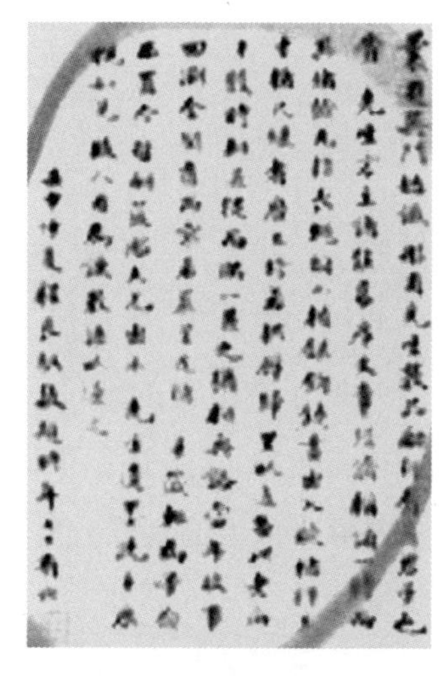
良驭公的手书极为珍贵，此为我见到的唯一的一幅。

发审局是管理什么的？同知是不是一局之长？疑问有一大堆。江苏省的太守为官很精，在整个省府成为风气，总有点欠公之处。良驭公不愿随流，因此未合太守之意，年余未加薪俸。第三年七月被派太湖厅任同知。十月份被派往海运局天津局，此职应不在江苏省之范围内。按《自述》记载，良驭公在太湖厅任职仅三四个月。

四

1900 年是庚子之年。2 月良驭公偕同事北上，3 月被派招商局任职。招商局是个新鲜词儿，可以想象再早一点是没有这个部门的。士、农、工、商，中国人最看不起的是商，既然最看不起，还招它干什么。好不容易快三十岁了才中了举，当了官却去招商，不知良驭公当年是否感到不适。时代不同了，如今社会上的人十之八九在经商，不经商的也在点数着钞票，没有钞票的生活多么枯燥乏味，读大学作甚。

当年的招商局，应不是一个省政府的业务部门，更不属于市政府了，好像是一个中央的直属机构。良驭公是北上任职的，说明此机构在北方，《自述》中称局址在紫竹林，紫竹林是天津市内一处非常出名的地段，至今仍是。他便在紫竹林办公，亦居住于紫竹林。《自述》中提到首先接触的是验米的任务，这是否就是原来叙说的良驭公负责漕运，负责向清廷大内运送江南良种大米。

五

不要忘了这是庚子年，多事之秋。早一年的秋冬之交，义和团在山东省开始行动，后蔓延于河北省保定各县，清廷派重臣查办，惜负责者蒙蔽真相，不上报实情，以至义和团迅速发展至天津。天津为北方重镇，华洋杂处之地，一旦发生动乱则极为严重。此时良驭公正在天津负责招商局工作，四月他告假离局赴都顺道视察，所至之处大致与天津市相同，民间磨刀霍霍，皆有准备。至端午节谣言蜂起，市面不宁。五月初十后外兵络绎登岸，彻夜巡逻，街上行人断绝。至十九日天津之洋桥被断，米船不能通过，良驭公急速赶往总局报告，与负责粮道者罗少耕君商议，无可奈何。当晚回局甚险，几不能归。入夜人声喧杂，登楼一望，火光烛天，枪声不绝。此为庚子之乱，八国联军侵我中华之前夕，良驭公对此段经历记之甚详，其文字约为《自述》全文之四分之一。此夜招商局同事皆坐以待旦，次日凌晨上下人等逃避一空。良驭公嘱下属雇船，终以高价雇得一无篷小舟，良驭公携二衣箱下船。水路交通工具有了，出行随身行李有了，但向何处去的方向却没有。既不能行，当晚拟仍回局留宿。正准备上岸，洋兵忽至举枪欲击，忙摇手止之，急驶船离去。此时炮声隆隆，大沽已开仗。待天明上流之船纷纷下行，良驭公之船仍上行，来船惊问欲何往，并告知炮台已失、海口已断，不可前行了。

遇此绝境，良驭公十分惊惶。想幼时避杭城战乱，有钱太夫人庇护，虽惊而不恐慌。如今避拳民之难，面对洋兵之险，又失庇护，陷于十分恐慌之境。

一叶小舟何去何从？前方不可行，后方皆沦陷，如何是好呢？小舟缓慢上行中，傍晚来到一处名盐水沽的地方，也算是水路要镇，欲上岸觅食。探知镇上没有官署，只有一处药局，主事者王信臣，上海人。询问可否留宿一宵，被拒。王氏介绍河对面一户人家亦姓王名占东，家道殷实，人极爽直，或可作东道主。于是前往询问，果然被接纳，良驭公一行于是留宿王氏更房，比露夜小舟已有霄壤之别。

王氏占东君有侄继林不时进室，甚注意良驭公之衣箱。防其误以为箱内有值钱物品，良驭公对其明言：一箱是衣服请代为质典；另一箱是被褥请代为保存。继林果然照办，衣服送当铺得七十元，彼暂借三十元，缴四十元予良驭公，此事乃结。

次日有运米驳船户来，称愿协助避难。良驭公观其动机不良，因而行动迟疑，忽闻岸上有追喊之声，良驭公细听之为占东追来。又见岸边有大船一艘，上有精壮汉子十数人，称是为爷们搬行李而来。良驭公一行并无行李，何用人搬，可见居心不良，来者不善。占东君告知此辈平日尚多不法，如今乱时何冒此大险。占东君复邀良驭公一行回其住宅，并安排住于宅中，膳食招待。

不久盐水沽药局的委员徐君寿伯来晤，彼此一见如故。徐君云此间水路无支流可通大道，彼有好友在王家口，如抵王家口，可走运河回南方。良驭公之下属均不以为然，良驭公便决定与徐君同行。

王家口人烟稠密，市容栉比，各路客商大多为避难于此。有太湖厅洞庭东西山者十数人知良驭公到，结群来慰问。患难之中诚为珍贵。此时同事中旅费大都罄尽，良驭公念及好友沈叔瞻时任天津海防同知，便函问消息。次日沈氏派差来迎，乘船赴津。

此时天津已是战争状态，一片混乱。良驭公既回天津，便回厅小住三日，危险日增，不宜久留，于是告别沈君叔瞻，率仆出城，消息日恶，不如速行。二十日车行至青县，晤县主沈君时知天津已失，诫其速行。良驭公主仆出城之日，即洋兵进城之时，相隔不过数小时耳。危险之极。当时大船已不可得，雇得一小船，天热人多，非常困累，每晚停船，拳民必来。到山东德州境内，市面如常，未蒙拳民之祸。探知济南首府尚可通电，便发一电向双亲报平安，但此电并未到家。

进入山东，改行陆路，便雇车南行，甚多山路崎岖，遇险坡峻岭往往艰苦步行。沿途客店，均为勤王士兵屯扎，只好向商店求宿。一日抵泰安，知有电报局，即发电回家。三十日回到杭州，次晨回家叩见双亲，悲欢交集，如庆重生。

此次北行，逢天津处于战乱中，良驭公所发家书及报平安电报均未到家。双亲愁虑万分，子侄辈无法劝慰，实在难以安慰时，乃与良驭公之公子学鎏商议，以假电报安亲心，并释良驭公夫人徐氏之疑。待泰安发出的电报收到，将假电报事说明，全家愕然。

拳民之乱及八国联军之祸，发生于京津地区，南方各省皆平安无事。良驭公适被派往天津，负责招商局业务，因而处于非常危险之境地。此或为良驭公命中注定，有此一劫，幸遇许多善者帮助，化险为夷。此段故事，良驭公三十多年后记忆犹新，追述甚详，我尽力将此段故事叙说清楚。

良驭公的这段故事极大地颠覆了我心中的曾祖父的形象。我此生最早的一段时间是在良驭公身边度过的，那一段时间的良驭公已经过了七十岁，他的最后一年是八十岁。我是刚刚出生不久就在他身边，四五岁大的时候才有记忆，良驭公辞世的时候我九岁。从四五岁到九岁的一段童年，接触面很窄，见得最多的是曾祖父和曾祖母。曾祖母全部时间和精力都是在照顾着我，从吃、穿到待人接物。曾祖父在那一段不算短的时间里，完全不理会我，既不想逗逗我，给我一点乐趣；也不想诱诱我，给自己点乐趣。经过这么几年，他在我心里的崇高形象就牢固地建立了：良驭公是一位圣人，不是常人。我在前面已经叙说。这一段发生在庚子之年故事中的良驭公是一个常人，那时候他人到中年，很独立，很果断，很勇敢，一个人闯天下，没有半点胆怯；他很冷静，很善思，很稳重，避免了误中恶人之计；他很善交友，很多好友，很重友谊，因而受益良多。

六

庚子之年，良驭公四十三岁，人到中年了。中年，令人生畏的名词，人到中年，周边的一切都在变，家庭的成员在变，自己的身份在变。良驭公平安回来以后，第二年就添了一个孙子，身为祖父了。这个变化实在很大，家里多了一代，自己长了一辈，在一片道贺声中，冷静想想：这是青春的流逝，永远回不去了。良驭公水陆兼程，从天津的战乱中回来以后，在他的自述中再没有用较多篇幅叙说社会上的职务上的情节，却多家庭的变化。当他七十五岁高龄回忆往事时，是不是感叹“中年”真是人生的分水岭。中年之前是上坡路，中年之后就下坡了。

仔细看看良驭公在《自述》里的记录（年龄均为虚龄）：

四十五岁辛丑　二月长孙本同生

四十六岁壬寅　三月次孙本臧生

四十七岁癸卯　十二月三孙本厚生

四十九岁乙巳　四月四孙本正生

五十一岁丁未　三月孙女本瑞生

五十二岁戊申　五月六孙本蕃生

五十四岁庚戌　七月七孙本怡生

五十六岁壬子　十一月八孙本元生

良驭公是独子，太平军战乱后添了一个比他小许多的妹妹。学鎏公也是独子，有一个姐姐。良、学两代人丁都不兴旺。接下来的本字辈，使良驭公大跌眼镜，从长孙开始，差不多一年一个，孙辈排着队来了，而且男丁占绝对多数，人丁兴旺，这给良驭公最大的满足和快乐。他记录孙辈一个接一个出生时，心里有多么滋润。

七

人到中年之后，良驭公在事业方面发展如何呢？我们也看看他的《自述》中记录了些什么。

四十五岁辛丑　奉命办绅富捐。

四十六岁壬寅　严绅芝楣家所雇乳媪携巨赃而逃，余派差破案，不数日人赃并获。

四十七岁癸卯　后山有叶某者，山中大族也，忽亲来报案，谓家中失去首饰两匣，尽系贵品，计数不止巨万。……细看墙上墙外亦无足迹可寻，决其为内贼无疑。……即夜提乳媪到案，亦不肯供，余向不肯用刑逼供，唯在深夜研审时天已将明，该媪神志似昏，频开五指相示，余诘问此是何意？该媪始言：此事要问五少爷。……天大明后即签提五少爷来问，……谓如不实供必先用刑，该童始惧，供此事系出母意，物件均在某处井中，并未出门。至是始案情大白。……盖失主在沪娶妾甚宠，函嘱嫡室于某匣内首饰择数件寄申，嫡室无法可推，作此假案。……此案虽传提十余人，然旋传旋释，并未妄刑。一人问心，差可无愧。

四十八岁甲辰　五月某日果有盗众数十人抢劫离署不远之典当，余亟商协戎许鼎臣谓：盗众赃重尚去不远，我封船，君派兵，分四路追捕当可缉获。果于湖州大钱口见盗船正欲上岸，遂开枪轰击，时值乡民上市大钱汛，兵亦协同兜拿，彼此互击，盗众毙七八人，乡民亦死数人，当场擒获十三人。……厅属有劣绅周庚午者，除余不受请托之恨，借此蒙禀，并串通督幕，竟尔撤任苏省州县，忽由江督撤任，此向来所罕见，余既被撤，将是案照例惩办后交卸。……是年海运保案转余蒙保以知府在任候补。

四十九岁乙巳　自上年交卸后回籍省亲。……然既服爰赴苏一觇情形，乃到苏。

五十一岁丁未　十月余始起复到省以知府在省候补。

五十二岁戊申　六月奉瑞藩委赴崇明查办塘工差，……余因未谙工程，约沈君平阶同往查。……次日诣勘，某绅约同塘董先至，正值涨潮，水已平岸，工程虚实无从细察，余即匆匆一视而罢。次日侵晨余与平阶再往至则虚无一人，且值潮退痕迹毕露，将报册详细核对，见不符处甚多，逐段细查心中了然。大约不过对折工程，此实用人不当之故。勘毕塘董始至，余已行矣。某绅知余之不可欺也，遣人厚送赆仪，不受，宴请亦不往，回省未及销差，某绅已禀两院，谓藩司所委者实不可靠，请再另派以昭郑重。……余因此极蒙瑞藩器重，十一月得委总办沪锡局海运差职。

五十三岁己酉　在锡局。清制每届海运江浙两省运米百万至京仓，苏六浙四，为八旗兵丁计口授食之需，百万中有白粮数万石，专给王公大臣及三品京官之用，每届均有保案，不过分寻常与优异。……六月回省销差，七月奉委善后局提调差，到差三月毫无建树。……十一月仍委总办沪锡局海运差，十二月开局。

五十四岁庚戌　在锡局是届公事极称顺手，适上年各县报荒大吏奏请截留漕米二十万石以资平粜，故本届办竣稍迟，销差已在初秋矣。是届得蒙保加二品衔。……十一月仍委是差，……同寅觊觎者极多，是届竟有枢密要人为其子弟电谋此差者乃粮道以余办事认真，坚执不允更换故得蝉联。

下一年是辛亥年，公元1911年，八月武昌起义形势变化极快，良驭公是前清的官员，他的仕途自然到了终点。这一年他的实际年龄是五十四岁。良驭公五旬有四，官场谢幕，非常重要留下纪录的是，最后他的官阶是二品衔，二品在官场是很高的官阶了。他有二品衔，未当二品官，授他二品衔的清朝被推翻，他的仕途到此划上句号。

八

从1900年到1911年，从庚子年到辛亥年，从八国联军到辛亥革命，良驭公从四十四岁到五十四岁，这一年龄段是良驭公的中年，他的仕途也就是他的中年时段的十年左右的时间，随着辛亥革命的成功，满清被推翻，他的官职也就结束。

他当清政府的官，具体说是江苏省的官，职务经常更换改变，但没有超出江苏省管辖的范围，满清政府的编制、职称、具体分工，我难以说清楚，现在我们知道良驭公最后的官职是知府（俗称太守，四品官），他亦曾当过太湖厅的同知（知府的副职），其职务主要管治安，十分琐碎具体，亲自察访、审讯、定案，现在的公安局长、警察局长也不一定自己一手包办，当年的知府大人可是亲自办案。良驭公做得公正的是不轻易用刑，不逼供成招，更不受贿，所以他是个清官，口碑极好。我们在戏剧中看到，知府或知县大人升堂了，当差的拿着棍棒站立两旁。大人身旁的木牌，写着“肃静”“回避”的大字，大人在正中间坐定，惊堂木一拍，两排当差的一声长啸，看戏的观众都立刻紧张起来，跪在地上的案犯（冤枉的和不冤枉的）怎么不惊慌得索索发抖。我的仁慈的曾祖父曾经当过坐在正中间的大人，拍过惊堂木，我真不能想象。

九

那个年份发生的许多事情，良驭公当年也不能想象。去天津处理招商局的事务，怎么就撞上拳民之乱呢？怎么事情闹大到八国联军从天津打到北京呢？

在自己家里，一些突发的事情也超出了良驭公的想象。再读一下良驭公的记录：

四十九岁乙巳　吾父犹健如常。时家居亦已数月，然既服官于苏，爰赴苏一觇情形，乃到苏。未久接家书知父病遄归，不料吾父目尚能视口不能言，竟于是月十七日弃余等而长逝矣。呜呼哀哉！

五十岁丙午　在家守制。

五十一岁丁未　是年春紫佩弟得路局勘工差，五月勘地到应平因公受暑抱病回家，百计医治竟不见效，延至旬余遂尔病殁，哀痛殊甚。

五十四岁庚戌　十二月到锡开局，甫七日接家函知母病尚不甚剧，延医调治渐见痊愈，十六日早晨某医方劝余不妨赴差，讵料即于是晚转剧，延至夜半竟弃不孝而长逝矣，呜呼痛哉！吾母于大难中负余出走，艰苦万状始获重生，每一追思哀痛何极。

五十五岁辛亥　在家守制。

良驭公步入中年，便要面对许多不幸的事情，痛失双亲，又失去一个关系极亲密的堂弟。最使良驭公痛心的是钱太夫人的突然长逝，钱太夫人不仅是一位母亲，而是一位给他两次生命的伟大母亲。

晋卿公寿七十有五，他在世之日见四名曾孙绕膝。钱太夫人寿八十有一，她看到六名曾孙及一名曾孙女，她心里的喜欢可以想象和理解。程氏我们这一支近代四世同堂从晋卿公偕钱太夫人始，至今一直保持四世同堂。钱太夫人上一代是张太夫人，在避战乱中辞世，当时只有孙辈，没有曾孙。张太夫人以上有没有过四世同堂，无从查核。我这儿说的是“近代”。

十

辛亥革命成功，帝制被推翻，改朝换代，各地都要乱一阵子。八月良驭公带领全家暂避上海，九月杭城爵禄鞋店被焚，损失极重。次年二月回杭重建店屋。三年后大局稳定，各省安谧，入夏后陆续率眷回杭，顿舒喘息。不料又有新的情况发生。

杭市当局因规划新市场，欲贯通东西开辟西荐桥路以期与兴武路相衔接，由晋卿公建置的三元坊旧居首当其冲，全屋均需拆除，不得已只好搬家。暂时赁屋居住，位于大塔儿巷。正值严冬，新赁之屋较小不敷使用。居住三元坊已逾三十年，颇为平安，但当局要开发建设马路，要征收民房则必须服从。

大塔儿巷之屋屋少人多，颇为拥挤，良驭公一直在寻觅合适之房屋，四年以后才觅得义井巷一处大宅，屋虽大但年久失修，必须作大面积的修理。

我写《穿越三个世界》一书时，查过杭州城市发展的资料，据《浙江省城图》考，清两江总督汪日章故居“春草堂”便是良驭公购置的义井巷二号大宅。此宅建于清代康熙年间，良驭公购置时已是二百多年旧屋，自然损坏严重，需要大修的。

这座两江总督的官邸应是杭州市内老宅中较少的特殊大宅，称它大宅门是名副其实的，全宅有房百间，一般的民宅不可能有如此之大。良驭公购置后进行大修，工程颇大，但良驭公只求坚固，不求奢华。我童年时看到的大宅门内的房屋，朴素无华，真民宅也。我当时亦不懂此宅之大，实大于一般房屋之数倍。良驭公置屋后着手大修，至次年竣工，全家迁入。

良驭公置此大宅门，可称是程氏这一支的一个新阶段的开始。此宅是程氏三、四、五房共同的家。让我再简明地叙述一下大宅的平面设计。

大宅三面是巷：东面是义井巷，南面是柴木巷，西面是林木梳巷，只有北面贴着别的人家。大宅的大门开在义井巷。后门开在林木梳巷。大宅纵深为三进，分别叫大厅、二厅和三厅，全部五开间，有前后房，一层就是十间房。大厅只有一层，加厅前天井两侧的厢房，共十二间房。二厅是两层，加厢房是二十二间房。三厅格局和二厅一模一样，也是二十二间房。纵向三进，前后共有四个天井。五十六间房。

大宅横向分为三部分：中间为正厅，三进共五十六室。正厅以南是花厅，单间但比较宽大，与大厅在同一横线上的前是花厅、后是书房，前后的空间是花园，花厅前种了一株桂花树、一株紫薇，还有些其他花木。书房后种了红梅、绿梅和蜡梅各一，墙上爬满了月季和蔷薇。然后是两间藏书室，再后面是两个厨房，一服务二厅，一服务三厅。这一部分前后有八间大屋。

贴近义井巷的一部分是三开间，也分三进，第一进是轿厅，天井两侧是大门门厅和门房。第二进和第三进都是两层楼三开间前后房，每一进连厢房为十四间，加屋后的厨房，这东侧的一部分共有屋三十六间。三部分加在一起，大宅门内共有房间一百整。

大厅是三房共享的，大厅后室为良驭公使用，二厅为学鎏公使用，当时他有七子一女，有多位奶妈及照顾孩子的保姆。三厅只有一名未婚的学字辈少年，东侧部分为五房使用。中间部分和东侧部分之间有一条长长的小巷，小巷有顶有照明，全天候使用非常方便。这样的布局把一座大宅子分成几块，各房各居一隅，可以单独活动，合起来是一个完整的大家庭。我的童年在如此环境中跑来跑去，以为每家每户都是这样的。

每年腊月，除夕之前的一晚，我们要祈年，这一晚大厅是一年一度的大舞台。祈年从夜幕降临开始，一直进行到午夜，足足四五个小时。由祖父领头，排队跪拜神明，祈求来年平安。在跪拜的队列中我是最后一名。祈年的礼数非常讲究，跪下、磕头、再磕头，三磕头、站起、转身，都极尽端正、优雅、全神贯注，十分漂亮。我跟在祖父、叔叔们的后面，有样学样。我感到很自信，动作尽量标准，也感到很自豪，因为我是男性，我的几个妹妹是不可以露面的。看过《祥林嫂》电影的人知道，女性不可以出现在祈年的现场，这是民间实行了上千年的不合理规矩。在我家尽管许多准备工作都是祖母亲自动手的，但在祈年进行中时她不露面。

义井巷二号大宅门在上世纪末拆除了，很可惜，这是我个人的想法，世界上许多事物是一去不返的。义井巷二号大宅门尚存在我的心里，我为我的子侄辈、孙侄辈描绘出大宅门的影子，可以看明白吗？

十一

1911 年 8 月武汉事起，8 月下旬后各地风声日紧，杭州城里的士庶议论纷纷，怕有动乱，大多选择去上海租界暂避。良驭公也在月末率全家暂避上海，一直到次年 10 月才迁回杭州。

到 1913 年 6 月各省独立，浙江亦风声鹤唳，良驭公再率全家避居上海。这第二次避居上海，又是一年，到 1914 年的夏天才率眷回杭。

1916 年 2 月，各省独立之局骤然再起，更有不可终日之势，良驭公出于无奈，不得已仍率眷赴上海暂避，此为五年中之第三次。良驭公为之浩叹，称生不逢辰也。在客居上海期间，长孙及次孙、三孙均在澄衷中学肄业，星期日回寓，则由祖父大人补习国文。第三次客居上海时间较长，一直居住到 1919 年，义井巷大宅修理完工。良驭公挈眷回杭，直接迁入义井巷大宅，三、五两房早一年已迁回杭州大塔儿巷，1919 年亦迁入义井巷大宅。

十二

辛亥革命之后，良驭公不愿再出任公职，亦无意再问世事，多年为家庭的平安、居住的舒适忙忙碌碌。1919 年修屋竣工，社会趋于安宁，此时杭州乡党之中一致推荐良驭公出任杭州同善堂总董，不容推却，于是年八月一日视事。总董共四人，良驭公为主任总董。同善堂规模宏大，历史久远，情形亦极复杂，良驭公担心自己胜任不了。

同善堂经费大宗收入为县税，江干湖墅两统捐局附税，丝捐、木捐、米捐、绸捐及房租田租等项，田租每年仅七八千元，良驭公深知其弊，竭力整顿，逐年渐有盈收，又创设业捐如钱业、布业、首饰业、纱厂等，凡业稍大者，无不向之求助，奔走呼号，不遗余力，各业鉴于良驭公之诚，亦无不踊跃捐输，每年获增收四五千元，不无小补。同善堂经费不敷，良驭公虽向各界呼吁，各界亦竭力相助，但米价渐贵，开支日增，收支总不能相抵。或言塘工奖券每期可获盈利四万余元，如能为同善堂请开两次，则可弥补逐年之亏欠。时塘工已告期满。良驭公亟请于省市领导增开奖券两期，为同善堂续命，唯呈报省府转辗需时，至次年始获准，而此事皆仗良驭公之友沈叔詹省长之力。

良驭公从六十二岁开始，主政同善堂，一直到他离世，凡十数载。虽是公益性质的慈善事业，良驭公接手做这份工作，便非常投入，十分认真。抗日战争之前的十数年，杭州同善堂保持正常运作，造福杭州乡里，特别是底层贫苦大众，良驭公功不可没也。

十三

良驭公还为浙江省做了一件善事，便是修复全省忠义祠。忠义祠是为纪念在历次战祸中殉难的上百万男女而建的，历次战乱中殉难并有褒恤姓名登记于官籍者不下二十万人。分府分县位置井然，当时采访颇费苦心，但年久失修，殿宇颓圮。良驭公创议重修，从 1922 年开始工作，各界合力筹款，至翌年得款 2 万 6 千余元，新建大殿、二殿各五楹，后殿九楹，历时一年告成。此项工程乃良驭公毕生最刻意经营之事，立意无非告诫后世子孙知世乱不可作也！

忠义祠殿宇虽已修复，而牌位散失不可数计，良驭公查诸忠义录，一一修补之，费时半年始得成事。1925 年 11 月 28 日办理第一次祭祀，此后每年祭祀两次，以纪念遇难之平民。

十四

1926 年 9 月，浙江省长夏超响应国民军宣言独立，与孙传芳军战于嘉兴不利，孙军复入杭城。11 月国民军由江西、福建两路入浙，讹言四起，人心惶惶。良驭公又挈眷到上海暂避。

年龄不饶人，1920 年，良驭公六十三岁时得咯血症，身体日趋衰弱。五载以后再避难上海，其体力不支，同龄的徐太夫人亦时感不适。1927 年 4 月良驭公与徐太夫人由沪回杭。良驭公从幼儿时开始，因战争而迁移避难，不计其数，1926 年由杭迁沪客居近半年为良驭公能自己行动的最后一次。

但冥冥中良驭公还是没有躲过战乱，最后一次由杭迁沪暂避的十年之后，日军侵华。日空军轰炸杭州，当时的良驭公既不能行走，亦无能策划，由我的祖父学銮公作主安排，抬着良驭公与徐太夫人在杭州市郊躲避一圈。当年我们这一支逃难者确实让每一个亲友担心，两位年逾八旬的老人不能行走，两位当家作主的人也年逾花甲，还拖着四个孩子，分别为八岁、五岁、三岁和两岁。为避轰炸而逃出城去，先到湖墅，躲进一幢田野中的小别墅，房子是新的，屋主是曾祖母的内侄，搬进去当晚就发现有鬼，保姆们见了，我的祖母也见了，不能住，又迁到杨家牌楼的亲家，住了一阵子，鬼子进城了，农村不安全，赶快回城里，住进天主教堂。搬进教堂两三个小时以后，良驭公便离开人间，当年他八十整。

他的《自述》结束于五年前的 1932 年。《自述》最后几年记录的是：

六十九岁乙丑　次孙本臧三孙本厚毕业于美国康乃尔大学，得机械科工程硕士学位。……次孙本臧在沪授室，坤宅为青浦沈氏。

七十岁丙寅　长孙本同毕业于上海复旦大学，得商科学士学位。四孙本正毕业于天津南开大学，得矿科学士学位。

七十一岁丁卯　长孙本同毕业后初在复旦母校襄办校务，至此复赴美留学。……孙女本瑞于归舒氏，为余婿震伯之长子名明远号时来，即余之外孙也。……曾孙怀澄生于沪，次孙本臧所出。

七十三岁己巳　三月三孙本厚授室为无锡曹君学韩之女。

七十四岁庚午　长孙本同毕业于美国纽约大学，得商科硕士学位，即回国。……六孙本藩毕业于上海交通大学，得电机科学士学位。……曾孙怀沂生，三孙本厚所出也。

七十五岁辛未　长孙本同授室为同里周君德荪之女。

七十六岁壬申　正月曾孙女怀玉生，亦三孙本厚所出也。

十五

良驭公的《自述》记录了他的七十五年经历，全文约一万二千字。他记录的最后一件大事便是曾孙女怀玉生。良驭公曾经有过二十四名曾孙，怀玉是最大的曾孙女，也是唯一一名一辈子定居杭州的曾孙，她已过九十岁了。怀澄是最大的曾孙，二十四名嫡堂兄妹中的大哥，已远离故乡定居美国四十年，虽远离故土，但对义井巷程氏之情、对家乡杭州之爱无日无之，正仔细恭读曾祖之《自述》，重新编写程氏故事，祈能传至后世。良驭公天上有知应感欣慰。

他山之石

一

现在我要说说迁杭程氏的最后一位举人，我最亲的祖父仰坡公，他的学名是学銮。仰坡公并不珍重他的举人身份，但他非常珍重他是新安程氏的一员，他的“新安程氏”闲章是利用率最高的。

仰坡公出生于1880年，成婚于1899年，中举于1900年，在现代人的观念里算是早婚吧。婚后第二年初就有了第一个儿子——我的大伯；第三年初有了第二个儿子——我的父亲；第四年有了我的三叔。他中举那年是庚子年，对他没有影响。二十岁中举也是非常早的，他的一生很美满。可是躲得了初一，躲不了十五，当他遇到第二个庚子年时，他因营养不良而离开人间。竟然没有挺过去，其实一位老人需要的营养有限，外围的人省下一口，也可以满足了。谁也没有料到这位前清遗老、存世不多的举人，上海文史馆馆员，中国早期的外交官，健康已非常脆弱，竟一病不起。

仰坡公的岳家姓许，许府孙夫人是孙贻经之女、孙宝琦之姐。孙贻经是咸丰年间进士，后任刑部侍郎及户部侍郎，在西方国家便是内阁成员，部长级官员；孙宝琦任户部主事、直隶道员，后任驻法国大使。清亡，他先后任外交部长及国务总理。我的祖母闺名征祥，是知书达礼的大家闺秀，她是三姐妹中的大姐，自幼养成办事认真仔细的习惯，以最高标准要求自己和周边发生的一切，是我一生中见到的任何方面都达最高水平的唯一一人，我竟没有遇见第二人可以达到我的祖母的标准。

我的祖父是个很潇洒的人，他二十岁中举，文采飞扬。他的《乡试硃卷》最后附有他的三篇乡试文章：第一篇为《汉宣帝信赏必罚综核名实论》；第二篇为《西国学术导源希腊其流派若何学校废兴若何教育名家孰为最著宗旨孰优方今博采良法厘定学制试陈劝学之策》；第三篇为《生财有大道生之者众食之者寡为之者疾用之者舒见财恤足矣》。乡试规定分三场考试，各作文章一篇，由三位主考官阅卷。我们再读一下主考官的批文：第一篇批文：独来独往非复人云亦云令校五艺无懈可击是极有工夫之作；第二篇批文：精切不浮读书得间；第三篇批文：孔疏不如集注之确良然末段尤有精采次笔曲而达三识解独超。三篇文章题目特长，理解题目已不易，遑论全篇文字。第一篇论王者之道，第二篇论西方教育，第三篇论理财之策，一百四十年前作如此文章实属不易，而当时仰坡公年仅十九岁，因而被选派出使国外，绝非偶然。我原以为祖母的舅父孙宝琦任外交要职，祖父有此关系才仕途通畅，我以今世之情度先人之行诚肤浅也。祖父乡试之三篇文章我将细读，曾祖良驭公之乡试硃卷却没有刊印其所作三篇文章，不解何因。

仰坡公不喜欢写八股文，他喜欢填词作诗。我二十岁之前一直生活在祖父身边，是我的幸运，祖父从来不过问我书读得怎样。关于学校的事，每逢开学，我向他要钱交学费，他把钱给我，这一学期就过去了，再没有事情要他烦心了。我逍遥自在，过得很开心。当然我也很规矩，不会给祖父带来麻烦。要知道我叔伯们的少年时，时刻要提防着被打手心的。我的曾祖父的严格果然培养出一批人材，树立了优良的家风，但在他管教下的孙辈们日子是不好过的，在道德典范的面前，无时无刻有触犯道德的风险。

二

我的祖父于 1907 年秋随其座师广州之李柳溪侍郎东渡扶桑，任驻日本使馆二等秘书，是为其任外交官之始。后任中国驻日本横滨市领事，何时调任，何时离任，良驭公之《自述》中均无记述，不得而知了。

1912 年 4 月，仰坡公奉外交部召赴京，受命调充中国驻新加坡总领事馆，10 月抵新加坡，任代总领事。次年中国驻法国公使胡馨吾调仰坡公赴法任公使馆随员。即由新加坡直航法国赴任。1918 年升任中国驻法使馆参赞。1919 年仰坡公奉外交部电调回部通商司，兼任秘书处。次年补佥事，兼通商司第一科科长。

1925 年 3 月，仰坡公奉大总统令，任命为外交部特派浙江交涉司，4 月 15 日到杭州就职。1927 年初仰坡公由杭抵沪省视在沪暂避之双亲，此时国民军进杭城，沪杭交通中断，不能回杭履职，仰坡公便上书当局，辞去交涉司之职。至此完全离开外交部。从1907年始至1927年终，仰坡公在外交部系统履职二十年。在驻外使领馆任职十二年，其间在法国公使馆七年。上述仰坡公任职外交部之履历均引自良驭公之《自述》，十分简约，深憾者仰坡公未在其晚年作一回忆录，将其在国内国外所见所闻录成文字，将宝贵信息留给后人。

三

从1907年至1912年，仰坡公在日本任中国驻日本外交工作人员五载，那是一段非常重要的时期，可惜仰坡公自己没有写回忆录，追述在外交任上，会见了哪些人，遇到了哪些事。

二十世纪初，中国的青年知识界开始出国留学，学习西方世界的政治制度、经济结构和科学技术，最热门的国家是日本。日本离中国最近，日本的文化亦与中国文化最接近，学习日文也最容易，所以日本成为出国留学地点的首选。1900年义和团事件以后，中国大量选派公费留学生到外国留学，学成归来清政府给予留学生举人或进士待遇，授予高级官职。1904年两广总督岑氏在广州招考前往日本政治大学留学公费生五十名，当时考上的有汪兆铭和胡汉民、朱执信等人。仰坡公是两年多以后随座师李柳溪由广州东渡扶桑。世界有时候很小，不同的人在同一个空间和接近的时间内会不会碰撞呢？

碰撞的可能是完全存在的，而且很可能曾经碰撞了。有两件事情我一直没有写的，第一件是仰坡公是否曾经加入过同盟会；第二件是仰坡公是否曾经在日本早稻田大学上学。

1905 年，在东京一地就有中国留学生一万余名，中国的革命家们纷纷在中国留学生最多的日本建立革命党派，当时在日本有主张君主立宪的保皇派，主张推翻清政府的革命派。前者代表人物是康有为和梁启超，后者人数很多，年轻人都很激进，主张暴力。中国的革命家以会的形式成立组织，孙中山的广东派叫“兴中会”，黄兴的湖南派叫“华兴会”，1905 年 8 月各革命党派实现大联合，成立“中国同盟会”。仰坡公在日本期间参加“同盟会”，后退出，在其以后的职业生涯中，再无参加任何政党的记录。

仰坡公是否曾经在日本早稻田大学上学，良驭公的自述中没有记录，但上海市文史研究馆有官方描述如下：程学銮，别名仰坡，笔名他山，浙江杭县人。前清举人，日本早稻田大学肄业。1906 年起，曾先后任驻日本公使馆书记官，驻新加坡领事兼代总领事，巴黎和会全权代表处秘书，外交部佥事、科长，驻法使馆参赞和外交部特派浙江交涉司，杭州市政府参事及财政局局长，杭州市商会委员，曾参与杭州保俶塔集资修建。擅长诗词、国学，熟悉日文、法文，著作有《日本宪法纪要》及《他山词存四册》等。

2021 年 10 月，欣荣传给我两份宝贵资料，一份是 1928 年日本人编的《现代支那人名鉴》，为日文版，第七百三十六页，介绍程学銮（字仰坡），文中提到学銮公参加巴黎和会。

另一份是 1927 年日本人用中文编的《现代中华民国满洲帝

国人名鉴》第四百零二页，介绍程学銮（仰坡）。

分别在1927年和1928年编印的这两部人名录中，都提到学銮公曾在日本早稻田大学卒业，因而我的祖父曾负笈扶桑是肯定的。而且提到学銮公参加巴黎和会，他当时任中国驻法公使馆的书记官。

日本编的两本人名鉴都记录学銮公曾在日本早稻田大学卒业，卒业即毕业也，而非肄业，与上海文史研究馆的记录有别，应以日本的记录为准，原因有二：早稻田大学在日本，日本编者取得真实信息更容易。同时，日本的人名鉴出于1927年和1928年，九十多年前，正是学銮公离日本后不久，从时间的接近来说也应该是更真实的。因而现在可以肯定我的祖父曾在早稻田大学进修，所以他能编著《日本宪法纪要》。

我的祖父于1916年10月（民国五年十月）荣获当时大总统黎元洪颁三等宝光嘉禾章。但这奖章不仅我从未见过，亦从未听到祖父说起过，我的祖父对于政治、功名等等毫不重视，一枚奖章在他心里的地位远不如一只鼻烟壶。下面我来细说他收藏的端砚和鼻烟壶吧。

四

我的祖父是很典型的中国文人，我看到的是他的晚年。他的朋友多，他认识杭州和上海的知名书画家、艺术鉴赏家、艺术品收藏家、艺术品经销商，川流不息，每星期甚至每天都有客上门，或者他自己出去，带一两件艺术品回来。然后朋友们一个个登门，来欣赏他新收藏的艺术品。每隔一段时间，他的收藏品又多了一些，我就要把他的陈列柜重新布置一下。每次移动之后，祖父总会对我说：“你又动了我的东西，我找东西找不到。”他虽然这么说，但从来没有不许我动。我知道他喜欢我，他的朋友来，他总要叫我去见一见，并且总对他的朋友们说：“这个孩子厚道。”我总是恭恭敬敬地叫声：太老伯，并一躬到地，如此许多年，上海知名的老一代书画家我见过很多，如吴湖帆、吴侍秋、唐云、丁辅之、王福厂、朱屺瞻等等。

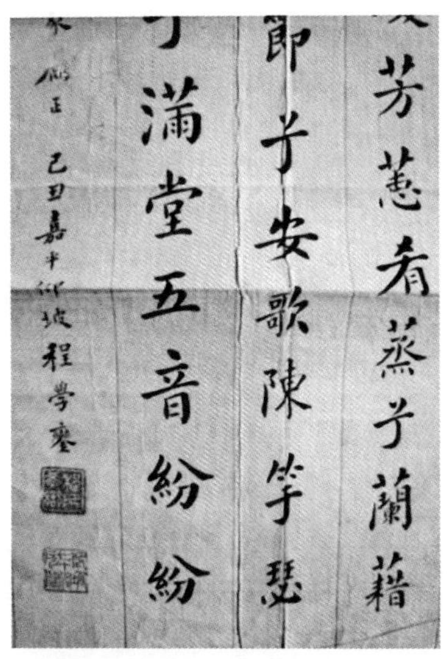

祖父学銮公以优美的楷书知名于书法界。

祖父的收藏品比较杂，什么都喜欢，什么都收藏一点。他收藏的有字画、古籍、古砚、古墨、铜鼎、古瓷、鼻烟、鼻烟壶、扇骨、图章，以及其他一些小件艺术品。他收藏了些什么艺术品，有些什么好东西，我心里是相当清楚的，我心里有笔账。但是失去的永远失去了，心里的一笔账丝毫意义也没有。

祖父的藏品大致可以分为十类，其中稍具规模而确有若干精品的首推古砚。祖父收藏古砚共七十方，他选了二十七方精拓装裱成册。这二十七方古砚曾是名人藏品，均有原收藏者的铭文雕镌于砚侧或砚背。如纪晓岚曾经使用的一方，其铭文为“非方非圆因其自然差胜于雕镌”，祖父将此方排在第四位，前三方第一方藏家是朱竹垞，第二方为冬心先生，第三方为刘慈。祖父以什么标准排列，我当然不知道，我这个俗人看电视才知道纪晓岚，或许在祖父心里他只能位列第四。后面的曾经藏家我不一一列出，大家也没有兴趣。

祖父的这本古砚拓片册名《他山藏砚图册》。祖父有号他山，他收藏的每一块古砚，均刻有“他山之石”的铭章。我想祖父在收藏古砚之后，才用“他山”为号的。“文革”抄家，这本藏砚图册也随所有古砚一起被抄，“文革”后上海市清理尚在仓库的抄家物品，凡能找到失主的便联络退还给物主，此图册退到堂弟怀潞处，怀潞转交给我保存，我视为无价珍品。在精选的二十七方古砚中，有一方碧绿的洮河之石，砚背有铭文，铭文者星舒，砚侧刻有另一名松雪。此砚为祖父赐我之珍品，他又请人在砚侧刻“怀澄珍藏”四字，我失此石万分心痛。

除古砚外，祖父的收藏次推鼻烟壶，他收藏之鼻烟壶达三位数，材质有水晶、瓷、料、玉等等，排列成行，玲珑剔透，十分美观，但未作收藏目录。祖父收藏字画很多，有两大樟木箱，但绝大多数是他熟悉的书画家互相送赠的字画作品，极少名家大作，有些较有年份的书画，但作者并不知名。祖父有些谁的字谁的画，我没有印象。只记得祖父有八大山人花卉册页一册，我幼年习画，便以此册为模板。我习画半途而废，此画册仍在祖父收藏中，后不知去向。

祖父的一生经历，他在日本、新加坡和法国的见闻，参加过哪些重要的外事活动，起草过哪些外交文件，他在外交部又做了些什么，祖父的一生交往，都没有任何片言只语的记录。祖父的一生是很丰富精彩的，但他自己不作回忆，没有记录，在我们后代的心中只留下空白。祖父一生经历是非常传奇的，程氏家族中无人能及。他中晚年的收藏亦无记录，适逢“文革”抄家，便烟消云散，荡然无存。祖父中晚年填词作诗甚多，尤多长短句，每作一首，必亲录于册，如此他共有词作四册。“文革”中亦被抄走，“文革”后退回三册，失去一册，怀潞弟亦将退回之三册交我保管。我现在保存着祖父的两件珍贵遗物：一为《他山藏砚图册》，一为《他山词存》三册，可称传家之宝。三册《他山词存》的每一首诗词均为祖父亲自书写，每一页都可视为祖父的楷书艺术品。最后的几首是大伯手书，想祖父年近八旬，握笔不能自如了。据怀济弟告我，祖父的《他山词存》印本上海图书馆也有，只能在馆内阅读，不能借出。我当请上海的弟妹去图书馆一阅。

我还要讲述一事，因未能证实，所以从未说过。我曾听祖父与其友人说起，萧伯纳曾到过杭州义井巷之寓中作客。我年少没有细细追问，但此语一直留在心中。萧伯纳曾访华，到过上海，由徐志摩、林徽因陪同。顺道游杭州在情理之中，祖父接待也在情理之中，祖父当时任杭州市财政局长，又是当过外交官在法国居住八年的。但我没法证实，作为传说吧。

五

我的祖母出自名门望族，她出生于 1879 年，兔年正月初三生，比祖父整整大一岁半。我的祖父不是帅哥，祖母是美女。祖父当上许府的乘龙快婿，是他的大幸。

我看到的祖母，一位年近六十端庄秀丽的夫人，清瘦得很，一身装束清爽美观大方。虽然瘦弱，但精神极佳，凡事皆亲力亲为，整天忙忙碌碌。她主理整个家庭事务，井井有条，无可挑剔。程氏四房由钱太夫人奠基，良驭公以身作则，严于治家，第三代许夫人是一位高标准高要求的主妇，诚程氏四房之幸。我的祖母甚少言语，从不命令人，从不指责人，更不大声训斥。她的命令、赞同、不满，全通过她的眼神知会对方，所以在她身边的人很累。我的祖父是祖母身边最近的人，但他不累，他不在乎，他有钱，他有那么多朋友，他想做什么就做什么，他有自己的一间书房，有电话，祖母不进书房的，祖父享有高度自由。祖母身边管家的人知道当家人的脾气，每天谨慎做事，也相安无事。心最累的是媳妇，七个儿子有七个媳妇，但只有一个媳妇在高标准婆婆的身边生活了七八年，这唯一生活在祖母身边的媳妇是三媳曹氏。曹家是无锡望族，三叔的同事介绍的，嫁到杭州来住在大宅门里。祖父祖母住在二厅楼下，三叔三婶住在楼上，一日三餐在楼下中间餐厅进餐。三婶最怕祖母的眼神。一次六叔回家，嫂嫂向小叔诉苦："冷粥冷饭好吃，冷言冷语难受。"我在祖母身边走来走去，祖母好像没有见到我这个人，她心里有一条线，我是曾祖母的人，她不管的。我每天早晨起床，洗漱既毕，便去二厅见祖父祖母，叫爹爹、奶奶。晚上睡觉前再去二厅，叫爹爹，明朝会；奶奶，明朝会。那样的生活，现在想想有多好，那就是程氏四房诗书传家的大本营。

祖母对程氏四房做的最大的贡献是她生了七子一女，我的曾祖父没有兄弟，仅有一妹；我的祖父也没有兄弟，仅有一姐，到父亲一辈有七兄弟，最高兴的是曾祖父，他当过知府大人，曾经主持漕运，俸禄应较丰，他自己节俭，全部用来培养孙辈，七个孙子上大学、四个出国留学，费用很可观，曾祖父全部承担。在教育问题上，祖母完全配合曾祖父。曾祖父很严，动不动就打手心，祖母绝无怨言，全心全意配合。叔伯们挨了打，回到妈妈身边也没有一句安抚的话，只怪自己不用心。难得和我说话的奶奶有一次对我说，四叔挨打的次数最多，手掌打得有两寸厚，最可怜。奶奶是从来不和我说话的，除了对我说四叔那一次，我想不起另外任何一次。奶奶对我说起四叔，或许她有她的用意，我却大大咧咧，当时没有多想，可是一辈子记住了。

六

我的祖母心里有条线，把我划归为曾祖母的人，她不管我。我很尊重她，我心里也喜欢她，我是她的长孙，我们有很近的血缘关系，为什么不抱抱我、把我看作最亲的孙子，那有多美好，可是奶奶的眼神把我拒于百尺之外。造成如此不正常状态的责任不在我，也不在我的父亲。我父亲出生的时候，适逢曾祖母流产，她就把媳妇的新生儿抱走了，而且始终留在自己身边，直到孙子离家去上海上学。如果要公正判断这宗家务事究竟是谁做错了，清官判断：婆婆处理不妥，不能夺媳妇之爱。可是这么一件抚养孩子的事情，为何处理得如此之僵，竟存在几十年，殃及下两代。

婆媳两代住在一幢住宅里，天天可以见面，如果新生婴儿放在媳妇房里，婆婆可以进来看，曾祖母随时可以去看新生的小孙子，何必一定要放在自己的床边。如果新生婴儿放在奶奶房里边，妈妈辛苦一点，也随时可以去看小毛头，小毛头永远是妈妈的亲生儿子。可是整个家庭就缺少这点智慧，让不和谐气氛发展，曾祖母和祖母互不沟通。祖母心里有条红线，这条红线把两代人隔开。搬到上海后，住在洋楼里，红线便是楼梯了。祖母每天早晨越过红线到曾祖母面前叫声“娘娘”，曾祖母满脸堆笑地回答一声“大娘”，数十年如一日，直到祖母病倒不能下楼了。保持如此婆媳之礼，真是太不容易了，恐怕只有我的祖母才能做得到，每一天、每一次都显露着这一对婆媳的高贵。最不开心的应该是祖父，一方是母亲，一方是妻子，是真不能调和吗？是试过没有成功吗？几十年如此，日了久了，祖父好像没有什么不开心，这就是诗书人家。

我的祖母年龄愈大体形愈瘦，但她的一举一动不失典雅高贵，而一大家庭的事务，不分巨细她都亲自过问料理。1938 年全家匆匆逃到上海以后，杭州大宅门里只剩下一两个人看门，平安吗？于是祖母亲自回杭州去察看一下。那时候祖父祖母还不到六十岁，去一次杭州不是问题，不过祖父不敢回杭州，怕被日伪当局扣留。祖母回到杭州的家，便逐个房间检查，检查到我的卧室时，推门进去，赫然发现一名男子上吊在房间里。这一意外事件一定使我的祖母大受惊吓，我真不能想象她当时受惊的情况，当时有人陪着她还好一点。如果祖母不回去检查，这件可怕的意外不知什么时候才被发现。自尽者是外人，不知何时潜入宅内，未被看门人发现，可想而知宅内东西被窃者应不在少数。此事在我家族中知道的人极少。祖母回杭检查老宅一事，足可说明祖母对我们的家极为操心尽责。我童年的卧室在大厅和花厅之间，隔一条走廊便是我读书的家馆。祖母发现不祥之事后，立即雇人将房顶拆除，这间房就不存在了。四十年代后期到五十年代初期我多次回杭州，没有去老宅这个角落看过。

七

程氏四房出了祖孙三代读书人，娶了三位高贵的太夫人，第七代七男一女，七男分别上四所国内最知名大学，三所美国最知名研究院，唯一的闺女没有上学校，在家馆读书，书画达到极高的水平。第八代怀字辈二十四人，另有表弟妹五人，形成一个大家族。

当年我的父叔辈的求学历程，因为曾祖父的远见，受的教育跟上时代的发展，上最好的大学，并出国留学，但在选择院系专业方面，未能摆脱流行的误区。第一，数理好就学工科，否则就学商科吧。第二，工科出来容易就业，待遇也较好。这两个误区在中国存在上百年，至今未消除，我的叔伯们都受误区影响。或许六叔在选择专业方向慧眼独具，他赴美深造选择密歇根大学航空研究院，获硕士学位。当时中国国内还没有航空公司，遑论飞机制造业。六叔回国便投身有关航空科学的教育

这张摄于1921年的照片前排左起为大哥、六弟和二哥，后排为三哥和四哥。

事业，他先后在西南联大、厦门大学、清华大学和北京航空航天大学执教，教授结构力学、空气动力学、理论力学、材料力学和航空发动机原理，他自编教材，成为中国航空教育界的老前辈。我想他自己是有成就感的，他的职业很适合他的性格。

对选择大学的系科，我的想法是：第一，经济是最难学的，做出成绩更难。要学经济就要有刻苦钻研的思想准备。不能偷懒的，不要因为容易学才去学。第二，所有工程学科都是很呆板的，也可说很枯燥的。学机械的成天设计齿轮，学土木的成天设计柱子，一辈子在做着同样的工作不枯燥吗?

我父辈的七兄弟中，智商最高的是三叔，他应该选择数学系、物理系，他的贡献会大许多许多，他学了机械工程，一辈子服务于铁道部，最后任铁道部设计总局一个部门的主任工程师，有点亏。另一个智商高的叔叔是七叔本怡公，他在圣约翰大学学土木工程，他也亏了，他数学好，应该学数学。其实最基础的科学，如数学、物理、化学等，是中国最需要的，最需要的人才并不是各类工程学科。我的八叔本元公也是图容易学，进了圣约翰大学经济系，他如果选修中文、英文、教育或新闻等专业都比经济好。

我认为如果选择自己喜欢的专业当然是最理想的，我喜欢新闻学，我也喜欢建筑学，但中国的统一考试，把系科分为甲乙两类，这两个系不可以同时成为志愿，只能取一。我选择新闻，那是文科类，最后又将我分到工业经济系，又必须服从，所以没有如愿。但最后我在美国进了报社，做了新闻工作，或许是命中注定的。

八

我的父叔们，经他们的祖父良驭公分批分阶段的精心培育，升入名校，出国深造，良驭公投入甚多，期望甚殷，但以他们的学历、智商、能力和机遇度量，都未必尽如人意，未必能满足良驭公的厚望。曾祖父管教太严，扼杀了孙辈们的自由发展，是十分遗憾的。曾祖父的严，不幸正好得到相反的效果。

先说说我的大伯咏裳公，他的学名是本同，在父辈七人中，我最喜欢他，最喜欢他的性格。小时候在家馆里，他是牵头羊，第一梯队三兄弟，成绩最好的总是老三，这就叫他很难堪。三兄弟均毕业于澄衷中学，大伯进复旦大学，主修经济；老二、老三进了交大，分别主修电机工程和机械工程。四年以后的 1922 年，老二和老三进美国康乃尔大学研究院主修电机工程和机械工程。在美国实习工作一年，然后回到上海。

大伯是 1926 年毕业于复旦大学商学院，次年离沪赴美深造，1931 年在纽约大学得硕士学位。复旦大学 1926 届毕业生名单中亦记载有："商学士　程本同 /25 岁　浙江杭州"，更可证明大伯并非和两个胞弟同时赴美。大伯咏裳公 1926 年复旦大学获颁学士学位的照片，亦从复旦大学档案库获得复印件。所有宝贵资讯的取得，均为他的外孙马欣荣努力的结果。

大伯回上海后，娶一位银行家周德孙先生的千金为妻。这位银行家经营一家私人银行名四行储蓄会，由四家私营银行共同投资创办，四家银行还联合投资建造了当年上海的第一高楼国际饭店。德孙先生任四行储蓄会上海分行副经理，并亲任国际饭店经理，因此我的大伯母在“文革”期间背了大黑锅，说她是国际饭店的老板，被监督扫街。大伯夫妇育有一女三子，长女怀谷出生于1934年，比我年幼六岁，皆因大伯出国留学成婚较晚。现又发现大伯编著的书籍《货物推销法》，商务印书馆出版。

我的大伯一生逍遥。做银行家的女婿，他一生的极大部分时间担任上海银行公会的负责人。银行公会就是银行家的俱乐部，位于上海高楼林立的金融区，一天最忙的时候就是中午时间，银行公会有西餐厅，银行家们三三两两地前来用餐，大伯便忙于应酬。一直到1948年底，在上海即将解放的前夕，中央银行突然请他出任外汇管理处的主任，当时国民党的官员们开始逃离大陆，找个局外人做替身。好在我的大伯逍遥惯了，不愿意过严格的公务员生活，他旋即辞职，赋闲在家，不再上班，以后多次政治运动他都未受冲击。

我最喜欢大伯是因为他的人生风格充满艺术，他注重衣着，甚具品味，他的穿着服饰能跟上潮流，在七兄弟中可称是唯一。1947年，男性西装流行浅蓝色的时候，他不失时机穿上一件浅蓝色的上衣，令人羡慕。他选择家中的用具和装饰品都是经过他的艺术鉴赏力精心挑选的。他也喜欢字画，七兄弟中他也是唯一。我父辈八人字都写得好，姑母本瑞写的字其方整圆润可比名人碑帖，现时有姑母墨宝流出，艺界视为珍品，价位甚高。而七兄弟中，七叔的字很工整，在圣约翰大学得书法金奖。大伯的字美而脱俗，可惜大伯的字并没有以条幅、扇面留存，现在可见到的不多了。

九

我的父亲守愚公（学名本臧）由美国回来，便在上海南洋烟草公司任工程师。烟草公司的机电设备极简单低端，显然大材小用，亦可见当年中国的就业市场高端的职位甚少。父亲初入社会，除工作外，忙于结婚娶妻，生子添丁，然后丧妻，小家庭的骤起骤落，开局就十分不顺。此时重庆新创电力公司，邀他主持统筹建厂，他的事业才踏入正轨。又逢抗战爆发，国府内迁重庆，政府要求陪都发电量在短时内扩大七倍，要父亲签军令状，如到时未能完成，则按违反军令处理。父亲当场签字。这是父亲一生一世中最胆大敢为的一次，也是唯一的一次。姆妈隔了几十年对我说，她当时觉得这个丈夫够男子汉，很勇敢。不过除这一次以外，他一生谨小慎微，处处小心的。我到美国后第三年就想买房子，父亲知情后一本正经劝我，房子不必买，贷款有风险，等退休就住老人公寓，可衣食无虑的。我回答他：你不必担心，我很有信心，如果最终是住老人公寓，我来美国干什么。从这件事可知父亲是很谨慎的，晚年尤甚。不过我现在想想，我当时的回答是很伤父亲的心的，我非常后悔。

三叔运生公（学名本厚）也是很谨慎的，留学回来就进铁道部，从工程师做起，做了几十年，最后做主任工程师。工程师的工作要求，对他来说太容易，对他的智商是极大的浪费。他把他的智商用在业余打桥牌、下象棋上，他的桥牌水平在北京颇有名，常和中央首长打桥牌。三叔一生的事业没有可记录的杰出成就，就是因为学了工程学，当了工程师，忙于事务。

十

四叔本正公是更小心翼翼的了，他从澄衷中学毕业后，没有选择在上海的大学，而是去了天津，进了南开。学校是好学校，但他选的系科却是他自己不想入的行，主修采矿工程。辛辛苦苦学了四年，有关采矿的工作一天也没有做，中国的矿区一个也没有去。大学毕业就进了邮政局，一直做到退休。这四年大学不是白读吗？四年的时间和投入的精力和资源不是都浪费了吗？这不是很对不起良驭公的苦心吗？但这样的不幸怪谁呢？当然不能怪良驭公，1876 年的举人在科举制度一结束，立即把孙辈送进大学、送出国留学，这观念已经够新的了，还要他仔细研究大学的院系吗？当然也不能怪四叔本人，当时的具体情况我们不清楚，他一定有他的难处。

四叔是受指责最多的，是受体罚最多的，可以想象，动不动就说他笨，在这种情况下，就产生自卑感了，他自己也以为自己笨了，读书完全失去了信心。可怜的四叔，他在一群聪明的兄弟之中，受到了不公正的对待。他被歧视了，他被传统的错误观念歧视了。于是高中毕业他就想躲得远远的，去了天津。他没有听说，读完大学送他出国留学，他不存奢望，准备平庸地度此一生。他真做到了。

四叔进了邮局以后，与邮票结了缘，成了中国知名的集邮家，后来他又负责邮票的发行，对于中国的邮票，他就是一部活的邮票目录。我想他一生的一半时间是在研究邮票，观赏邮票，整理邮票，另一半时间是吃饭睡觉。他的乐趣全在邮票上，他的朋友全是集邮家，他的财产也只有邮票。可是“文化大革命”一来，他收藏的邮票全部遭了殃，成了他一生之最痛。我出国之前去看望他一次，他的收藏已全部被毁，荡然无存。他一生心血就这样消失了。这到底是碍着谁了，要毁灭干净才算革命，而邮票都是中国发行的。

四叔是七兄弟中最中间的一个，上有三兄，下有三弟，而他最不幸，最自卑，最谨小慎微。其实我的父叔们都很低调，都很谦卑，都很本分，我想这是曾祖父严格管教产生的副作用。非常非常遗憾，我在这儿信口雌黄，评说长辈，属大逆不道，自知不妥。但我想说的是中国的传统教育很束缚人，保护孩子们的自信心和求知欲，一定可以有更多的创造和成就。最后我要对我的四叔作一个最公正的评价，从一项单独的专业来评价一个人的成就，四叔在开创、丰富中国邮票的事业中取得的成绩，在整个程氏家族中，是最杰出的，上海人说法是“一只鼎”。

这儿我写的是杭州义井巷二号程家四房的故事，如果用“新安程氏”代表我们的家族，我想不很妥切。“新安程氏”指的是很长一段历史中徽州程姓的居民，程姓是徽州的第一大姓，徽州程姓人氏可以逾万，数万甚至更多，而我讲的故事中幕前幕后出现的程家人只有逾百人。我们是新安程氏的后代，就像我的祖父经常用他的闲章“新安程氏”，我也用以表明我们的根。我这儿讲的故事比我在《穿越三个世界》中讲的多一点，准确一点，尽我的心了。

一九之聚

一

我们这一支程氏的迁杭始祖是文字辈，文、锡、兆三辈几乎没有文字记录可查证，接下来是锦字辈，有昆仲五人分为五房，三、四、五房居住一起最久，一直到1949年之后许多年。现在保持着亲密家族关系的只剩三房和四房。任何时候、任何事情，三房应该先于四房，可是我的童年住在清泰街义井巷的大宅门里，三房只有一位小叔祖，一个人住着整个三厅一大幢楼，五开间前后上下两层，就是二十间房间，另加厢房、厨房和堆放杂物的房间，一共有二十四间，和二厅的格局完全一样。我的祖父祖母使用二厅，他们的身边有七个子女。三房为什么只剩下小叔祖单身一人？三房的小叔祖为什么比四房小一辈的侄儿们年轻许多？这些疑问早已无法解答。我想只有在七八十年前我的曾祖父母能够解说清楚，时间过去很久了。

三房的小叔祖是学字辈，学名学株，字邦如，我七岁坐在他身边学英文的时候，他十八岁，我的祖父那时候已经五十五岁，谈吐举止已经有点儿老了的味道。我的祖父和这位小叔祖是堂兄弟，年龄缘何相差如此之多。他们的祖父是亲兄弟，小叔祖的祖父还是哥哥，隔了两代，年龄差别如此之大，这个疑问靠推想是解答不了的。

小叔祖很不幸，年幼丧失父母，靠叔婶照顾长大，他的叔婶就是我的曾祖父母。小叔祖是三房唯一的继承人，我的曾祖父母必然超乎寻常地爱护他，我的叔伯们到了十多岁就被送到上海澄衷中学住校读书，小叔祖却一直留在家里，延请老师在家授课，不让他出门的，更不放心让他去上海住校。曾祖母最疼爱这个侄子，到了可以成家的年龄，便早早托人寻觅理想新娘。小叔祖条件优越，果然求得一位非常美丽、非常能干的闺秀，我在《穿越三个世界》一书中阐述在西湖边六公园相亲的情景，其诗情画意，远胜如今的电影，我想如今没有一位导演能设计出如此幽雅优美终生难忘的场景，那美丽的一幕已经在我的记忆里珍藏了八十多年，我仍记忆犹新。在小叔祖婚前，我的祖母精心安排，把整幢三厅建筑修饰一新，犹如电影里出现的北京四合院，红柱绿窗，非常亮堂，他们的婚姻像童话故事一样。

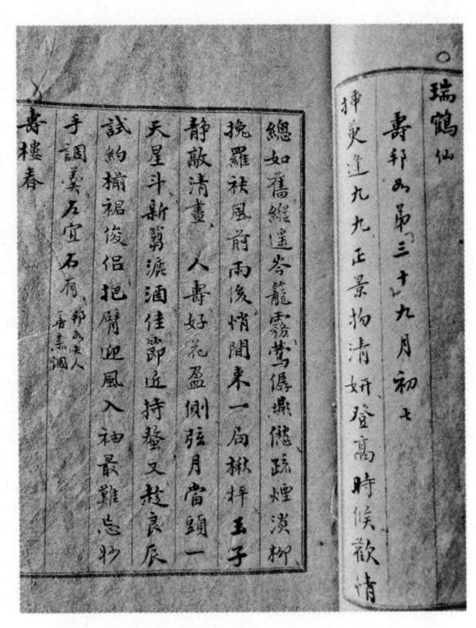

义井巷程氏三房学字辈的祖先名学株，号邦如，他三十寿诞，堂兄学銮公赠他一首词，今词尚在，情尚在。

新婚燕尔的小叔祖好像一不小心掉进了蜜糖缸里，整个杭州城里没有人比他更幸福了，童话里的白马王子还不如他呢。我的曾祖母那些日子也很开心，她放下了一件大心事，给宝贝的侄儿娶回天仙般的妻子，对得起三房的先辈了。在程家大宅门里欢天喜地的日子，我也开心。小叔祖当了新郎官，课不上了，我的英语课也就暂停。现在回想起来我从小不是一个爱读书的人，不上课心里多么喜欢。

义井巷程氏的三房从美丽的像童话一般的婚姻开始，重新繁荣。新婚次年他们添了一个小公主，名云芝，我要叫她云芝干娘，这是杭州人的称呼。再次年他们又添一对龙凤孪生儿女。日本侵华，杭州被炸，小叔祖夫妇迁居上海，暂时落户在愚园路岐山村，那时已经有了一个完满的家庭。抗战胜利后，小叔祖一家又迁回杭州，我和他们便甚少见面了。我最后一次见到小奶奶（我是这样称呼小叔祖母的）是在 1963 年的春天，那一年我和妻子由广东茂名调到西安工作，我们取道杭州、上海、芜湖探亲，在杭州下榻湖滨饭店。我们在晚间去义井巷看望小叔祖一家，未见到小叔祖，只见到小叔祖母。夜访故居，是我最后一次踏进义井巷程家大宅门，最后一次见到小奶奶，当时何曾想到，人生的某一章节在某一时段划上句号。

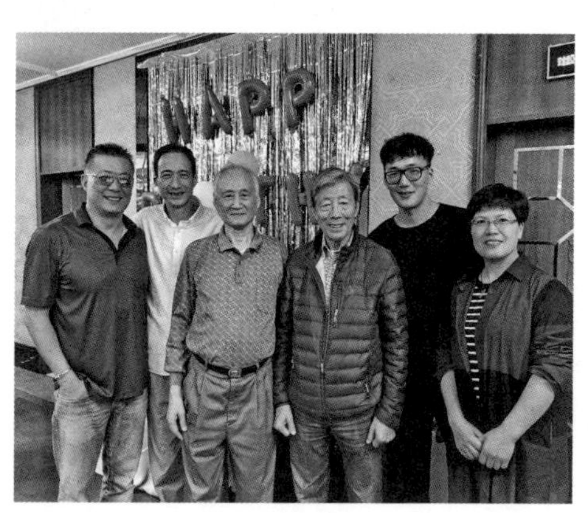

学株公的后裔四人受邀参加“一九之聚”，左起第二人怀航，第三人本毅，第五人宝祺，第六人怀航之妻周丽航。

时至今日，小叔祖已经有三代后人，也就是本、怀、宝三代。他有一子四女，长女云芝已去世，其先生周志灿及儿孙皆居杭州。现定居杭州的还有小叔祖的一子二女。子本毅，夫人沈爱珍；三女本珊，先生黄赐发；幼女本琮，先生王爱民。小叔祖一家抗战期间居住上海岐山村时，与我们的住处很近，常见面的，那时候云芝干娘和本毅叔都年幼，他们迁回杭州后，甚少见面了。1963年我最后一次跨进程家大宅门时，应该都见到面，但印象不深。

义井巷二号的大宅门有个后门，后门面向林木梳巷，门牌是五号，大宅门的三厅近后门，所以三房便用后门作地址，进出都用后门。杭州义井巷程氏的三房离开大宅门后，分开居住于八处公寓。这个数字是我的推想，本字辈兄妹四人有四个住处，他们的下一代怀字辈也是四人也有四个住处，再下一代宝字辈都还没有成家，应该都和父母住在一起，所以依我的推想有八个小家庭。小奶奶生了五个孩子，为三房的兴旺作了贡献。她的下一代却都是独苗家庭，再下一代因为正值计划生育年代，肯定都是独苗。我出国后曾回国十数次，去过家乡杭州三次。1996年到杭州，义井巷大宅门已经不存在了，大宅门的位置是新建的楼房群，浅黄色的墙，五六层高，地名还叫义井巷。原来居住这儿的程氏三房的人不知搬去哪儿，我不知如何寻找、向谁打听，就没有见面。

二

我一直在追溯义井巷大宅门程氏的传承，义井巷程氏的祖宗堂是迁杭始祖文裕公率子统孙安家创业的纪念堂。远的不说，二十世纪一直住在义井巷的三房和四房是最亲密的，这两房的传承应该可以述说清楚的。我在厘清四房最后六代的传承时，也极希望能厘清三房和五房的传承，现在手头有了两份《硃卷》和一份《自述》一份《行述》，就比较容易一些。

《乡试硃卷》把乡试及第者的全族亲属名单全部列入，男性亲属有姓有名有字有号，有学历，有官职。女性亲属只有姓氏，封建时代中国社会的重男轻女真是赤裸裸的。乡试及第者的直系亲属都有注明传承关系，从堂或嫡堂叔伯或兄弟全部列齐，但没有列出叔伯一代和堂兄弟一代的传承关系。所以三房的传承是：锦字辈是三弟锦秀，号芝生，这是绝对肯定的。三房学字辈是学株，号邦如，这也是绝对肯定的。但中间的良字辈是哪一位，叫什么名字，却不知道。我问三房的本毅叔，希望他可以给我一个肯定的答复，但是他的回答也是不知道。现在我只好根据《硃卷》《自述》和《行述》进行分析推断了。

学鎏公 1900 庚子年中举，族中凡十九世纪出生的人都卷中有名。但是学株公的名字没有，他是 1917 年出生的（他只比我大十一岁，却比我大两辈），他出生的年份，清朝没有了，科举制度没有了。我坐在他旁边学英语的时候，我七岁，他才十八岁，就在那个年龄，他结婚了，娶了个如花似玉的妻子。在六公园相亲，他不断地对我说，“真漂亮，真漂亮”。当时他只能对我讲，我当时真不知道他还不到二十岁，幸福来得有点儿早吧。

闲话说过，言归正传。我现在用《程学鎏乡试硃卷》的记载来厘清义井巷程氏三四房的传承：

太高祖讳理字文裕行二（迁绍十一世祖，迁杭始祖）

高祖讳锡朋字悦贤行二（迁杭二世，学鎏公学株公之高祖）

曾祖讳兆麟字瑞征行二（迁杭三世，学銮公学株公之曾祖）

祖父讳锦绶字晋卿行四（迁杭四世，学銮公之祖父）

伯祖讳锦秀字芝生行三（迁杭四世，学株公之祖父）

父亲讳良驭字紫缙行一（迁杭五世，学銮公之父亲）

叔父讳良骡字庆阁行一（迁杭五世，学株公之父亲）

《程学銮乡试硃卷》中除了父亲良驭公外，还有八位良字辈的嫡堂叔伯，由长及幼，这八位是：良材、国学生（殉难）；良准、国学生（殉难）；良骥字紫英行一；良骏字季闻行二；良钰（殉难）；良兴（殉难）；良骡字庆阁，曾被荐为甲午科举人；良骐字紫佩，光绪戊子科举人。良驭公有嫡堂兄堂八人，这八人排成四对，细读名录，发现有趣的现象，八兄弟中有四人的名用马字旁的字，另四人名不用马字旁的字。名字带马字旁的都健在，不带马字旁的都殉难了。这是太离奇的巧合。

除了良驭公是四房，其他八位良字辈昆仲各是哪一房的皆无说明，只能靠推测，而推测时必然考虑到名字用的字带不带马字旁，而且是一对对的。

这八位良字辈的嫡堂昆仲四位殉难，良材、良准已是国学生，年龄稍长，我推测是大房的后人，锦字辈大哥锦绅在战乱之后再无出现，或整个小家全体罹难了。另两位罹难者年龄较幼，良钰、良兴或是五房之后。良骥和良骏二人是从杭州逃出到绍兴的，此后在良驭公的《自述》中再无出现，我想或是二房的后人，二哥锦礼公后在上虞安家落户，下一代也都定居上虞，甚至把合利鞋店也迁去上虞，所以良驭公的《自述》里再无大房、二房的故事，也没有合利的消息，也没有五房后人的讯息。

良骥和良骏肯定不是三房的，如是三房的后人最后一定与四房居住一处。如是三房后人，三房的传承早就有了，不必等锦秀公再婚添丁。锦秀公是 1866 年再婚的，他的第一个儿子良骢至少比良驭公小十岁，第二个儿子良骐更小一两岁。而良骐是良驭公自述中多次提起的，可知他与四房同住一处，当时应在三元坊，而且关系极好，大哥哥小弟弟多次同赴京师参加会试，可惜兄弟均功亏一篑，未能荣晋进士。

我对良字辈昆仲的推测是：大房良材和良准；二房良骥和良骏；三房良骢和良骐；四房良驭；五房良钰和良兴。二、三、四房均选择马字旁的字，大房和五房均未用马字旁的字，而大房和五房在战乱中老少全部罹难。宿命的说法：这马字旁很重要。

三房锦秀公再婚以后，连得二子，因思念五弟殉难后无后，便将次子过给五房，良骐婚后育三子二女，五房人丁兴旺。五房学字辈长者均已不在人间，本字辈有本中、本固昆仲，本中叔居北京，多年前离世；本固叔居沈阳，无消息。

传承三房香火者为良骢，他应是 1867 年前后出生，学株公出生于 1917 年，是年良骢公已年逾半百，老来得子了。根据现有的所有文字进行分析推测，我得出如此传承关系，既是推测，便未必一定属实，但目前只能如此，今后亦难有更改了。

三

再一次见到三房的人是 2019 年 10 月份。本书一开始我就交代了 2019 年回国的缘由和安排，当时我把我的行程告诉国内的多位弟妹，希望和他们见面。三叔的二女怀礼很快给我复信，告诉我三叔的后人计划10月份在上海团聚。我闻之大喜，机会难得，我们就扩大为程氏的大团聚吧。我请怀礼和上海的几位兄弟一起筹备策划。我先在北方转了一圈，10月13日由西安抵达上海，第二天怀礼便来看我，告知程氏大团聚的筹备工作进展得很顺利，时间地点都已确定下来。大团聚定于10月19日晚在中山公园附近一家俱乐部举行，我想盛会难得，我们应该邀请杭州三房的亲人来参加聚会，我发微信给本毅叔，请他们光临。本毅叔接受我们邀请，这就有了时隔超过半个世纪的世纪大团聚。

由杭州来上海参加家族团聚的亲属共四位，是本、怀、宝三代人：本毅叔，其子怀航，媳周丽航，其孙宝祺。本毅叔生于1935年，比我小七岁，他在大聚会中是辈分最高的，唯一一位本字辈的长者。当晚参加聚会者共四十七人，辈分最高者为本毅叔，年龄最大者是我。本毅叔八十四高龄，身体甚健，精神甚佳，我不如也。他身材挺拔，身高超过我，他出现在我面前，有玉树临风之感。其子怀航更身高一米八以上，十分帅气，其媳和蔼可亲，也身材高挑。孙子宝祺，常用名是稼祺，刚从意大利学成回国，他在意国是学服装设计的，也是大个子。在他们四位面前，还有我的堂弟怀汶在一起，照片中我最矮。我真为有这么一班亲属骄傲。

四

2019年10月19日的聚会，是程氏杭州义井巷这一支聚在

“一九之聚”参加人数为四十七人，但没有一张照片拍到完整的参加人数。

一起人数最多的一次。此日参加聚会的程氏后代有多少人呢？最后的肯定的数字是四十七人。筵廾五席，应该很容易点清人数吧，为什么用“最后的肯定的”这样认真的说法呢？因为席间人在走动，有的桌坐十二人，有的桌只坐七八人，又有人换位子，有人迟到，有人早退，最根本的原因是许多侄甥辈我第一次见，分不清谁是谁，说起来真是难为情的。拍摄了许多照片，有大集体的，一张有三十八人，另一张有四十二人，都没有拍到全部的人，参加聚会的总人数是在很久以后我和怀礼通过微信核实的。

程氏四房的后人现在保持往来的是比较小的范围，就是仰坡公和许太夫人的后代，也就是本字辈七兄弟和一个姐妹的后代。四房怀字辈二十四人，现在世二十人，重病者一人，丧偶者四人，现在怀字辈兄妹及配偶为三十六人。宝字辈包括配偶为四十人，昌字辈为二十六人，福字辈三人，共一百三十三人。这个数字是我和怀礼排出名单后逐个加起来得到的。一百三十三人比我估计的少，我一直以为在一百五十人以上。

程氏四房的后人比较分散，上海人最多，有八个小家庭，加在一起有二十一人；老家杭州只有怀玉一家四代，有十个人，分成几个小家庭就不清楚了；镇江有怀礼独自一个家，两个女儿都迁居外地；无锡有怀诗一家，只有两代四人。其他的弟妹都远离江南，有在东北辽宁的，山西阳泉的，天津的，北京的。两个在西安，一个堂妹在广西桂林，她的先生郭大德是个能干的人，造了一排三户的房子，老两口和两个儿子的小家庭各居一户，第三代是两个美女孙女，一共就是八个人吧。分散在国内各地的程氏四房后人有三十个左右的小家庭，人数却不足六十人。

程氏四房后人一百三十三人中，姓程者仅五十四人，不足一半，这数字包括所有娶进来的程氏夫人和嫁出去的程氏闺女。四房后人一百三十三人中，男性六十三人，女性七十人，从怀字辈起，女性人数一直超过男性。本字辈亲兄弟七人，姐妹仅一人；怀字辈堂兄弟十人，夭折一人，堂姐妹十四人；宝字辈堂兄弟五人，昌字辈堂兄弟六人。六人中五人在海外，再传一两代，华夏大地还有义井巷四房的传宗接代人吗？

程氏四房的后人中现身居国外的数字，可能出乎你的意外，我掌握的数字是比较准确的，人数比我估计的多。程氏四房后人身居国外者有四代共六十六人，有五人在欧洲，五人在加拿大，二人在澳洲，五十五人在美国。在美国的五十五人中，在东海岸新泽西州和西海岸华盛顿州各有一个小家庭，东岸的外甥高山育有孪生兄弟，西岸的外甥女马昭明育有孪生姐妹，诚为巧事。除这两家外，有三人在威州，还有四十三人全落户加州，南加、中加和北加都有程氏四房后人的家庭。我们自嘲从徽州迁杭州，杭州迁加州。

程氏四房后人是一百三十三人，这个数字是不准确的，随时可能有增有减，但增减也是个位数。一百三十三人的家族，有六十六人居住国外，占总人数的百分之五十，岂不是一个很出人意料的数字吗？我一直不知道有这么多亲属在海外，不算不知道，一算吓一跳。

程氏四房后人一半在海外，国内只有一半，除掉老弱病残、不便旅行的，一次聚会能到四十七人，实在是很不容易的了。现在把出席“一九聚会”的组成介绍一下。2019 年 10 月 19 日举行的聚会巧逢双十九，我们就用“一九聚会”冠名吧。四十七人中有二十二人姓程，四十七人中有二十二位男性，二十五位女性，包括六名儿童。参加聚会者论辈分分五辈，可称五代同堂，也就是本、怀、宝、昌、福五代，最长者是本毅，唯一的一位本字辈长者。怀字辈兄弟姐妹十五人，连同他们的配偶为二十二人。宝字辈包括配偶十三人，昌字辈三人，福字辈一人，名詹则成，是怀玉的曾外孙，程小力的外孙，因为他的到场，“一九聚会”五代同堂。“一九聚会”中最高辈分者和最低辈分者均来自家乡杭州，亦是巧事。

参加“一九聚会”者中有三家特邀嘉宾，第一家是杭州义井巷二号大宅门里的三房，本毅叔率子统孙，三代专程由杭州赶来上海。本毅叔虽高龄，十分矫健，他带来儿子、媳妇和孙子。我已六七十年未见本毅叔，他的儿孙我都未曾见过，不见不相识，见了很亲切，我们是兄弟，怀航和丽航夫妇亲切地称我龙哥，我称他俩航弟航妹。孙子宝琪在意大利求学时，曾与我远隔重洋有微信联络，但未曾会面。“一九聚会”上一聚，是皆大欢喜。居住杭州的程氏家人还有本毅叔的两位妹妹本珊和本琮，是我的姑母，年龄比我小十岁以上吧，我也邀请她们光临，但时间仓促未能成行。

胡天天和夫人樊佳是我的五姑母的后人，他们是昌字辈，第一次参加程氏家族的聚会。

特邀嘉宾中的第二家是我的五姑母的后人。五姑母育有三女二子，但很遗憾，除大姐多年前去世外，2018 年前后所有兄妹均已离世。五姊弟中的老四名舒启华，与夫人居住上海，多年前我曾去他的寓所探望。我们邀请启华夫人俞氏及全家参加我们的聚会，可惜他的女婿胡展奋和女儿俞思蔚正在美国，便由其外孙夫妇陪外祖母光临。

还有第三家是我妹怀令的儿子媳妇，他们本是四房之后，被特别邀请是因为他们夫妇均在美国长大，受雇于日本公司驻上海的办公室。他们对国内的亲戚没有联络，完全陌生，所以要专门邀请来聚会见面。

“一九聚会”参加人数是四十七人，很遗憾有六人因伤病不能参加，不然参加人数应该是五十三人。这六人中一位是怀玉，怀玉是三叔的长女，她有两位同父同母的妹妹，两妹都在座，怀玉也要来的，但聚会前不慎摔倒，不能行走。她不能来，又有她的媳妇留在杭州照顾她而缺席聚会。四房后人中，三叔的后人最多，参加“一九聚会”者为二十一人，其中怀字辈有六姐弟，二十一人中包容四代，最小一代便是怀玉的曾孙。还有四人因偶染风寒而未能参加的是怀洛的夫人文莺、儿子安至、媳妇晓华和小孙女。

“一九聚会”的参加者许多是千里迢迢远程赶来的，怀诗刚从洛杉矶回来，怀明从山西来，怀济从辽宁来，怀浤从香港来，怀新从北京来，怀美从桂林来，怀汶从西安来，我和宝平从旧金山来。千里迢迢来，只相聚三五个小时，又匆匆告别，实在恨时间太短。我和多位弟妹长久不见，我和怀济、怀浤、怀汶三位兄弟均多年不见了，但短短时间不知和谁促膝谈心、和谁细叙离情为佳，待席散人去，不胜惆怅。

时间和空间，使我们同一个家族的亲人互相失去联络，互相失去了解，所以聚会多么必要和重要，但又多么难组织和难实现。

五

在“一九聚会”之前，2004 年有过一次较小规模的程氏四房后人的重聚，地点也在上海。那一年春天，大姨母的外孙女出阁，我的姆妈、我的弟弟、我的妹妹和我的全家都受邀观礼。我的大姨夫还约我作证婚人主持婚礼，但此议因男方家长突出政治而否定，我庆幸免去上台讲话的负担。

那一次我们几乎是倾巢而出，我们一共有十四人浩浩荡荡从旧金山飞往上海。在上海期间，我邀请居住上海的堂弟妹各家聚会一次，地点选在延安中路的苏浙汇，筵开三席，参加者共二十七人，餐后留影，二十七人全在场。那是四房后人人数最多的合影，一直保持到“一九聚会”之前。那次参加聚会的人包括父辈七兄弟中四人的后代，有一半是从旧金山回上海的，这样的机会很难再逢。

六

时间再往回推到1948年，怀字辈兄弟姐妹有一次聚会，地点在上海新闸路三元坊大伯父家。怀字辈兄妹在石库门房子的前院留了合影，摄影师是大伯，照片是黑白的，当时照相机拍的照片质量还不如现在的手机。

这张照片里共有十九个人，有两个是大伯连襟张氏的女儿：红儿和绿儿，十七个是程氏四房怀字辈的兄妹。那一年怀字辈还只有十九人，还有四个最幼的弟妹没有出生，但是有两个怀字辈的姐妹不在场，非常可惜非常遗憾。这两姐妹是四叔的女儿，姐名怀乐，妹名怀安。四叔爱摄影，当他有第一个爱女时，他是多么地喜欢，拍了许许多多怀乐的照片，非常可爱。但是四婶智商甚低，不善治家，四叔的婚姻不美满，亮出红灯。我常听祖母唠叨，“这不怪别人，老四是自己找的老婆。”不幸福的婚姻最后分居，没有听说他们离婚，可能连一纸休书也没有，这个四婶一辈子就毁掉了。我每月见她一次，她来向祖父要生活费，抗战期间四叔在重庆，把这个担子丢给了祖父。破碎的家庭中孩子最可怜，更不幸的是这两个妹妹受其母遗传，智商都极低。怀乐生于1934年，堂姐妹中与她同龄的多人，都受了高等教育，她连中学也没有读完，婚姻也不理想，被人抛弃。后迁回我们的老住宅，八叔照顾她们。我每回上海去看八叔，怀乐认识我，见我必叫我龙哥。我觉得很惭愧，从来没有对这两个妹妹关心帮助过。她们的晚年是怀月在关心照顾的，现姐妹俩均已驾鹤西去，怀乐寿过八旬，堪称高寿。从此则故事说明择偶之重要，不可不慎也。

再回到怀字辈的合影吧，这张有点模糊的照片是我们的唯一一张合影。那一年我十九岁，我抱着我的妹妹怀令，她才一岁。照片后排最左的怀礼抱着新生的怀汶。右边怀玉抱着怀浤，还有站在最前面、年龄最小的怀明、怀济、怀潞和怀美，都参加了“一九聚会”，都退休了，大多已经当上了爷爷或奶奶，而1948 年拍合影时是程氏四房最小的一代。

这张模糊的老照片非常宝贵，“一九聚会”的新照片也非常宝贵，随着时间推移，我们的后代会更觉得这些照片是非常非常宝贵的。

七

当怀字辈十七兄妹在石库门前院摄影的时候，本字辈的兄弟妯娌在石库门室内畅叙家常。从怀字辈的合影，可知本字辈至少有五兄弟聚在一起，他们是大哥、二弟、三弟、六弟和七弟，当然还有学字辈的祖父仰坡公。大大小小三十余人，午餐是怎么准备的？我想是吃面，而且肯定是打卤面，这是祖父的最爱，在人数众多时也最容易烹调。时隔七十多年，我想不起大伯母是怎样招待一大家子的人的，很不容易啊。走笔至此，我思念大妈了，侄辈甚众，她不是对每个侄儿侄女都爱护有加的，但她对我特别恩宠，常常夸我是最帅的，我写的信是最有趣的。晚年她很可怜，在拥挤的医院内的病榻上，紧紧地抓住我的手不放，要我给她买一处房子。我虽然在美国，但没有足够的能力，可是这件事情使我耿耿于怀，悔恨不已的。

当年祖父和父叔们没有和怀字辈兄妹一起合影，非常可惜，不过更早许多年，七兄弟有多次合影。我现在就有两张原始的照片，真可称传家之宝。

一张是 1946 年摄的，抗战胜利后的第一个春节，在大后方八年的四位父叔回到上海，陪祖父合影。那是祖父最感骄傲的时候，八年抗战，全家无一失节的。

再往回推二十年，1926 年七兄弟和唯一的姐妹有一张合影，唯一的姑母在四个哥哥、三个弟弟的圈围保护中何其幸福。那时候两个年长的兄长刚从美国留学归来，分别数年重聚，便有此合影。那时候兄妹八人均未婚，还是程氏四房最小的一代。如今九十六年过去，程氏四房的本字辈一代都不在了，昆仲中最高寿者三叔殁于 1998 年，享年九十四岁；妯娌中最高寿者是我的姆妈，殁于 2014 年，享年九十九岁半，两位均保持着程氏族人的高寿纪录。

再往回推五载，1921 年八兄弟姐妹也有过合影，距今整整 100 年了。照片中的每一位都穿中式长衫，那一年，大伯父二十初度，父亲十九,三叔十八，两兄弟刚从交通大学结业；四叔十六，尚就读于上海澄衷中学；五姑十四,六叔十三,七叔十一，最小的八叔才九岁，四叔以下均未成年。昆仲中最长的三位正筹备出国深造，分别在即，因而有此合影。因幼弟年少，尚在家塾读书阶段，此合影应摄于杭州。另有一照片为年长五昆仲合影，亦全穿中式长衫，可能与八人合影摄于同一天。此二帧照片原为六叔保存，现由怀和珍藏。

八

“一九聚会”中怀字辈是主角，现在程氏四房中怀字辈是最长一辈，参加聚会的怀字辈兄妹十四人，在国内但未能参加者仅二人，一为怀玉，一为怀和。

怀字辈兄弟姐妹五十年代后先后进入社会，便天南地北，分散于各地，但因童年、少年时在上海相聚时间较多，彼此较了解和熟悉，因而时有思念，大家都有聚会的愿望，这是怀字辈一再筹组聚会的原因所在。下一代宝字辈彼此认识者甚少，组织聚会的可能性甚低。再过二十年，义井巷程氏四房的后人还有四五十人之众的家族聚会吗？我想没有了。

正因为我们怀字辈的兄弟姐妹有多聚聚的愿望，“一九聚会”曲终人散之后，我想两年之后我们在家乡杭州再聚。把这个想法告诉怀礼、怀洛、怀潞、怀汶、怀美等多位，他们普遍赞同，我还和三房的丽航讲了，到时请她大力协助，帮助筹办。怀汶认为两年后太久，最好第二年就再聚。但人算不如天算，不仅 2020 年不能成真，2021 年也不能实现，何时可再相聚，如今很难确定。很遗憾，我们只好等。但我们非常庆幸，“一九聚会”成功举行，让我们快乐地欢聚一堂。

九

前面提到有三家特邀嘉宾参加“一九聚会”，第二家是舒家。舒家和程氏四房关系密切，亲上加亲，程氏两代闺女嫁给舒家。我的曾祖父母育有一女一子，子便是仰坡公，在仰坡公之前，曾祖母曾育一女。杭州人的习惯，称姑母为干娘，祖姑母为干奶奶。干奶奶常回娘家看望父母，我就常常见到她。干奶奶适舒，育有一女二子，名安来、时来、定来。我想是这位干奶奶有了亲上加亲的想法，向我的曾祖母提出要求，要我的唯一的姑母做她的媳妇，嫁给她的长子时来。表兄妹结婚是最不理想的婚姻，中国现行婚姻法是不允许的，但旧时表兄妹或表姐弟结婚是常见的，中国的小说也多这类近亲联姻的故事。

我的慈祥的曾祖母把孙女嫁给了外孙。她当时一定感到称心如意，天作之合。外孙和孙女，他们是兄妹，表兄妹和堂兄妹是一样的，是最近的近亲，英文都是 first cousin，西方社会没有禁止 first cousin 通婚，但极少有 first cousin 结婚的，但旧时的中国很多，娶个表姐或表妹还觉得特别美好。

我的姑夫舒时来，我叫他干爹，娶了表妹，并没有觉得特别快乐，他奉父母之命不能违抗，但他心中另有所属。我的姑母婚后接连生了五个孩子，三女二男，最大的女儿比我大，是我的表姐。童年在杭州和上海，表姐妹是经常在一起的。最大的不幸是姑母迁居上海不久就得病去世了，那时她刚过三十。日本投降后舒家迁回杭州，我们见面的机会就少了，这个姑夫也从此不上岳

左起宝平、本毅、怀汶、怀澄、怀美、怀月。

家的门。1947 年我的祖母仙逝，这个姑夫到灵堂向久违的岳母作最后的告别。我久不见他，他风度依旧，穿一身炭灰色长袍，徐步走到灵前，右手掀起长袍一角，双膝跪在灵前叩首，举手投足，尽显帅气本色，那时他人过中年但潇洒不减壮年时，在我心里留下极深的印象。

我的舒氏一门的表姐妹依次为逸华、令华、兆华、启华和丽华。大姐逸华主修英语，任职于水利部，适羡，育有一子一女，子羡昶定居北京，我在此书第六章中提到我去北航看望我妹怀和，亦邀请羡昶、怀新同到北航一聚；二姐令华主修会计，分配沈阳工作，适陆，仅育一女。三弟兆华主修建筑于同济大学，但他放弃职业，居家专心集邮，终成中国最成功之集邮家之一，可惜他婚后无子女。四弟启华主修生化于山东师范大学，娶俞氏，

左起怀潞、怀洛、怀濂、本毅、怀澄、怀汶、怀航、宝祺、丽航。

育有一女一子。俞氏率外孙夫妇参加“一九聚会”，已载于前文。最后小妹丽华适杭州丁氏，丁氏有一画家名丁辅之，以画荔枝而闻名画坛。丽华育有一女名丁蕾，曾用微信向我要求，送她一本签名的书，我复她我会去杭州看她，当面为她签名，可惜“一九聚会”之后，我染疾未能赴杭州，此愿尚未偿。综观上述，舒家华字一辈姐弟五人，下一辈只有六人，再下一辈因计划生育更不可能人丁兴旺了。

现在与我交往密切者为表弟启华之女婿女儿，胡展奋和俞思蔚（思蔚随母姓）。展奋是中国作协会员，上海作协理事，曾任职上海新民晚报，是知名的作家型高级记者，曾任新民周刊编委及主笔。九十年代后的写作以报告文学与精美随笔著称于文坛，其报告文学《疯狂的海洛英》曾获国内最高领导层的亲笔批示，故影响巨大。著作甚丰，达六百万字以上。展奋亦是甚为活跃的社会活动家，并在交大、复旦、华东师大以及华东政法大学任兼职教席。因为我长期任职星岛日报，故而很高兴我的侄女婿亦与我同操报业也。

十

义井巷程氏四房的故事要讲得完整，需要再往上推一代。在太平天国围攻杭城、大难临头之时，钱太夫人背着五岁的幼儿，仓皇中夺命逃到绍兴。待太平天国完全消失，钱太夫人随夫携子回到杭城。待稍安定，钱太夫人又添小女。这个迟来的女婴是我的曾祖姑母，我未曾见过，她比哥哥至少年幼十岁以上。幼女闺名静英，长大后许配给沈聰士之公子沈作谋。现在详述程氏四房之后必须包括沈家才是完整。

我没有见过曾祖姑母，也没有见过她的夫君，但我见过他们的后辈三代，而且非常熟悉亲近。曾祖姑母嫁入沈府以后，育有二子。长子名发，我童年时，他来看望舅妈（我的曾祖母），我见过他。这个发爷爷，我叫他大爹爹，好像没有家室，也没有职业，形象也很落魄，因而很难受到尊敬。后来突然传来一个不好的消息，这位发爷爷在淮海中路被飞驰而来的自行车撞倒，命丧黄泉。那是二战时期，上海法租界还在，淮海中路当时叫霞飞路。对于这个不幸的消息，听过也就过去了，没有任何行动，我的祖父对这个大表弟的不幸也没有太多的悲伤。

曾祖姑母的次子名沈仲寅，他每隔一两个月一定会来看望舅妈（我的曾祖母），所以我经常见他，叫他二爹爹。二爹爹和我祖父是最亲的表兄弟 first cousin，他们年龄相差较多，可能差二十岁，这点年龄差别足以使他们成为两个时代的人。我的祖父是科举出身，前清举人。到了新社会，他被看作前清遗老，被聘请到上海文史馆研究历史；二爹爹是现代教育培养的，他是建筑师，很有名气，到了新社会，他是专家，被西安市政府聘请参与西安市城市建设。

二爹爹在上海徐家汇最幽静的地段建造了一排住宅，每一幢住宅都是双开间三层楼，另有亭子间，屋顶有露台，屋前有院子，十分漂亮舒适。住宅建成后，二爹爹自己保留一幢，三代居住至今，应有八十多年之久。我第一次进此住宅约在八十多年前，当年我的曾祖母还能出门，当年我是曾祖母的跟屁虫。新宅给我留下深刻的印象保留至今：一层的客厅和餐厅之间用的是玻璃格子门，建筑界称为法国式门 French Door，八十年前上海就有了。可见二爹爹造的这排住宅，用的材料很新，设计观念很新。那一天我在二爹爹家玩得很开心，我最感兴趣的是屋顶的平台。二爹爹有四个儿子，第二个和我同年，名祖武；第三个比我小一岁，名祖华；第四个名祖炎，比我小几岁，曾任上海同济大学副校长，中国工程院院士。他们在屋顶平台养了一群信鸽，我看着鸽子飞出飞进，十分有趣，舍不得离开。他们还有许多有趣的玩具和游戏，也是我没有见识过的，不要忘记我生活在八十多岁的曾祖母和六十多岁的祖父身边，如果祖父是遗老，我便是遗少。

写到这儿，我还没有请一位最重要的人出场，这位我最敬爱、最钦佩的长者便是二奶奶。二爹爹主外，二奶奶主内。这个家经营得这么好，在我们的亲戚中可称是典型，这果然是二爹爹的成就，更是二奶奶的功劳。她把六个子女都培养成材，而且整个家庭安详和谐，一片瑞气。二奶奶个子娇小，秀气端庄，她一天到晚忙忙碌碌，整个宅院是她整理。她待人和气，永远笑脸相迎，在整个家族的亲戚长辈中，我最喜欢的长者便是这位二奶奶。1945 年，日本投降那一年那一个月，我被南洋模范中学录取，双喜临门，是我一生中最快乐的一段时间。我家离南模甚远，祖父买一辆新自行车给我作为交通工具，并和他的二表弟讲好，每天中午我去二爹爹家进餐。那一年我每天见到慈祥的二奶奶，她待我好，使我深深地敬爱她。我以前经常见她时，我还年轻不懂事。待我懂点事了，想看望她、孝敬她的时候，她不在了。现在祖字辈的四位表叔也都不在了，我如今保持着联络的只有一位表妹名丽端，她居住于美国俄勒冈州，虽离加州甚近，但至今没有见过面。

我想再写一点二爹爹的漂亮住宅的有趣故事。这一排住宅位于与衡山路相交的一条小路余庆路上，很靠近衡山路。余庆路上为数不多的住宅过去都是名人的私邸，屋主个个都是有来历的，一个比一个厉害。五十年代后这些住宅大多是高干居住。二爹爹的住宅比起那些独家独院的大宅是比较小的，大多还是原来的屋主住着。改革开放后，房产可以买卖了，二爹爹家的一个邻居发财心切，他把房子卖掉，办妥出国手续，带上售房所得，准备出国作资本做生意，发点财。出去了十数年回到了上海，余庆路这一排住宅售价已经过亿。此人得此讯息，肠子悔青，他出去辛苦十多年，远不如坐在家里等房价上涨。

第五篇　回　首

疫情两年，坏事中间有好事，宝平不出差，两年宅在家中，家庭生活完美，孩子们健康成长。到了 2021 年的圣诞节，我们一家三代九人一犬都健康平安。

又逢庚子

一

2019 年 10 月 21 日，星期一。在宝平的陪护下，从浦东机场出发，离开上海，距 9 月 27 日由美抵沪，此行在国内共停留二十五天。我离开的时候有小病在身，不如来的时候精神。

这次旅程的最初计划，为时一月，我想去七个城市，我把计划透露给朋友时，都说行程安排太紧，不适合年逾九旬的人。我自己感觉应该可以，跨市的交通都乘高铁，市内的交通都用汽车，走路很少，应不会劳累。为了安全计，我在上海订去外地的车票时，只订到北京，到了北京视体力决定行程，如很累就即返上海，休息几天再出发，如不累则直接前往西安。在北京玩了两天以后，感觉甚好，便决定由北京直接前去西安。其实整个行程，只有在北京两天参观游览走了比较多的路，但一点不累。最后回到上海以后，探亲会友的活动排得极紧，也不觉得累，我想这和情绪上的高度兴奋有关，兴奋掩盖了劳累。

其实在整个旅程中有过几次较轻的不适，稍作调整也就顶过来了。初抵上海曾有一次腹泻，我想因为吃了不洁的外卖。我立即停止饮食，只喝开水，腹泻止住了。由上海乘高铁去苏州，抵达苏州出站时有雨，气温下降，我淋了雨，稍受风寒，想起我的好友维纳曾给我维生素 C 备用，我回上海赶紧服用，也没有事了。最后闹得比较严重的是在“誉八仙”晚膳之后。那晚我们的座位在楼下，洗手间在楼上，我两次上楼，是否接触到不洁而感染，就不得而知。回顾一下，三个星期中有过三次小毛小病，不能不防，特别是旅行在外，方方面面都不如在家里干净有序。

最严重的是在上海十多天，得了坐骨神经痛。原因是床铺不合适造成。我 9 月底到上海，正巧新天地一个出租公寓的房客退租，宝平便告诉经纪人空出的公寓我们自用一个月。室内家具是房客自置的，全部搬出，因此空出的公寓是完全空的。宝平告知经纪人代租一些最基本的家具暂用，至少要两张床和若干椅子。这位经纪人改租为买，买了四把折椅和两张可折的床，可折的床十分简陋，折成床时只有五六寸高，又无床头可扶，使我上床下床十分困难紧张，躺在床上也极不舒服，十几天下来，伤了坐骨神经。我回美以后，找专门医师诊治，无药可用，只能坚持做运动才能康复。因此我每天做运动逾年。

二

2019 年 10 月 21 日早晨回到旧金山，这一班航班非常空，机上的乘客人数不足座位的五分之一。宝平和我各占四个座位，躺下睡觉，比去上海时用商务舱更舒服得多。早晨从上海出发，早晨抵达旧金山，日历上是同一天。旅客少又是清晨，很快就出关，露露已在候机楼外等我们，十几分钟后回到家，立即电家庭医生约定半小时后门诊。医生立即安排化验，结果诊断是尿路感染。医生开了一种特效的消炎药，叮嘱十天的药量必须逐日服完，实际情况是第二天症状便已消失，休息几天便恢复正常。年龄不饶人，再不敢说生龙活虎。

9 月 27 日离开旧金山，10 月 21 日回到旧金山，整个旅程二十五天，除了小毛小病，堪称非常顺利。去掉来回旅途两天，在中国生活二十三天，走了五大都市，见了二百三十六位亲朋，一切基本按计划进行，可说是很成功的了。走那么多地方，见那么多亲朋，我自己不感到累，但真正累了宝平和小易，尤其是小易，全程陪我是真累。

回到金山湾区，少不得有点小忙。第一要向中国的亲友报个平安，还要解释一下为什么不告而别。第二要向美国的亲友报个到，我回来了。第三要清理行装和礼物。很快就是万圣节，于是进入 11 月份。进入冬季，美国人是比较忙的，从万圣节开始美国人就忙起来，买几十磅各种各样的糖，平时不让孩子吃的东西，万圣节前买上一大堆，一次性地照顾糖果店的生意。有的家庭还要花功夫布置鬼屋，尽绝恐怖，连陪小孩进去的成年人也会大吃一惊。

然后安排感恩节，这一天，美国人强调要全家团圆的，犹如中国人过春节。所以感恩节，空中航班拥挤，地上车辆堵塞，可是千里迢迢赶回老家，吃的只有火鸡，那真是难吃之极。火鸡并非美食，可火鸡还是遭殃。感恩节的当晚，美国商店通宵营业，减价吸引顾客，美国人购买圣诞礼物便是从感恩节之夜开始。

我已经在美国过了三十八个万圣节，从新鲜感过渡到无聊感；我已经在美国过了三十八个感恩节，对感恩节的晚宴越来越不喜欢；我为在美国过第三十八个圣诞节做好准备，这是第一个没有阿兰的圣诞节，我感到凄凉。圣诞之夜我去墓地，给阿兰带去一束花。

实行了四五十年的传统，每逢圣诞节，居住在金山湾区的至亲好友必相聚一堂，十分热闹。近年形成的公认的约定是逢单年在我弟家，逢双年在我们家。2019 年圣诞节便在怀洵、洁瑜家，近年又将在家的自助晚餐改为在餐厅的圣诞餐，减少大量的准备工作。2019 年圣诞节，我们邀请了刚在洛杉矶落户的王乔、唐诗伉俪，唐诗是观宇、学军的爱女，她像是我的孙女。我还邀请了维纳母女，维纳已是我家圣诞晚会的常客。这一晚我们送别 2019，迎接 2020，可是谁也没有注意到，我们迎来的是个庚子年。

三

到了 2020 年，亲戚朋友凡和我联络的，都说我英明，在疫情发生之前回祖国走了一圈。我回答说：老百姓的行动不配用“英明”二字，再说我们完全是碰巧，这一份功要归之于发复，他迫不及待地要聚首，我们才把会面的日子定在 2019 年 10 月初。

10 月底我和宝平已经回到旧金山，如常地过了万圣节、感恩节和圣诞节。过了新年，武汉的疫情愈来愈严重，报纸每天报道疫情，各省市派出人数众多的医疗支援队奔赴武汉，在疫情最严重的时候，武汉封城，水陆空交通全部中断，全国进入对抗疫情的紧急状态。我十年没有回祖国，平安顺利地走了一大圈，平安顺利地离开，但疫情严重了，我又挂念国内的亲友，特别是居住在武汉的。

昌安高中毕业，因疫情不能举行大型集会，毕业典礼改为通过视频举行，安安独自在家欢呼。

我有个朋友叫侯晓虹，她的母亲是我妻子的同学和好友，居住于武汉。疫情来了，我发微信给晓虹，问候她的双亲。她复我信称她自己也在武汉，全家平安。2019 年 10 月 19 我在上海见到晓虹，年底她去武汉陪父母过年，结果给封在武汉了。

到了 2020 年初，美国爆发新冠疫情，旧金山湾区六个县上百个城市 3 月 17 日开始实行“居家令”，所有居民非必要不出门，许多公司允许雇员在家上班，学校安排学生在家上网课，我这个退休了的人更没有任何理由出门上街去，天天在家，没有变化，日子过得特别快。

一个月后的 4 月 17 日，湾区各县又发布“口罩令”，这个很简单、很合情理的事情在美国却很难执行。旧金山有一些裸体主义者团体就是不吃管，他（她）们脱去全身衣物，只剩下一个口罩，骑自行车上大街巡游。

到5月中疫情有所缓和，于是各县市开始放松，允许零售业及餐饮业重开，但疫情立刻反弹，不得不重新收紧。这样反反复复多次，只能说明美国社会很难管理，政府的决策很难全面贯彻执行。

四

我们十分小心谨慎地度过庚子年，全家都宅在家里，不出门。儿子宝平本来每个月都要飞亚洲的，去上海、芜湖和日本的横滨，但自从疫情暴发以后，没有去过亚洲，甚至没有离开过旧金山湾区。四个孩子都守在家里，小学、初中、高中和大学各一，开始闲在家里，后在家上网课。大孙女昌安已被南加州大学建筑系录取，但第一学期是在家上的网课。

值得庆幸的是，全家都平安，无一感染新冠肺炎，无一有任何不适。把我的家庭范围放大，包括我的弟弟一家、妹妹一家，也都平安无事。如果把范围再放大一圈，包括居住美国的我的嫡堂弟妹各家，约五十人的家族成员统统都平安无事。这是上上大吉。

在庚子之年的2020年，疫情最严峻时段，也确实是叫人最担心的时候，因为染疫后很难入住医院，很难得到及时的治疗，因而死亡率很高。我常常在想，好不容易活过九十多了，不能最后倒在新冠疫情中，但要战胜疫情，也实在没有行之有效的办法。虽说足不出户，但不可能做到绝对不接触人。每天邮差送信来，快递员送货来，我们要去超市买食品。而我家人多，如一人感染，全家都有风险。我们熬过了 2020 年，又熬过了 2021 年，只能说我们很幸运，熬过来了。

五

庚子之年的疫情延续到 2021 年，又是整整一年，然后又延续到 2022 年。2022 年初，疫情还很严重，蔓延迅速，但受感染者症状较轻。2 月中情况突然好转，权威预测疫情将在 3 月份消失，社会各个方面将恢复正常，加州 2 月 15 日起取消口罩令。疫情终于接近尾声了。

世界上的事情没有绝对的好，也没有绝对的坏。疫情把社会生活搞得完全不正常，不能上班，不能上学，不能出差，不能开会，不能聚餐，也不能会友。但是完全宅在家中，虽然失去一些，但得到了最宝贵的，就是充分享受亲情的温暖。我的儿子宝

2020 年是疫情第一年，我们全家都平安，喜气洋洋地祝全家平安。

平在正常的情况下，每个月至少去亚洲一次，这一去一回，时差影响作息，旅途劳累，接洽工作又要应酬，打乱正常的生活，可说是劳命伤财。而经常出差在外，缺席了家庭生活，缺席了儿女成长过程的参与，也缺席了夫妻生活的许多方面。这两年，我观察着，很欣喜地观察着，整个家庭生活非常完美，相互的感情融洽和美，孩子们的成长快乐健康。我想如果不是因为疫情，家庭生活达不到如此美好，而今后一切恢复正常，宝平的生活也完全可以维持这两年的状态，不必回到过去往返奔波的日子。因为这两年，宝平通过电话安排业务商讨工作取得很好的效果，芜湖和横滨二地的产品，如期运来美国，公司运作正常，三地均可正常营运，无须担忧。

我和弟妹于 2019 年圣诞节在一起度过传统节日后，2020 年整整一年没有见面，各家上下都平安。

阿兰不在了，我随宝平和露露生活，他们照顾着我。我们住在一幢屋子里，祖孙三代七个人，以前归之为小家庭。但现在七口之家就不是小家庭了，亲戚中，朋友中，邻居中，没有一家人口超过我们的。除了祖孙七人，还有一狗，记得童年时有个字谜是这样的，“一家有七口，还要养条狗。”谜底是“兽”字，我们家正巧是七人一狗的组合。我们的狗名 Penny，分币的意思，最小值的货币，古时候叫“铜钱”。我们的狗狗是全家的宠物，七个人都宠着她。Penny，女性，2014 年 4 月 4 日生，属马。现在八岁了，狗到中年。Penny 极聪明，这一品种在中国称贵宾狗，是狗中最聪明的，她可以做不少事。

我们这个小家庭，当家的是宝平和露露，真正的主角是露露。七口之家最实在、最不能马虎的是七口，一日三餐，七口的食量极大，我的孙儿孙女都人高马大，食量惊人。每天消费的食品大约是一般家庭的三倍。露露必须不断地补充储藏室和冰箱冻箱的食品，购买量是惊人的。然后每天要换着花样把食品变成佳肴，几年下来，露露的烹调技术已具专业水平。这一个家不仅要照顾好七口，也要照顾好一狗，狗也要吃饱吃好，没有病痛。还要给她修毛、整容、沐浴，一家之主的露露一手包办。

一个家事情很多，开销很大，所有的家务都由露露筹划，她管理室内，也管理室外，划了许多菜地，每天还要做田间的农活。家里也经常有要用力气的事情，她又成了壮劳动力。

当然，最重要的是培养教育好这二子二女。露露超级成功。程氏家族一代代传下来，能久安不衰，靠的是娶进来的那一半。张太夫人、钱太夫人、徐太夫人、许太夫人；我的姆姆和她的妯娌们，我的妻子和她的妯娌们，现在是我的媳妇，一代又一代的好母亲，教育好一代又一代的接班人，程家之幸。我说露露是一位好母亲，这是最高的评价。

两个孙女和两个孙子，我每天和他们在一起，看着他们成长，他们的谈吐，他们的行为，他们的举止，他们的喜爱，我都喜欢。两个女儿，露露一直主张富养，但她们很自觉，受宠而不娇。她们又很能干，可以独立烹调，代替妈妈供膳。两个男孩均幼，一个十二和一个十岁时，都能独立制作食品，减轻妈妈负担。

宝平和露露给孩子们高度自由，其自由度之高，非一般家庭所有。凡全家共同的活动，他们允许孩子自行决定是否参加，不作硬性规定；一日三餐，孩子可以自选食品，不强求一致，但孩子必须自作烹调；孩子要添置衣物，可用家长的信用卡，孩子们从来不浪费。如此等等，孩子们养成良好的生活习惯，整个家庭气氛非常正常。

我要特别介绍一下最小的孙子昌守，他出生于 2010 年 7 月，庚子之年他十岁。已经接近我的高度，体重更超过我。他是虎年出生，我们叫他小老虎。根据他的喜爱，露露送他学跆拳道。小老虎的性格热情开放，他喜欢做事情，不怕劳累，大人们做的事情，他都看在眼里，他可以像模像样地做，从不偷懒。我看他做事情的认真态度和工作效果，想他只有十岁，实在不敢相信。九岁那年，学校老师说他学习差，怀疑他智商特别低，电宝平征求意见，可否测一次智商。宝平回答听从学校安排，于是学校便安排给昌守测智商，测的结果是 117，学校再不作声。据说儿童智商达 120 以上，便可进天才儿童班。测的结果正如我所料，小老虎是年幼好动，还不懂认真上课做作业。

六

疫情两年，家庭变化甚大，我的六个孙辈，或身高、或体重、或智商、或情商，都一一超过我。世界上的事情，唯这一方面的被超越，是只喜不忧的。

我的长孙昌宁也是虎年所生，他是我的长子宝和的孩子，在玉兰的保护培养下，学习成绩一直领先，进了加州大学柏克莱分校的计算机科学和电子工程系，柏克莱这个系科是最出名的。他曾服务于 IBM 公司，现帮叔叔经营自创的公司。庚子之年的前一年，与胡英达结秦晋之好，现定居旧金山湾区。英达毕业于华东政法大学，英语水平甚佳，来美后很快适应职业环境，获得理想职业。

宝和的次子名昌宇，随其母在北京度过童年少年期，在清华大学附小及附中结业，2021 暑开始就读于伊利诺大学香槟分校，主修人工智能。暑期和寒假，他都来看我。每逢六个孙儿孙女到齐，我必摄影，我心情也特别好。如今不论在中国，还是在美国，有六个孙儿女的爷爷甚少，而我的孙儿女身高，体型、智商、学历均佳，我深感骄傲的。

我的长孙女昌安，是宝平露露的第一个孩子，昌字辈的第一个女孩子，全家的宠儿。她天性厚道，为人善良，自幼就喜欢美术，从小学到高中一直学习绘画和雕塑未曾中断。她原计划去罗得岛美术及设计学院攻读美术，此校为全美最佳美院，庚子之年此校接受

露露是一家之主，大大小小、粗粗细细的事她都管，最重要的是培养教育好二子二女，这方面她超级成功。

了她，诚可喜可贺，但正逢疫情严峻之时，此校在美国东岸，离家最远，宝平、露露希望昌安取近舍远，就读南加州大学。USC为私立大学，排名全美第二十名左右，亦为名校。昌安现主修建筑，副修美术，2024年可得学士学位。

次孙女昌宓身高已超过我，亭亭玉立，露露不在家时，她负责家务，准备饮食，时刻在照顾着我。她在学习方面很认真，务求完美，整个初中和高中阶段，一直保持优良成绩。她2022年升大学，想进医学院，最后入读何校，2022年春可定。我当然希望她进一所好学校，又希望离家很近，但很难完全合乎我的希望。孩子升大学，十之八九是希望去离家比较远的地方。这是风气，孩子们中间流行的潮流。

第三个孙子昌宾，是宝平、露露的第三个孩子，婴儿时期就与宝平极像，因而名宾，与平同音也，英文名Bing Jr。昌宾或许是我的孙辈中智商最高者，但没有测过。他从进学前班开始，便被同学公认为最聪明的人，如此一路走来，他对学校的功课轻轻松松地应对，毫无难度。宝平问他以后想进哪所大学，他毫不思索，直言斯坦福，当然他一定主修高科技方面的专业。他2022年十四岁，还有四年高中，应在2026年升入大学。他的年龄和我差整整八十岁，他进大学之年，我九十八岁高龄了，希望我尚健，可以送他去斯坦福，美梦成真。

最小的孙子昌守，我们从来没有问过他想上哪所大学，也从来没有想过。我对宝平、露露说，我一点都不担心小老虎的前途，不管他学什么，在哪所学校学，他一定很成功，因他情商高。大学总要上的，小老虎生于2010年，上大学应是2028年，

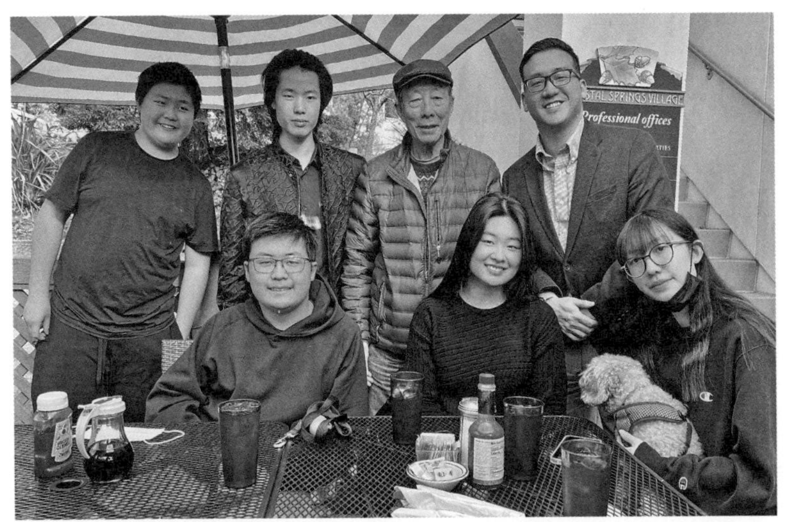

疫情三年，我的六个孙辈都长大了。长孙在职，三名在大学，一在高中，一在初中。聚在一起不容易，每聚我不忘合影。

如我尚健，正逢百岁寿诞。以前我常想，等我百岁时两个孙子长得高高大大，在我身边站着，增添我的威风。如今我九十三，所有孙子身高都超过我了，我不知不觉中已经蛮威风了。

我想我的所有孙辈都受过最好的教育，结业于最好的学校，各自组建完美的家庭。我的愿望是一定会实现的。宝平和露露的努力将获得丰硕的成果。

七

疫情终将结束，像世界上所有事情一样，有开头，有结尾，而来得快，必走得快，突然疫情猖狂，又突然疫情消失。当我们庆幸避过一劫的时候，我们如何庆祝呢？

聚会、邀朋友来、饮酒、聊天，假日的活动就是这些。真要庆祝一下，家里有个室内管乐演奏队。露露要求每个孩子都要学会一种乐器，四个孩子都选择管乐。在学的阶段，露露是很受罪的。等会吹个曲儿了，学校组织音乐会，或去外地演出，从来没有在家里吹奏个曲儿。如今疫情结束，我们全家老少都平安，孩子们演奏一曲，以示庆祝，不亦乐乎。

逢二之年

一

人的年龄愈大，感觉时间过得愈快，二十岁到二十五岁，那时间过得比较平稳，一天就是一天，一月就是一月，一学期就是一学期，那才叫正常。现在呢，感到墙上的时钟有点不正常，短针走得和长针一般快，一天又一天非常快地转过去了。我的九十初度已经过去了五年，现在我已经九十四了。九十岁是每个人一生中的一座灯塔，如果你的航船经过了这座灯塔，最天真乐观的人也心中明白，这艘船不能再远航了。这一声叹息可是真不容易啊，没有人愿意老，我也一样，我还想嫩一回，年轻一回，快乐一回，疯一回。但是叫天天不应，叫地地不灵，没有人理我，青春是一去不复再返的，对谁都一样。

到了 2022 年初了，这是我一生中第十个逢二之年。回想一生，特别是最近的三十年不胜感慨。我的亲人中对我最重要的几位不在了。我的爸爸、我的姆妈、我的阿兰、我的大儿子宝和，他们都去了另一个世界。我现在身边的亲人是我的弟弟怀洵、弟媳洁瑜，妹妹怀令，我的次子宝平、儿媳露露，孙昌宁、孙媳英达，还有孙儿女昌安、昌宓、昌宇、昌宾和昌守。亲人还很多，加上弟弟和妹妹的儿孙，是一个二十多人的家族。聚在一起很热闹，但是我自己老了，心情和十年前不一样，和五年前的2017年也不一样。

二

逢二之年，有太多我终生不会忘记的日子，无论我的心情如何。1982年2月27日上午我和阿兰、宝平乘坐中国民航班机，飞抵旧金山机场。这一天我不会忘记，阿兰生前也没有忘记，宝平当然也不会忘记。我们不仅记着我们生命中最特殊的一天，而且牢牢记住经过长长的通道，步入接机大堂的瞬间。通道真的很长，对我来说真是长极了，最长的一里是回家最后的一里。我跨入接机大堂，一眼看见了阔别三十二年的父亲，他亲自来接我们了。三十二年前，我离港返沪的时候，在家门口辞别父亲，父亲赠我五个字，“这也是条路”，走了三十二年，一个U-tune，

2022年2月27日，我们移居美国四十周年，我和宝平一清早来到四十年前居住的地方，那是父亲嘱妹夫逵刚为我们租赁的，我们住了三年，宝平高中结业。

回到了父亲的身边。他老人家尚健，我正值中年，还给他带来了媳妇和孙子。

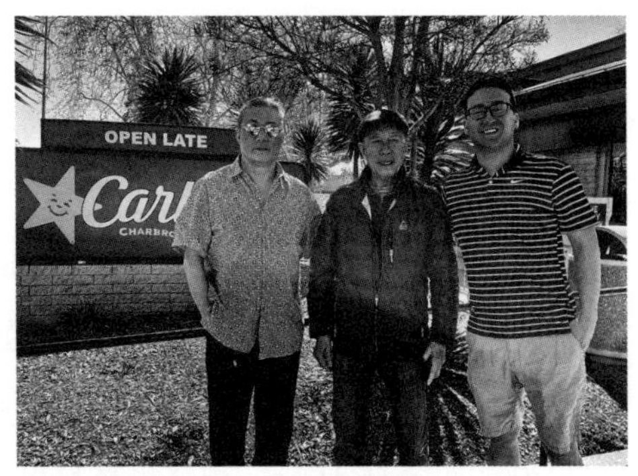

我们又去附近的一家快餐店 Carl's Jr. 吃了午餐，四十年前，我的父亲带着我们来吃午餐，是今生第一次吃美式快餐。

走过的漫长的路时宽时狭，从 1982 年到 2022 年，整整四十年了，我带着妻儿依依不舍离开故土，惶惶不安来到异乡。四十年前的 2 月 27 日是我一生中最特殊的一天，从东方世界穿越到西方世界，从太平洋西岸飞到太平洋东岸，到美国后的第一站是我父母居住的老人公寓。那天由元[illegible]驾车，全家陪我们由机场到父母的公寓。接着，父亲带我们上街去附近一家快餐店进餐，这家快餐连锁店店名是 Carl's Jr.。四十年过去了，快餐店还在，2 月 27 日中午我和宝平专程来此店故地重游。此店未变，营业如旧，但人事全非了。

三

从东方世界穿越到西方世界，从中国来到美国，我心中最不安的是就业问题，无疑任何人在任何地方要能站稳脚跟，必须要有一份适合他的职业，或者他有足够的能力开创事业。

我从 2 月底到达美国，8 月底得到职位，用了整整半年时间。这个过程中有许多人帮助我，我最感激的是程伯母，还有妹夫杨达刚。

1982 年 9 月 1 日，我开始在星岛日报美西版任职，到 2022 年 9 月 1 日整整四十年。当年到旧金山星岛日报上班的情景我记忆犹新，但四十年过去了，星岛日报办公室早已人事全非，只有当年 9 月 1 日早晨为我开门的曹念秀仍在星岛任职，她现在是总经理了。四十年来我们一直是朋友，保持着交往。

2002 年 3 月 31 日，我从星岛日报美西版总编辑职位上退休，到 2022 年 3 月 31 日整整二十年。在退休后的二十年中，和星岛的同事常有聚会，星岛日报的活动我时有参加，在就职四十周年和退休二十周年的 2022 年，我将会和星岛的同事们欢聚一次。

四

我的父亲名本臧，字守愚，生于 1902 年，卒于 1989 年，享年八十七岁。父亲是祖母的第二个儿子，但由曾祖母抚育成长。婆媳争新生儿的抚养权造成不和，没有人出面调解，曾祖父和祖父都不作主，最后曾祖母自作主张，把新生儿留在身旁，祖母没有任何行动，但不愉快了一辈子，一辈子心里不开心，但一辈子没有怨言，每天清晨必到婆婆面前请安。这样的婆媳关系可能很难发现第二例。

曾祖母和祖母的不和，从来没有表面化，相安无事，但我的父亲逐渐长大，他承受了上两代不和对他的影响，亲生母亲对他疏远，他没有享受到母爱。一直到抗战胜利，父亲由后方回到上海，每次走到祖母面前叫一声“娘娘”，祖母“嗯”一声就再无语言了。人的一生最亲的人是母亲，有母亲而如此疏远，我的父亲心里一定痛苦，但他无语地承受着。

除了近祖母而远母亲外，父亲的生活和受教育不受影响，和他的哥哥弟弟始终在一起。他和大伯本同、三叔本厚年龄各差一岁，一起上家塾启蒙，一起去上海澄衷中学打下坚实基础，然后父亲和三叔一起上交通大学，1924 年毕业，一起去美国康乃尔大学读研究生，1926 年获得硕士学位后一起回国。

父亲回国后在上海就业，不久便结婚。我的生母早婚，她何年出生我无法查证，据曾祖母告我，她去世时才二十岁，当时都用虚龄，足龄才十九岁，生育我时才十八岁，甚至还不足十八。父亲的第一次婚姻只存在极短时间。

丧偶后，父亲应聘前往重庆，筹建重庆电力公司，任总工程师，后任总经理兼总工程师，直至 1949 年，父亲主政重庆电力公司二十载。他是一位技术人员和私人企业的经理人，他不问政治，但在重庆解放前夕，国民党特务机构制造假象，欲将杀害电厂多名老工人的责任推卸给我的父亲，我父不得不离职去香港。抵港后，国民党当局即邀请他去台任工业部电业局局长，而当时的工业部部长正是前重庆电力公司的老板刘航琛，虽有私交，我父却拒绝了，宁在香港一家瑞士公司任顾问一职。

六十年代父亲申请移民美国，竟得核准。他的晚年便在美国度过，因而我弟我妹在美完成学业后，均能定居美国。我与妻儿也得以移民美国。现在我父三代后人二十余均定居加州旧金山湾区，第二代（即我兄弟一代）均已退休；第三代正值壮年，均为专业人士，有理想职业；第四代现尚为学生，凡已升大学者，均就读于一流大学。因此我要告知我父本臧公的后代，都要感恩我们这一支的创始人本臧公，在他的带领引导下，后代得以接受最好的教育，从事理想的职业，享受安定的生活。

我的父亲本臧公和母亲瑶琴夫人长眠于金山湾区奥克兰市的山景公墓，2022 年是本臧公诞生 120 周年，4 月 16 日是他的冥诞纪念日，子子孙孙怀念他，同去公墓看望本臧公和瑶琴夫人，献上一束鲜花，表达我们的思念。

五

我的妻子玉兰 1932 年出生于安徽省芜湖市，2019 年病故于美国旧金山，享年八十七岁，身后安葬于半岛区的圣约翰公墓，此公墓离我家极近，步行十分钟可达。2022 年为玉兰九十冥寿之年，近时我常在梦中见她，她仍年轻美貌。

1954 年，我与阿兰在校相识，很快成为恋人，后一起分配到北京工作。少年夫妻，幸福无比，我们游遍了北京的名胜古迹，我们出行必有同学金耀庭陪同，成为三人行。如此快乐一年，次年风云突变，“肃反”运动在全国开展。因根据一件完全无根无据的告密，我工作的单位怀疑我是特务，审查迫供达半年，事态发展十分突然而情势严峻，对于年轻没有经历过的阿兰，是难以应对的考验。这时候摆在她面前的问题是相信单位呢还是相信丈夫。从八月一日到除夕之夜，我被禁闭整整五个月，没有发现任何问题而结束审查。玉兰始终对我信任、对我忠诚，我感恩在心。

1956年我调到山西大同工作，与阿兰分居两地。1957年又一次风云突变，“反右”运动在全国开展，我工作的单位编造一份右派言论，把我定为右派分子。在北京建筑工程部任职的阿兰又面对新的问题，领导对她说：你愿意离婚而留在北京工作，还是保留婚姻而离开北京去外地。两者不可得兼，弃鱼还是弃熊掌呢？再一次的考验，阿兰没有半点犹豫。她立即明确回答：可以离开北京，但不离开丈夫。

玉兰于1957年底离开北京，带着两岁多病的孩子去广西南宁工作。新的领导了解了她的情况对她说：你申请入党，你工作很好，但是你的丈夫是右派分子，右派分子的妻子是不可能入党的，为了入党，你必须先离婚。两者不可兼得，阿兰再次面对选择，这已经是第三次面对严肃的选择，她当然毫不犹豫，但她深深被刺痛了。每次政治运动，在前线被斗的是我，在后方被刺伤的是玉兰。

玉兰多次面对严峻考验，多次选择了我，这在当时的政治环境中人们未必认同她的选择。鱼和熊掌玉兰都想要的，但不能兼得必须选一，她的选择又被认为是不要求进步的选择，这对她有多为难，这大大刺伤了玉兰的心，她一直牢记不忘，成为不能解脱的心病。我也一直牢记不忘，感恩之心延续至今。

上世纪八十年代开始，中美关系好转，我的父亲申请我们移民。玉兰对于移民一直抱积极的态度，她关心的是两个儿子的教育。到了美国以后，玉兰自己作出许多牺牲，做各种她力所能及的工作，增加收入以改善家庭境况。有一段时间她在一家医院用品厂工作，她驾驶一辆旧的丰田小汽车上下班，汽车破旧而交通拥挤，我每天为她担心，而她充满信心独来独往。她重视教育，她把儿子送进加州大学，又把孙子送进加州大学。她为我们的家庭贡献良多。当我们有了六个孙辈的时候，我们迁居到旧金山湾区的半岛，正是她应该享受天伦之乐安度晚年的时候，她的健康出现了问题，身体平衡能力退化，容易摔跤，接着语言能力退化，医生诊断玉兰患老人失忆症，而此症尚无治疗的方法。从医生诊断开始阿兰患病十载，一直到最后吞咽能力消失。2019 年 4 月 22 日，阿兰在亲人们的陪伴下，依依不舍地离开我们，这一辈子做了一家人，还有再聚的可能吗？我和儿孙们不胜悲痛，做人真苦。我们全家送她到殡仪馆的太平间，她要孤单单地在那儿停留四天。入土为安的前一天，在殡仪馆礼堂举行大殓，这是一次小规模的告别仪式，经过化妆玉兰面色红润，我抚摸了她的右手，啊！今生今世的最后一次，我把一册《穿越三个世界》放在她的手边。我默默地对她说：阿兰啊，我给你幸福，也给你痛苦。原谅我吧。

六

我的妹夫杨达刚 1942 年出生于香港一个知识分子家庭，他的父亲是香港的小儿科名医。达刚就读于加州大学柏克莱分校，主修土木工程，和我弟怀洵同居一室，关系密切。因达刚与怀洵是室友，我妹怀令认识了达刚，怀洵也认识了达刚中学时的同学程洁瑜。这两对男女终都成眷属，洁瑜成了我的弟妹，达刚成了我的妹夫，他们两对喜结连理之时，我在中国西安，当时正值

“文革”期间，父母与我音讯不通，弟妹婚嫁我均不知。

达刚与怀令结为夫妻，怀洵与洁瑜终成眷属，从相识、相交、相爱的过程看，柏克莱加州大学的同居一室是关键，此为喜宅，此为福地。但婚姻靠的是缘分，同居的一室只是一个场合，如男女相约去一个电影院、一个公园或一家餐厅，只是相识、相交、相爱过程中的一个场景、一幕道具，没有缘分是不成功的，缘分来了，月下老人便会安排好时间和地点，便有了相识的机会、相交的理由和相爱的结果。

达刚是个热心人，我到美国之初，达刚帮助我极多极大。在我们尚未抵达美国之前，他为我们租好公寓，买好家具，准备好寝室的床上用品、浴室的漱洗用品及厨房的各种厨具，各种日用品，以及最初一段时间需要的食品饮料。一个家庭的需要，有多么繁琐复杂，要买、要运、要布置好，工作量极大。

我们到了美国以后，达刚帮我买了汽车，陪我学车、考驾照，又陪我去应聘见工，又安排宝平的入学。每逢周末假日有聚会宴请，妹妹和妹夫、弟弟和弟媳都要接我们、送我们，我来美国比绝大多数移民来美或求学来美的人容易轻松得多了，就因为有多位亲人帮助我们。

非常不幸的是：达刚在六十四岁时诊断患肺癌，在斯坦福大学医院治疗，于2008年病逝，2022年是达刚八十岁冥寿之年。

七

我的弟弟怀洵1942年出生于重庆，1945年抗战胜利，姆妈带着他回到上海，我们第一次见面，他才三岁，我十七岁，亲戚都说我们是大哥哥小弟弟。七十七年过去了，现在怀洵仍叫我大哥哥，洁瑜叫我大哥哥，他们的女儿宝希也曾叫我大哥哥，洁瑜办公室的华人职员都叫我大哥哥，非华人雇员以为大哥哥是我的名字，犹如约翰、威廉一样。

1949 年到香港，怀洵六岁，便在香港上小学，在香港一直读到高中毕业。中学结业后，怀洵报考台湾大学获录取，主修电机工程。台大毕业后，他进了柏克莱加州大学研究生院，仍主修电机工程。他取得硕士学位后，决定再主修计算机科学，以适应社会发展。

我弟怀洵出生于 1942 年，八十岁了，还很年轻。他是我们怀字辈二十四名兄妹中最成功、最幸福的。我选一张他年轻时的照片，那时他还不到三十岁。

怀洵进修完计算机科学的课程以后，没有选择当时正蓬勃发展的高科技产业。他选择了银行，进了美国银行任职。美国银行是一家私营银行，总部在加州旧金山。怀洵任职美国银行以后，便开始为美银设计网络银行业务。他的观点是：传统的银行不会消失，但银行不会放弃利用网络拓展业务。他的富有远见的观念是完全正确的，他的工作富有成效，他为美国银行创建了美银业务的网络版，美银的客户可以安坐家中，在计算机上进行查账、转账、收款和付款等等业务。

怀洵在美国银行工作了二十五年，他当时职务是资深副总裁、网络业务部门经理。1999 年初，美国银行与美国东部一家银行合并，总部迁离旧金山。怀洵便离开美银，加盟富国银行。富国银行也是私营银行，总部也在旧金山。他在富国银行的职务是资深副总裁、技术总监（CTO）。从 1999 年开始，到 2012 年退休，他在富银工作十三年。

美国银行和富国银行是美国最大的银行，都曾位列美国第一，怀洵先后任职这两大银行，为这两大银行创建网络银行服务，他无疑是美国网络银行的开拓者。他加盟富国银行的一年内，富国银行网站客户人数增加一倍，使用网络银行服务的用户达一百五十万。

因怀洵对银行业拓展网络业务的杰出贡献，2000 年他获得华裔百人会的奖励，授予他“杰出华人”的荣誉。他在夫人洁瑜和爱女宝希的陪同下，专程去首都华盛顿领奖。

2022 年怀洵八十岁大寿。

八

我的侄女宝希 1972 年出生于旧金山湾区。1980 年她随父母到香港，再由香港到广州，我从西安南下广州与怀洵一行会面，同行者有洁瑜的双亲，洁瑜的五姨伉俪。我与我弟怀洵 1950 年在九龙火车站一别，时隔三十年整在广州重逢。洁瑜和宝希是第一次见面。在初次见面之前，洁瑜从美国寄给我一张 8 × 10 的宝希半身照片，那年代如此大的彩色照片和彩色电视机一样稀罕，我配了镜框挂在家里。这张照片又随我们回到美国，我一直珍藏着。

那一年宝希八岁，1982 年我们来到旧金山湾区，宝希十岁。我们来美国四十年，宝希五十岁了。宝希从童年、少年到成年，顺风顺水地成长着，家里所有人宠爱着，是最幸福的了。在旧金山湾区读完高中后，进了史密斯大学，这是全美最好的女子大学，位于波士顿，与哈佛大学为邻。四年后她回到旧金山，进加州大学柏克莱分校法律研究院，获得法学博士学位后，经其姨夫的推荐，进了一家甚负盛名的法律事务所。她攻读法学博士时，与一位同学相恋，于 2001 年结秦晋之好。我的侄女婿是美国人，早期爱尔兰移民之后，其父是牧师，正统善良人家。

宝希英文名 Adria，其丈夫名 Brian，育有一女一子，女儿已进大学，儿子尚在高中。一儿一女均俊秀完美，怀洵、洁瑜有二孙，诚幸福完满。

九

我的亲人中还有一人出生于逢二之年，便是我的长孙女昌安。昌安 2002 年 2 月 16 日生于金山湾区，她是六个孙儿女中最像她的祖母的，我在有了两个儿子和一个孙子之后，家里第一次添了一个美丽的小公主，全家都喜欢。昌安的童年在东湾度过，她上小学一年级时我们搬到半岛，从一年级开始，读完五年小学，升初中；又读完三年初中，升高中；最后读完四年高中。这三级的学校都是公立学校，离家也都不远。他们幼时，我常分担露露一分辛苦，驾车去学校接送。现在事情搞颠倒了，我出门去任何地方要昌安送我接我，叫我好悲哀。

昌安与生俱来的是她的艺术天分，她从小喜欢美术，在整个小学和中学的过程，她一直在课余绘画、雕塑，许多童年、少年时的作品至今保留着。因为她的喜爱，她一直想主修美术，以绘画为业。她的理想是进美国最好的美术学院，这所美院在美国东海岸，招收学生的要求很高，是很不容易进的。

2020 年昌安高中结业，她申请此校，竟获录取。这本是可喜可贺之事，但时逢新冠疫情扩散十分严重，此校与我家一东一西相隔极远，横穿美国。而昌安亦获南加州大学录取。宝平和露露与昌安商讨结果，决定取近舍远，便进南加州大学，主修建筑，副修美术。南加大是私校，在美国全部大学中排位第十九，诚名校也。南加大校园景色甚美，现昌安已在南加大修完两年课程，再有两年便是建筑学学士了。回忆在她周岁时，我们全家四代围观小安安抓周，桌上铺着一条浴巾，浴巾上放着十数件各式各样的物品，小安安爬在桌子上，她抓了一件比较小的东西，那是一支笔。这是建筑师用来绘设计图的笔呢，还是画家用来绘青绿山水的笔？十九年前的抓周现在还是谜。

十

2022 年是我今生遇到的第十个逢二之年。第一个逢二之年，1932 年，我才四岁，什么都不懂。以后每十年会遇到一个逢二之年，也都平平常常地过来了，在当时也并没有感到逢二之年有什么特别。一直到1982年，我今生的第六个逢二之年，这世界发生了巨大的变化，中国打开了大门，美国大门开得更大。八十高龄的父亲希望在他有生之年全家可以团聚。经洁瑜办理移民申请，我们移居美国。这无疑是我一生中最大的变动、影响最深远的一件事，从此这个逢二之年便一直被记住了。

1982年我到达旧金山时，年过半百，后半辈子怎么过？后半辈子有多长？全部是心中无数的，一切都走着瞧。到我的第七个逢二之年1992年时，我任星岛日报美西版总编，职务和生活都稳定了，来美后的情况还不错。岁月又过去十年，到我的第八个逢二之年2002年时，我七十四岁，退休了，身体尚健，不断飞越太平洋，对宝平的企业经营略尽绵薄之力。再过十年，到我的第九个逢二之年2012年，我们迁到旧金山湾区的半岛，宝平建造了新居，露露添了二女二男，家庭和睦幸福。现在到了2022年，孙辈都长大了，疫情持续超过两载，幸我全家健康平安。如今宝平年过半百，我混了四十年，尚能饭。世事真是很难说的，我的运气好。我的曾祖父母、我的祖父祖母、我的爸爸姆妈和我的阿兰都在保佑我。

浅谈养生

一

如今养生是个超热门的话题，微信传来传去的帖子中，至少有一成的主题是养生。有些自称养生大师的人，年龄不大，但谈起养生之道来，似乎甚有见解。个别养生专家自己一不小心，蒙上帝提前宠召，走了，如此养生专家便成了笑话。目前报纸上、电视里，凡可以做广告的地方，广告内容主要是两大类：女人的化妆品和养生的滋补品，充分说明这两类商品成本低而利润高，也说明没有女人不爱美的，没有人不想长寿的。

但是养生大师是不可全信的，养生补品是大多不可信的，那么是否还存在“养生”之说呢？我认为“养生”的问题不仅存在，而且很重要，每个人都应该重视的。第一，“养生”一词应该理解为“养成良好的生活习惯”。这比所谓专家介绍的养生方法和广告推介的养生补品实在得多。第二，每个人首先要正确认识自己的身体健康状况，选择适合自己的保健方法和保健食品，不能盲从，也不必全部排斥。

我们每个人应该像车主爱车那样爱护自己的身体，了解自己的身体。学医的人对于人体的结构、各个器官的功能、各种脏腑的保护、身体某一部位感到疼痛不适是什么问题，自然都很清楚，但一般的人可能就不很清楚了，初中学的生物学是远远不够用的，何况一般的初中生也没有重视生物学这门课。我认为每个人都应该有这方面的知识，应该读一些有关身体结构和健康方向的简易读物，这对保养自己的身体、尽可能地保持身体健康非常必要。中国广州的花城出版社出版过一本此类读物，书名《人体使用手册》，我买了一册，不时翻翻，略补我这方向知识的贫乏。

如果我们自己有一定的保健知识，又有不断实践的宝贵经验，我们就能够分辨哪些养生方法是可取的，哪些食品是真正有助养生的，而不会浪费时间和金钱而徒劳无益。

我在前面笑话了个别养生专家不小心自己没有养好，反成了笑话。当然我自己更不善于养生，而且我也没有注意养生，一不小心活到九十多了。常有人问我你怎么养生的，我还真说不出个什么情况来，说是一不小心或许最为真实。下面我就谈谈生活经验，好经验坏经验都有。

二

人能够健康长寿的主要原因是他身体里的基因，这就不是靠个人的努力很容易可以达到的。基因是一代代传下来的，而且我认为和精神因素关系极大，祖上积德，慈悲为怀，一代一代的人在平和善良的环境中生活，心态好便健康长寿，形成好的基因。

我的家族一代一代传下来，我和上面三代在一起生活过，我见过他们的生活起居。他们十分俭朴平淡，他们待人接物十分厚道善良，他们生活得健康，因此他们长寿。因此他们不仅把好习惯、好作风传给后代，也把好基因传给后代。我们现在有比较好的基因是要感激我们的前辈的。我上面的三代都寿登八旬甚至九旬，我们每天生活在这样的家庭中，六十岁左右的人在我们家里是年轻人，这种感觉使我们产生极好的心情，我们七八十岁都不觉得自己老了。

人是什么时候开始老的？七十岁以后，还是八十岁以后？都不是。人是在他自己觉得老了的时候便真的老了。我们这个家族的成员这种感觉来得比较晚，因而老得也比较晚，我七十三岁半退休的，离开报社，回上海帮助儿子经营他的企业；我的弟弟怀洵七十岁整退休，仍有职务在身；我的妹妹怀令七十二整岁退休；我的嫡堂弟怀济年近八旬仍在上班，我的一位妹夫恩川也是年近八十才退休的。但人们的年龄总是年复一年地在增长，非人的主观意志可改变的。年龄增长到一定程度自然会有老的反应出现，自己认识上如何看待“老”和对待“老”，就很重要，思想上一定不要觉得自己老了，这一点很重要。

我的曾祖父母都出生于1857年，曾祖父在日本鬼子进入杭州的当天，我们刚刚进入天主教堂暂避的时候去世的，那是1937年的秋天，曾祖父享寿八十周岁。曾祖母看到了中国抗战最后胜利，在内地工作的孙辈全部回到身边，她离世时已过九十周岁。我的祖父出生于1880年，逝世于1960年，享年八十岁。我的三叔享年九十五岁，至今保持着家族中男性的高寿纪录。我的父亲是八十七岁时去世的，还有三位叔伯都寿过八旬。伯母和婶母中有四位寿登九旬，我的母亲辞世的时候，离她的一百周岁生日只差一百五十天，当然她保持着整个家族的高寿纪录。上述是上面三代人的情况，他们是十九世纪到二十世纪初的人，寿登八旬已经是很高寿的了。

现在我这一辈，年过八旬的兄妹有十二人，年过九旬的二人，较幼的弟妹也都寿逾古稀。我们珍惜自己的身体，不糟蹋它，久而久之更会改善和提高基因，传给后代好基因，造福子孙。

非常不幸，我的堂弟怀浤于 2021 年 3 月 12 日在香港睡眠中去世，非常意外，这在我家族中是首例，睡眠中突然去世，享年七十五岁，想必是心脑血管方面的病症。怀浤出生于抗日战争胜利之日的香港，乳名庆庆，他长期单身居住港岛，无亲人在身边。家族中无人料到会发生如此严重的不幸，悲痛万分，没有认真劝告他迁回北京家中，悔之晚矣。

三

对于“饮食”，中国有两句成语：一句是“民以食为天”。在执政者层面，要保证老百姓吃饱吃好；在个人层面，要保证营养，身体才能正常运作。另一句成语是“病从口入”。个人的饮食，不仅要吃饱吃好，而且要吃得健康、吃得适当。吃得过量，吃得不当，吃得不洁，是会得病的。吃了有毒的东西，更会送命的。所以一个“吃”字，大有讲究，每个人要自己把好关。所以在养成良好的生活习惯中，首先要有良好的饮食习惯。

许多生活习惯是从童年开始养成的，我的童年和四位老人生活在一起，使我的人生有一个完美的开始。说句笑话，没有输在起跑线上吧。我每天早晨和曾祖母一起吃早餐，春来秋往，一成不变的早餐是白粥，两三碟小菜也永远不变的是酱瓜、酱菜和酱豆腐，最叫人喜欢的是自家制作的花生酱。哈哈！离不开一个“酱”字。从两岁吃到十几岁，如此一成不变的清淡素净的早餐，把胃保护得好好的。午餐和晚餐我和祖父祖母在一起，还有三个妹妹，进餐时不许说话，各人静静地进餐，不能把筷子伸到远的地方去，每餐只能吃一块红烧肉，许多不成文的规定限制着我们，我们这些伢儿非常本分老实地进餐，永远适可而止，不会吃过量的。许多年下来，我上高中了，每餐还是一小碗饭，胃口不大，食量一直控制着，这一辈子我一日三餐，一直保持七分饱的习惯。

饮食习惯方面，我还有与众不同的地方，我不吃水产动物，也不吃两栖动物，更不吃珍稀动物。在动物方面，我只吃猪肉、牛肉和鸡、鸭、鹅，因此我吃的花样很少。蔬菜基本都吃，但不吃香菜。水果基本都吃，但不吃榴莲。由于不吃海鲜，能吃的菜肴品种大大缩减，越高档的宴会，越不适合我，我也从来没有品尝山珍海味的兴趣。我之所以如此是因为我四岁的时候，一次一根鱼刺卡在喉咙里，久久取不出来，曾祖母急坏了，下了禁令，从此以后不再给这个伢儿喂鱼。两三年下来，我闻到鱼腥味就吐，就此不吃海鲜食品，而且有点腥味、有点膻味的食物都不能吃。我这个特殊情况，摆明就不能成为美食家。而且我又是滴酒不进的，遇到吃的场合，大多数人会食指大动，极为兴奋，我是平常心，和日常进餐没有差别，好处就是不会饮食过量。

我极少因饮食过量而不适的，1960 年有过一次。那是三年自然灾害时期，我从山西大同调到广东茂名工作，因自然灾害三月不知肉味，食堂每天煮的是空心菜，职工称为无缝钢管。有一天食堂把自己养的猪杀了改善一顿伙食，特别给每个在食堂进餐的人发一张票，凭票买一份肉。我的同室室友出差了，他把票给了我，还关照别浪费了。于是我买了两份肉，为了不浪费而吃个干净，结果夜里甚不舒服，不能成眠。这是一次极严重的教训，叫我永远记住不可贪食。我少年时很容易呕吐，每呕吐均非进食过量，而是感觉到有腥味，胃接受不了，立刻要呕吐出来。成年了就偶有这种反胃的情况，但我一直不吃海鲜。我的情况很特殊，应该说是不正常，不能以我为例。但我确实保持消化系统很健康，似乎又可以作为一个好例子。如今海底污染严重，海洋动物吃了海底沉积的塑料等化学污染物，人吃了海鲜，久而久之也非常危险。

二十多年前，有一天我的医生通知我，约一个时间去医院做一次肠镜。早一天就不能进晚餐，并吃了泻药，第二天一早泻个干净，我便去医院。做肠镜的医生安排我就位。在我座椅的正面是一幅屏幕，他对我说：你可以看得很清楚，镜头沿肠道伸进去，如果发现息肉，便会立即切除。然后镜头开始往里伸，整个屏幕是一片红色，镜头一路向前推，一片红色没有改变。这时候医生问我：你是怎么安排饮食的？我说：I eat no seafood.，这话说得医生无言以对。最后镜头推进到了尽头，一直没有发现息肉，医生最后对我说：保持下去，你的情况是最好的。这是至今我做的唯一一次肠镜，医院再没有找过我，是不是没有必要为我检查第二次。我自己对我的消化系统很放心，什么病痛都没有发生过。

远的不说，就说说近一二十年我的饮食吧。玉兰病了以后，我陪伴她的十年，家中食材全由我购买，并安排一日三餐。每天的早餐由我准备，午餐、晚餐则由阿姨烹调。我要特别介绍两种食品是我保持长年不断的，绝对有益于健康的。我每天早晨做一锅红薯姜汤，一斤以上的红薯洗净、去皮、切成方块，一块生姜切成片，煮大约三十分钟，这是第一种。我和阿姨一人一碗，玉兰的一份要加蜂蜜加椰子油，打成糊状喂她，这一份红薯姜汤吃了十年没有改变，无疑是极有营养，而且还有一些特别的保健功能。第二种是芋头泥，我每去超市就买一个七八磅重的大芋头，这类芋头原产地在广西。芋头切块煮熟，然后用粉碎机打成糊状，我和阿姨常用于午餐，玉兰的午餐、晚餐都用芋头泥，加入蜂蜜、椰子油、花生酱、芝麻、红枣、蛋糕等等营养品，这也是吃了十年的。对于日常饮食，我还主张食物品种要多，最好每天吃多达二十五种食品，做到量少而品多，营养全面。每天吃几种水果，几种坚果，都是大有益的。从去年开始，我改变了吃水果的方法，每天早晨空肚子吃一大盘水果，一般是橙、苹果、香蕉各一，葡萄、草莓、蓝莓各若干。我用半个小时处理水果，再用半个小时进食，好在不上班，有的是时间，一顿早餐就用掉一个多小时，单是早餐我就吃了十多种食品。

此文我曾发给剑芬请她过目，她阅后复我：写得非常真实，唯早晨起来空腹吃一大盆水果不妥，因为空腹进生冷食品是不好的。我复她可以调整时间，改在早餐和午餐之间的一个时间吃水果。我想从 4 月 1 日开始，实行新的饮食时间。想不到 3 月 28

日收到大钧兄的一个帖子，标题是北京 301 医院田院长特稿：空腹吃水果神奇功效……田院长说："白头发、秃头谢顶、神经紧张、心脑血管堵塞、缺觉黑眼圈，癌症，连续空腹吃新鲜水果两个月，以上症状一概消失。也是治愈癌症的战略。"田院长用这个方法治疗癌症，成功率为 80%。我决定 4 月 1 日以后继续空腹吃水果，不改变。

到了 5 月份，维纳对我说，你空腹吃冷冻的水果寒气太重，长久积累对健康极为有害。维纳是科班出身的中医师，她有丰富的中医药理论知识，行医二十载，又有临床经验，所以她的忠言不能不认真对待。我告诉她这是北京 301 医院田院长推荐的。过了数日，她发给我两文件，一个是 301 医院田院长介绍空腹吃水果的好处，维纳附言："这就是你看到的文件吧，你再看看下一个文件。"下一个文件指出所谓田院长的见解完全是假的，是台湾的一个人胡编的，根本没有田院长，是假的。这实在太意外了，这样的事也有人造假，真叫人防不胜防。我无言以对，于是我立即停止空腹吃水果，正好到了 5 月底，我的空腹吃水果习惯，连续实行了九个月。因为没有规定某一时间是吃水果的时间，所以很少想起该吃水果了，水果吃得很少，我想肯定也不对的。这个问题我思考后重新安排时间。

消化系统对人的健康至关重要，在人体中，消化系统器官最多，从口腔到肛门，都很容易得病的，都可能得严重的病，因此保护消化系统非常重要。记住病从口入，不可贪食。为保护好自己的消化系统，除了注意饮食外，还要注意消化系统如何在工作，食物的营养是否充分吸收了，消化后的废物是否顺畅地排泄了，这就要注意每天的大便。这是我每天注意的健康标志之一。这个标志很重要，大便正常，可以放心地说身体没有病。

走笔至此，我停下来想想，是否有些无聊？怎么花费笔墨讨论粪便，但我又觉得从养生的角度来看，这是非常重要的一个方面。我每次便后，必仔细察看粪便，然后才放水冲洗。我从排便的时间、次数、排泄量、形状，颜色全面观察，此亦可称“善始善终”也。

四

步行是最好的运动形式，已为医学界、体育界所一致公认，我现在就坚持着每天步行。来美国四十年，作为交通工具的自行车被汽车代替，我就开始用步行作为锻炼身体的运动，想不到医学界和体育界越来越提倡步行，作为一项运动以增强体质。

我现在坚持每天步行，时间定在每天上午十时至十一时之间，每天步行三千步，距离约两公里，时间为 30—35 分钟。这段时间同时晒了太阳。步行的时候保持抬头、挺胸、挥动双臂的姿势，保持身材挺拔。我步行的地方就在家门口的路上，车辆极少，没有污染，也比较安全。唯路面是有坡度的，或上坡，或下坡，坡度较大时，会有气急的感觉。十年以前我看到一个帖子，说上了年纪的人如果还能走六百步，就可以再活六年。所以我相信如果还能走三千步，应可再健康地生活六年、八年甚至十年。近年最多步行五千步甚至六千步，但我现在不再求远，适可而止，维持三千步就不错了。

从疫情扩散以来，我不再出门在路边步行，改在院子里车库前的一块平地步行，走一圈约九十步，我每天走三千步，一边走路一边记数，已经成为习惯。另外每天还有多次走动，一天总要走四千步以上，如果上街一次，便步行五千至六千步，基本上风雨无阻，我视为力争健康长寿的最重要的行动。

我可以步行较远较快，这和年轻时步行较多有关。我初中阶段在上海，和邻居朱氏昆仲一起上学，来去都是步行，或上学时乘公交，放学时步行，每天步行超过一个半小时。朱氏昆仲之兄人强现尚健在，已高龄九十五。“文革”期间，我在农场劳动，麦田在黄河滩上，离场部甚远，步行要一个多小时，每天清晨农场派汽车送走五七道路者到田头，中午再派汽车送午餐到田头，下午不再派车接，走五七道路的人们就锻炼锻炼吧！每逢这个情况，我立即背上工具往回走。我步行速度极快，大多数人边走边聊要用一个半小时，我四十分钟走回场部，立即到锅炉房挑一担热水回宿舍，同宿舍六人，我用六分之一的热水快速洗去汗污，同室战友陆续回来都有热水用。我步行很快有长久的记录，很多朋友说跟不上我，现在当然速度下降了。

五

人老了，身体各个部位、所有器官都在老化，功能衰退，全身各部位最先退化的是两条腿。保护好两条腿，坚持步行，使退化推迟放缓，应该是保健的最重要方面。我对走路很重视，如腿脚不能行走了，就无法锻炼了，整个人的衰退会非常快，健康长寿也就完全谈不上了。所以对腿脚的保护必须重视，如果有一只脚的一个脚趾受伤，不能行走，就影响步行活动，我对这一点很紧张。三年前，我的右脚跟落地很痛，不能行走，我去看我的家庭医生，她立即叫来小型的 X 光机，给疼痛部位拍了片子，但什么也没有发现，这位医生没有给药，她叫我去药房买一双袜子穿上，可以止痛。

究竟是什么造成疼痛，医生没有说清楚。我最不喜欢穿袜子，而这种袜子特别厚，穿上很不舒服。我阳奉阴违，脚后跟痛一直未愈。我又去医院的一个专治脚部疾病的部门，一位韩国医生听我说完以后立刻说：这很容易，我给你打一针就不痛了。果然这一针很灵，我高高兴兴地回家，又恢复步行。但是两个星期以后疼痛又回来了，我又去找韩国医生，他又给我打一针。后有朋友告诉我，这叫封闭疗法，不可常用的。于是我又穿上厚袜子，最后真不痛了，但是什么病始终不知道。

2019 年在上海睡了不合适的床，而造成的坐骨神经痛也大大影响我步行，痛得最厉害的一段时间只好停止步行。疼痛缓和一些后我再恢复。现在步行对我是非常重要，不能行走就失去锻炼，一定影响健康，影响寿命。

六

人老了，各种器官都在逐渐衰老，最先衰退的还有视觉和听觉的器官。我在四十多岁的时候视力就下降，读书看报就要用远视眼镜。那时候我从农场回来，重新坐办公室，办公室采光不好，我坐在一个黑暗的角落里，很短时间视力下降许多。以后的四五十年，远视度（老花）不断加深，每隔三五年必重配眼镜。八十五岁那一年，我又去医院眼科重测视力，眼科医生说要给我检查有没有白内障和青光眼，那天先检查白内障。检查结果是没有，医生说非常好。过了几天，医院给我电话，叫我次日去检查青光眼。那是一位男医生，名朗奴，检查过程耗时颇长，他就一直不停地和我交谈，问我从哪个国家来的？学什么的？做什么的？把我的家庭情况都问清楚了。然后他出去一会儿，再进来时拿着检查报告。他突然用中国话对我说，恭喜你，没有青光眼，你的眼睛非常好。我很惊讶，我说：朗奴，你怎么中国话讲这么好？他说他在斯坦福大学医学院上学时，选读了中文，他的老师是庄因。我说：太巧了，我认识他，我们是朋友。庄因是斯坦福大学教授，他是《城南旧事》作者林海音的女婿。不错，很巧，因为这个世界有时候很小。

朗奴说我的眼睛很好，其实我的耳朵也还不错。时至今日，我百分之九十九的时间都不用助听器，只有不到百分之一的时间我戴着助听器，那是很特殊的场合，我怕因为没有听清楚对方的说话而失礼或误事。这说明我是有助听器的，因为儿子的一再劝说，也因为弟弟夫妇的苦口婆心。宝平对于我不用助听器很不放心，特别在开车的时候可能没有听到其他车辆发出的声音。他对我说的次数太多了，我却没有付诸行动，于是他就发动群众，请我的弟弟弟媳妇、弟媳妇的妹妹妹夫都来做我的工作。盛情不可却，我决定立即行动，去医院的助听器部门配了一套，投资四千元，再没有人对我提助听器的事，其实我至今基本没有用，助听器在我的书桌上闲着。不过人不能不服老，我的双耳在无“助”的情况下工作到现在，已经很可以了，投资四千元建成的助听器，准备择吉正式开张。

七

前面我吹嘘了我的消化系统非常健康，肠胃很干净。因为我不吸烟，所以我的肺也很干净。在我成长的年代和环境，不吸烟真不容易，我的祖父、我的父叔七人，几乎所有的男性亲属、男性朋友没有不吸烟的，唯我远离烟草。怎么会这样呢？我回想我少年时，嫌吸烟的人脏，到处都掉下烟灰，衣服上也有烟灰，我有点洁癖，所以我讨厌吸烟。那个年代还没有把吸烟有害健康提到日程上。我从来没有吸过烟，因此我的呼吸系统也很干净，也很健康。我的循环系统却有些问题，而循环系统出现的问题往往是突发的，又往往是严重的，而且有点防不胜防，我只好想开点不放在心上，吉人天相，自己安慰自己。不过循环系统的毛病来得快也来得重，因而走得快也走得急，这就大大减少本人的痛苦，也不是一点好处都没有。总之，人到最后怎么样告别这个世界，一般自己是做不了主的，不必操心。

在《兰谢留芳》一文中，我提到一天在超市购物，出门时几乎昏倒，露露送我去急诊，做了 CT，Dr. Javerbaum 看了片子告诉我，我曾经有过一次小中风。医生告诫说：有过小中风，就要特别小心了，他给我开的预防药，至今还在服用。2015 年的一天，我发现我的左胸有一种特别的感觉，好像手机放在上衣左上方的口袋里，收到信息我会感到跳动一下，而手机并不在上衣口袋里。我立即去医院，医生作了各种检查，问了我各种情况，最后的结论是停止服用两种药造成的，一种便是神经科医生Dr. Javerbaum给我开的药，另一种是我每天睡前服用的微量阿司匹林，而这种病症称为早搏，每启搏一下，感觉左胸跳动一下，就如手机收一次信息。我所以停服这两种药，是听朋友说，凡是药都有副作用，最好不用或少用，于是我自作主张把这两种药停了，立刻就出现问题。医生叫我恢复服用，第二天症状消失，真可谓奇了。所以服药或停药都要认真对待，要听从医生的指点，不可以自作主张，服用了某种药，又忽然停了，可能出现较严重的问题。两年后我的心脏又出现过一次问题，这一次的病症叫心悸，也就是心律不齐。检查我的就医记录，循环系统出现问题比较多。

中国有句老话：久病成良医。我没有久病，也没有重病，和医院医生打交道的机会极少。我的父叔们和我的弟妹们竟没有一人学医的，我的医学知识特别贫乏。我对于健康问题，也只零零碎碎知道一点。

没有得过重病，没有受过重伤，没有住过医院，没有动过大的手术，应该说是比较幸运的。在西安第四军医大学医院做过静脉曲张切除手术，在美国做过小肠疝气的切除手术，都不用住院，两个小时内完成，自己下地回家。

八

我不吃补品。许多亲友从中国来，选东北产的人参作为礼物，我九十岁生日就收到好几条人参。干干瘦瘦的一株人参，放在精美讲究的木质匣子里。我现在有许多匣，占着柜子里很大的空间，不知如何处理。

我也不吃广告里介绍的保健品，因为我没有兴趣，从来不看广告。尽管我不找保健品，保健品却找上门来。一位亲戚介绍我吃一种日本人研发的保健品，名称叫 Barley Life，Barley 就是大麦，这是用大麦的叶子制作的绿色粉末，是纯粹用植物制成的保健品。他说非常好，他自己服用多时，他当即从口袋里掏出一些样品给我。盛情不可却，我便开始服用，是我迄今服用的唯一一种保健品，至今已经服用三十年以上。

大麦叶子的保健功能如何呢？后来我从反面证实的确有效。我开始服用大麦叶子的时候还在上班，而且我是做大夜班的，每晚餐后才去上班，清晨四时，看完所有报纸大样才下班回家，我退休那一年七十四岁了。退休后，我想休息在家，保健品就不要吃了，于是中止服用大麦叶子，一年以后，头发白了一半。一天又和介绍我服用大麦叶子的亲戚 David 午餐，我说我停服大麦叶子头发白了，David 说那就赶快恢复，他又从口袋里掏出一把样品给我。我又重新开始服用。我退休二十年了，二次服用迄今也已经二十年了。十年以前我开始加大服用量，不仅早晨服用一次，睡前也服用一次。以前我用柠檬汁冲服，现在用杏仁奶冲服，用什么饮料调制都可以，不是问题。

我有三个堂妹，童年和少年时，我们都生活在一起，现在她们都很健康，都是曾祖母了，她们的年龄都接近九十或超过九十。但她们头发全部是黑的。或许有人说她们是堂妹妹，和你基因不同。那再看看我的亲弟弟和亲妹妹，都年逾古稀，弟弟 2022 年八十大寿，他们的头发也是黑的。因此我暗暗叫苦，肠子都悔青。如果我不服用这大麦叶子，或者我服用了大麦叶子而一直不停，我至今也有一头乌黑的头发。这就是从反面来的证明。但如果一直没有服用大麦叶子，头发是乌黑的，身体是否保持现在的样子，这完全不能肯定。所以不用后悔，也永远说不清楚。我只能肯定一点，这大麦叶子是真有作用的。我二次服用大麦叶子后，头发保持半白半黑状态，已经白了的一半回不来了，但也没有全白。反正这辈子再没有乌黑的头发了。

我只能得出这么一个结论，不要轻易吃保健品或补品，如果身体很好，没有必要吃补品或保健品，如果真想补补身体，也要认真仔细考虑，问过有经验的人，一旦服用保健品，就不能停下来。最好的食品是天然的食物，蔬菜水果都是好的。肉类合理食用也都有益，营养足矣便好。

九

养成良好的生活习惯，靠自律，也靠坚持，每个人都是自己的最好的医生。保健由自己认真地做，应该是最有效的。

我现在每天做的保健工作第一桩：锻炼两条腿。有人对我说：你又去散步了。我不否认，但我心里想，这不是散步，散步太斯文了，前清遗老在院子里踱方步，嘴里念念有词，那就叫散步。现在要锻炼腿力，必须要有点强度、有点速度、有点耐久度，达到锻炼的效果。所以不叫散步，叫步行，叫行走，叫走路，总之不要一个“散”字。也不叫遛弯，“遛”也太放松，少了强度和速度。走路还要保持良好的姿势，抬头、挺胸、挥动双臂，面带笑容，保持一定的速度，见迎面来人，一定举手打招呼。除走路外，我早晚还做一些保健康复的运动。

我每天上午十时至十一时之间走路，然后在院子里背对太阳晒二十分钟，晒得后背发烫，一天的维生素 D 就够了。下午四时洗一个热水澡。下午洗澡并没有特别的好处，不过这个时段没有其他干扰，可以有保证。我把各种活动大致定个时间，也是为了能够落实，不会轻易忘掉。每次浴后一定量体重。过去的二十年我的体重一直保持在一百五十至一百五十三磅之间。体重不变，说明身体没有大碍，可以放心。除每天浴后检查一下体重外，我还经常测试血压、血氧和脉搏。

在饮食方面，我每天一定吃一到两个鸡蛋，吃一把坚果，还吃一块巧克力。也吃各种甜食，如蜂蜜核桃、芝麻糖、奶酪蛋糕、奶油蛋糕。甜食是我的最爱，我每天都会吃一点，但控制吃的量。我每天中午沏一杯绿茶，大约喝两杯。每晚睡前煮一壶开水，我有个不甚保暖的暖水瓶，用来装开水，睡前喝一小杯，到了后半夜暖水瓶的水已经成为温水，我每起床必饮少量温水，待第二天早晨起床，立即饮满满一大杯。国外有些医生主张喝水，认为小毛小病是不必服药的，喝水足可以治疗一般小病。没有病喝水更好，足可使身体健康。

我的睡眠时间定为晚十时至晨七时，睡得最好的日子，夜里只醒一次，一般是两次，也有醒多次的。睡眠是最重要的，一觉睡到天亮是最上乘，但随着年龄增长，一觉睡到天亮的好眠已经难得一遇了。人生有许多好事情一去不可复得，奈何。熬夜是最伤身体的，我曾在报社主政编辑部，每天早晨四五点钟回家，如此近二十年，也顶过来了，没有损害健康。这是工作需要，一般人没有特殊需要，千万别熬夜，晚十时到晨七时是最佳睡眠时间，而睡眠又是保证健康和长寿的最重要的一个方面。

十

最后，我要谈谈养生的最终目的：健康与长寿。“健康”和“长寿”是一致的，但不等同。健康的人不一定长寿，长寿的人不一定健康。那么我们养生是为了达到什么目的呢？为了健康，还是为了长寿？我的答案很简单：养生为了健康。健康的人有很大可能会长寿，反过来，长寿而不健康，不能行动，生活不能自理，会很痛苦的。一个人过中年、步入晚年的人努力养生，如果做得合乎规律、恰到好处，健康情况很好，就很大可能会长寿。八十多岁是长寿，九十多岁更是长寿，过百岁就是最长寿的人瑞了。

世界卫生组织在多年前就提出，判断一位老人是否健康，不是根据这位老人是否有病，而是根据这位老人的身体功能。世卫组织把老人身体的功能分为三类。第一类是日常生活能力，包括洗澡、穿衣、梳洗、如厕、吃饭和行走。这六项是最起码要求，如这六项日常生活不能自理，健康情况已经非常严重。第二类是工具生活能力，包括打电话、买东西、坐公交、做膳食、洗衣服、买药、服药和管理财产。要具备这些能力，就必须具备使用较复杂的现代电气设备，使用现在的手机，就需要具备非常强的认知和操作能力。最后一类是身心功能，包括合理膳食、规律运动、慢病管理、心理健康和避免失智，具备这些能力，就是一个头脑完全清醒的老人。每个步入老年的人，应该保持锻炼，不仅是体力方面，还包括智力方面。

怎么可能长寿，有一项研究结果指出是由五个方面的因素决定的。父母遗传占百分之十五，社会环境占百分之十，自然环境占百分之七，医疗条件占百分之八，生活方式占百分之六十。可见个人的生活习惯对人的寿命是起决定性作用的。自己的健康自己当家，养成良好的生活习惯至关重要。

以现在人类的生活环境和医药水平，人的平均寿命不断增加，中国人的平均寿命已经接近八十岁，已经非常了不得。但是光阴似箭，日月如梭，时间过得极快。对于一个人来说，八十年好像一瞬间，九十年也像一瞬间。人的一生很快就过去了。我七十岁的时候，对年龄和时间没有什么特别感觉，和六十岁时一样，那时候我还在上班，忙忙碌碌，把日子打发了。我八十岁的时候，对年龄和时间也没有特别的感觉，也还是忙忙碌碌，忙于建造住宅，忙于照顾病妻，把日子打发了。我九十岁了，情况变了，对年龄和时间有了感觉，这种感觉驱之不去，经常会想到，我想驱赶掉这些思想也很难见效。为什么呢？因为九十这个数字。对于人的寿命，九十是个敏感数，现代的人年过九十，就是很高寿的人，再要往上跳一档，是很难的。

日子过得很快，过了九十岁的日子好像过得更快。2017 年我虚龄九十，2018 年足岁九十，两次宴客的情景如在昨日。2019 年阿兰离我而去，同年我回家乡一行，再下一年就是庚子之年，疫情暴发，困守家中竟年。接下来 2021，又在疫情中过去了。离 2028 年只有六年了。能不能和我的最爱的家人，我的亲爱的朋友们一起欢度我的百岁生日，我不知道，我自己没法预知，我尽量不想，但还是会想，奈何。我常常记起我弟怀洛对我说过的一番话，他说："你是大哥哥，你要守住你的岗位，不能离去。你在，我们都感到还小，来日方长呢。"他说的是真情，但当大哥哥的，责任不轻，我能不负众望吗?

十一

我所谓的养生是指养成良好的生活习惯，并非靠补品来养生。既然要养成良好的生活习惯，做什么必须持之以恒，才能成为习惯。我的方法是一桩桩写在纸上，有规定的时间做某一件事情，哪怕是吃一片阿司匹林这样的小事情，也有规定的时间才不会落空，不会忘记。下面说说我怎么尽力而为。

第一，我坚持步行。步行，是我现在日常进行的主要的健身活动。活动、活动，要活就要动。所以我非常重视现在我唯一锻炼身体的活动——步行。步行，走走看看，很轻松，但每天要按时走多少步，不能偷懒，要有毅力。我把步行看得非常重，放在养生的第一位，在我身患小疾腿有不适的时候，我还是坚持步行。我希望能一直坚持下去。老年人的萎缩从肌肉的萎缩开始，大腿的肌肉占人体肌肉的百分之五十以上，如大腿肌肉萎缩了，整个人的健康状况就有了严重问题。支撑大厦的两根柱子不坚固了，大厦会倒塌，人会摔倒，而老人摔倒是造成死亡的主要原因，袁隆平不幸意外去世，便是因为摔倒在田埂上。为了保护大腿，还做一些简单的动作，蹲下、站起和坐下、站起，这些动作很简单，只要求不扶东西。

第二，我重视饮食。人靠食物维持生命，上了年纪的人吃的量不多，更要讲究质，每天都要补充蛋白质和脂肪，每天至少一个鸡蛋，二三两肉，增加身体的抵抗力，增加能量。我每天吃的食物大致是相同的，每天吃同样的食物，一定有助于消化。我尽可能吃较多品种的食物，使营养更全面，包括各种零食，如坚果、水果、酸奶、其他奶制品。在饮食方面我还坚持每餐只吃七分饱。现在我的饮食是自己选择、购买、制作和管理，逐日应对着。每天的早餐和午餐，我自己料理，独自进餐。晚餐和全家一起进餐。七八个人满满一桌，大部分时间是媳妇洗手做羹汤，每星期有一两次外卖，人多菜式多，营养较丰富。

第三，我坚持饮水。每晚睡觉之前我煮一壶水，灌暖水瓶里，睡觉之前我饮一杯，夜间起床如厕，必饮水以补充体内水分，早晨起床便喝一大杯水，如此以防中风意外。这个坚持有五六年了，以前不懂，口干了才饮水，而且喜欢喝果汁、可乐、奶制品或茶，不喜欢喝白开水。而做到每天每夜一定喝水是为了养生而坚持的。

第四，我按时睡眠。我年轻的时候晚上不熬夜、早晨不赖床，熬夜是很伤身体的。到了美国在报社工作，工作时间非同其他职业，后主政编务，必须做大夜班，每夜报纸付印，我才下班回家。这样的作息有十多年，幸没有影响健康。完全退休后，作息恢复正常，我自己规定睡眠时间是晚十一时前至晨七时，每天准时作息。大约三四年前有一日，我弟怀洵对我说，你服用的帮助入眠的药片有不良的副作用，最好换一种。我想既然如此，就不吃助入眠的药片，自然入眠，坚持至今效果甚佳。

上面说的四点，是日常生活起居、饮食方面的，我写好了再读一遍，发现多次用了“坚持”一词，可见养生必须持之以恒，才能有效的。日常生活起居是比较容易持之以恒的，还有思想观念方面的，就比较难了。

十二

养生牵连到思想观念方面的还有很多，个人可以重视认真处理的，譬如生活环境，譬如服装修饰，譬如社交活动，譬如艺术收藏，总之不要把自己看得老了，什么都没有兴趣，那就是真的老了。我很注意这些方面，至今我自己料理，室内布置、待客器皿、个人穿着、藏品展示，我都保持中年时的标准，尽可能保持中年人的心态和爱好。人生最重要的是朋友，我有许多知己朋友，保持着交往联络，男女朋友都有，这是长寿者最不可缺的。有朋友就有感情交流，有朋友就有欢喜快乐，有朋友就不觉得老了。这绝对是养生中最重要的一环。

现在朋友互相交换养生经验的甚多，近日一位好友胡文梅转发给我一条专家医师推介的八种好药，我记录如下：

（一）养胃药——揉腹。（二）补钙药——晒太阳。

（三）大补药——泡脚。（四）养肺药——深呼吸。

（五）美容药——睡觉。（六）防癌药——走路。

（七）万能药——喝水。（八）长寿药——大笑。

八种好药都是免费的，养生原来不必花费很多钱买十分昂贵的滋补品。花很多钱未必有效，不花钱却功效极好，只要坚持两个字，效果一定显著。人过中年，步向高龄，老朋友之间不必送燕窝人参，在网上送份药单就是最珍贵的友谊了。我的这个好友是我在星岛的同事，退休后她去了洛杉矶，每来微信必叮嘱保重，走路要坚持，但不要上街，在院子里走走就可。她说她的，几年下来我把她的告诫当作耳边风。疫情来了，不宜出门，我才改在院子里步行。院内最大的一块平地，沿边走一圈一百步，我每天上午十时后到院子里兜圈子，兜三十圈，一次性走三千步，全天约走五千步。我告诉文梅：现在不上街了，听你的话，每天在车库前转圈子，看上去有点傻。叫我做傻事的人就是送我免费好药的好朋友，我由衷地感谢她。老了，真正的关心就是关心朋友的健康，能经常挂念着朋友的健康的，才是真正的好朋友。

回顾一生

一

回顾一生，我说的第一句话是：我的一辈子运气一直很好。

“运气”，我们看不到，但确实存在，看不到的东西不等于不存在，现在科学越来越多地证明，有许多存在的东西我们是看不到的。上千万人买彩票，大奖上亿元，最后有个运气特别好的人中了大奖。科学的解释是：有彩票、有大奖，就有中奖者，就有个幸运儿，这是必然。至于谁中大奖，那是偶然，必然存于偶然之中。这样的科学解释，并不能说服所有的人，爱追根究底的人还是要问：为什么不是你、不是我，而是这个人呢？没法解释，一针见血的回答这就是运气。所以我一生中遇到的许多事情，只能用运气解释，“我的运气好”。

我一生中有过一次非常危险的经历，那一次我离开死亡的距离以寸计。只差两三寸，如果我未成年就不在人间了，全部心血抚育我的曾祖母如何接受得了，情何以堪啊。这个危险的经历我从来没有述说过，那发生在 1946 年的下半年，那年的暑假，我们八个学生在上海杨树浦的一个仓库里清理从关岛运来的一批美国海军剩余物资。我在前面已经讲过在仓库里翻箱倒柜的情景，曾经翻出手枪和子弹，两位少东家认为这全部物资都是他家的财产，他们可以随便拿走，他们擅自把枪拿走了，就成了他们的玩具，放在身边，显然他们也没有告诉他们的父亲。一天早晨我和同学董亲辅一早去他们家，他们还没有起床，我们直上三楼推门进他们的卧室，我刚进门，一粒子弹在我耳边飞过，穿进墙壁。说时迟，那时快，听到枪声，也没有时间给我害怕了。亲辅在旁却是受惊了，“花”容失色。开枪者起黄。当然后怕，他说不知道子弹上了膛，他以为是空枪，幸亏没有瞄准。其实在室内不过七八尺距离，又何用瞄得很准。好在我的命大，似有神助，把子弹推开了。如我那一年中弹而亡，哪有后面的七八十年，哪里还有“穿越”呢。

二

回顾一生，自然从最早的记忆开始，我的记忆开始于杭州。最早存入我的记忆库的是义井巷的大宅门。宅子虽大，但朴实无华，整个基调是灰色的，或者说像一幅黑白照片。高墙顶上铺着深灰色的瓦，白色的墙面经过风吹日晒成了浅灰色，大厅的地砖和天井的石板都是灰色系列，整个画面是深灰色和浅灰色构成的，使人从内心感到这是最朴素的真实的人间。记忆中的另一个画面是西湖之滨，远远的一圈山也是灰蒙蒙的，湖水呈现浅绿色，波浪闪闪发光。西湖里的游船有白色的遮阳布篷，船头坐着不同颜色衣着的船娘，给人总的感觉是淡雅，没有艳俗的气息，正好证明这儿是人间的天堂。我的童年生活于如此的小环境和大环境中，何其幸也。

回顾一生，童年的记忆很深刻，特别是在家塾读书。祖父专门为我请了一位绍兴师爷给我启蒙。这位师爷姓李，不知其名，我称呼他李先生。大厅前的西厢房便是家塾，我的父辈都在这间西厢房里背过古文，可能偶不小心挨过戒尺，但父辈在家塾受教时，老师一定比李老师强，曾祖父是亲自督导的。中过举人又留学过早稻田大学的祖父看得很透，对这个家塾、对我这个孙子都看得无所谓，不必认真。李先生这点聪明是有的，孺子不可教也，就不用认真。这样的组合很好，我很轻松。我不记得我在家塾里待了多久，两年还是三年，背些古文记一辈子，不能全盘否定。

与我同龄的人，特别是大城市里的孩子几乎清一色没有上过家塾或私塾，我在我的同龄人中是个异类。

三

我的教育从家塾开始，对我的整个受教育过程多少有点影响，但不严重。抗战爆发，我到了上海进了最洋的中西女中附小，按年龄进五年级，一至四年级用家塾替代了，当然替代不了，对我有影响。一极土一极洋，土洋接合，无有甚者。

中西附小两年结业，进了格致公校，一洋一公，均祖父意见，我幼尚无主见。格致两年，我有我自己的主张了，果断地放弃公校，另投私校，自此之后不断转校，差不多是一年转一校，而均为我自己的决定。独断独行，自己的命运自己作主，祖父从不干预，对我很放心，让我独自去闯。其实很不好，我一生都后悔的，如果我的求学过程比较正常一点，我整个人生都会不同，应该会好许多。

我的曲线求学全过程，包括两所小学、四所中学、三所大学，如果加上在香港上过一所技术学校，整整十所。这个数字很可观，可能很少有人比我走得更曲折，上过更多学校。而我上过的十所学校中，有一半以上是名校，不仅是上海的名校，甚至是在全国出名的学校，包括名校中西女中的附小、南洋模范中学、圣约翰高中、圣约翰大学、沪江大学、上海财经大学。一般人上一所学校不易，我却跳来跳去，实则对我个人发展有害无益。我初中阶段上的两所中学，格致公校和大同大学附中，后改名五四中学，在上海也算好学校，在我的记录中却是垫底或近乎垫底的。对不起，我夜郎自大呢。

在上海上的第一所学校是所弄堂小学，很小的，让我知道读书不是一个老师对一个学生，一对一早就过时了，一个老师对一群学生才是正常的。我在一个很小的小学当学生，只有一个月或两三个星期，因搬家而进，因搬家而离，好处是见识一下课堂的样子，再进中西附小不至于太乡巴佬。

在香港，我和我的九叔，还有一位上海约中郭姓同学初到香港，无学校读书，商量一下，进了设在启德机场里的航空学校。这儿只有两个专业；上天的飞行班和地面的维修班，学费很贵。我们三个上海少爷，上天不敢，地面不屑，入学不久便拂袖而去。在我的学历中应无一席之地。

在人的一生中，读书求学的过程是非常重要的阶段，是长知识、学本事的阶段，我的曲线求学过程使我误了这重要阶段，使我今生只能是一个通才，而不能成为专才。我极悔恨。

我并不是一个见异思迁、喜欢折腾的人，中学开始跳槽实出于无奈。因为日本鬼子接管了上海租界的公校，废英语课而开日语课，我决定转学到私立学校，投考南模而未被录取，又投考大同附中，在大同附中一年，第二年暑再考南模。到第三年暑因参加清点进口剩余物资的工作，误了上学，不得不再转学，投考圣约翰高中。在此频频转学的过程中，只有投考南模是我的真正愿望，其余皆不得已也。好不容易进了南模又轻易离开南模，诚徐氏昆仲累我，当年无知，现在思之得一沉痛教训，交友不可不慎也。而交友不慎只能责怪自己，不能责怪对方。

四

小学而后中学，中学而后大学，从十二岁到二十五岁，我的学生时代都在上海，一共上了九所学校。学校与学校之间差别甚大，我都经历了。第一所是那个弄堂小学，小而陋，到底有多大？我不知道，有没有校长？有几位老师？我也不知道。我只知道校名叫中宜，我到底在这所学校上学多久，我也不记得，也可以说不知道。在我的学历中，这所弄堂小学是可以忽略不计的。不过我不想完全否定它，它是我的学生生活中由单干到集体的过渡。有这种过渡感觉的，一万个学生中也找不出第二个来。

中西女中是所地地道道的美国式学校，所有课本由美国运来。课本只借不卖，图文并茂，或者说以图为主。每种精装的课本都重两三磅，三十年代中西已经是五天上课、两天休息，节日很多，活动很多，学生演戏排节目，做糕点，做糖果，这样的学生生活当然很开心。我混了两年到小学毕业，班里始终只有四个男生，战战兢兢坐在第一排，头都不敢回，稍有不妥，满教室的女生每人啐一口，就几天抬不起头来。女学生又好给同学配对，男生极少，太不够用，难逃被配对的命运，我也被配了对，我的另一方是我的邻居，和我住在同一条弄堂里，因此这位女同学每见我必骂我“橄榄头”以解恨，实在忒莫名其妙。配对并非我的主意，也非我之所愿，诚甚为委屈。而橄榄头者，人之长相也，橄榄两头尖，类似瓜子脸，后者是赞，前者是贬，如此而已，就是长脸，不圆不方，有何不好。因为年幼才如此骂人。可谓笑谈。

格致是上海英租界办的公立中学之一，因称公学。全市共四所男公学，一所女公学，都采用英国的学校模式，因是公立，资金充足，因而校舍都极佳，设备都极全，且免收学费，趋之若鹜者众，投考颇不易。学校的制度很特别，全校学生每天在操场列队，由高三学生负责整队，高三班的班长是总指挥，负责全校学生的统一行动。公学学生穿校服、戴校帽，高三学生的校帽上有一黄圈，高三班长的帽子上有双黄圈，被称为 Captain（船长）。各年级班长均非选举产生，而由班主任老师指定，凡全班考试总成绩第一名者便是班长。我在格致两年，四个学期均被指定为班长，如成绩一路领先，最后很可能戴上双黄圈的校帽，被全校称为 Captain。可是我不稀罕，读完初二便挂冠离去，那个冠上没有黄圈。格致还有一点特别之处，四十分为及格成绩，如果一门考试五个命题，答对两题便及格了，如此低要求，应影响公学的总体教学水平。

我投考南模初三不是时候，初三是初中毕业班，很少学生离开也就很少招收新生。找一个过渡学校，我进了大同大学附中。为什么选择大同？因为大同大学的校址在我大伯父的隔邻，我在那儿上学，下课就到大伯家，太方便了，中午便在大伯家进餐。大同附中是男女同校的中学，教室楼临街，没有操场，也没有绿地，从早晨上学到下午放学，除中午学生各自回家午餐外，都圈在教室里。在这样彼此靠近的环境中，我竟然没有交任何一个朋友，既没有和男生交往，更没有和女生交往。我曾经在上海第一的女中附小两年，小学分享着中学的设施；我心里向往着上海第一的中学南模，曾经沧海难为水，这是我当年真实的心情。我真正把大同看作跳板了。

五

1945 年 8 月日本投降，抗战胜利，上海街头再看不到日本鬼子了。几乎是同时，南模通知我被录取了，这一个暑假无疑是我青少年时期最快乐、最幸福的一个暑假。暑假后我踏进南模，开始在红楼上课。在南模上学的日子是有很多故事的，因为我喜欢南模，南模校园里的一切都是美好的，很快就有了一批朋友。南模的同班同学中最早成为好朋友的是董亲辅、周一雄和丁步辰三人。

董亲辅和我同龄，浙江宁波人，他的父亲是一位银行家，他有一个同父异母的姐姐，两个弟弟。亲辅和我有许多共同爱好，我们都收集邮票，他经常把首日封寄给我，我们都喜欢桥牌，我们也常一起看电影和听音乐，我们的友谊从十多岁维持到八十岁，在他最后身患绝症、医治无效的日子里，我远隔重洋和他通电话，他和我倾谈如常，我说你精神很好，他说好不好有什么用呢，反正病入膏肓了。我听了好难受，做了一辈子朋友，要永别了，远隔重洋，我不能抱他一下，甚至说不出一句真心安慰他的话。隔了一段时间，他的三弟给我电话，大哥走了。

亲辅的三弟叫亲卫，也是南模同学，他在上世纪八十年代中国开放后，勇敢地飞来美国深造，那时候他已经年近五旬，后在硅谷高科技公司就业，他和他的夫人成了我家的常客。进入二十一世纪以后，亲卫夫妇健康欠佳就很少出门了，他们迁入老人公寓居住，2018 年，我驾车去看望他们一次，亲卫患癌症，妻子得中风，两人都病，十分可怜，我也爱莫能助。而亲卫一再对我说："怀澄哥，下不为例了，千万别再来。"我真的没有再去，最后他们的女儿告诉我悲伤的结局。

亲辅的姐姐名梅英，一位秀丽典雅的女士。我第一次见到她，她对我说："你和我一样，幼年丧母，是可怜的。"当时她为我制作了可口的点心，十分亲和，以后差不多每次如此，使我感到梅英真像个姐姐，我是个失去母亲、没有姐姐的人，在梅英身边感觉到爱的温暖。后徐氏三哥由美国归，我介绍他们相识，数月后得知梅英曾自尽，幸得救，我心中暗惊。我考虑不周，不该介绍一名浪子给一位淑女，我之过也。后梅英去了法国，在异乡成家落户，我再未见她，但每思念亲辅，必念及梅英，秀丽贤淑如梅英者，只应天上有。每念梅英，我心中有愧。我这个幼稚的弟弟，给她造成终生的创痛。

我认识亲辅，差不多认识了他的全家，他还有一个二弟，未就读南模，而是入读雷士德中学。中年迁居美国，后病殁德州。亲辅双亲和昆仲已都不在人世，亲辅夫人是位医生，应仍居住上海，我从未见过，亦不通音信。亲辅有一女，我在上海见过一面，后去澳洲。亲卫告我此侄女在悉尼经营一个报亭为生。亲卫亦有一女，名飞龙，2021 年 7 月给我电话，待疫情过去，她来看我以续父辈之情。

周一雄也是南模同学中的最亲近者，他的父亲是一名律师，他有两个弟弟，名二雄、三雄。一雄是地下党员，我等在学校时均不知道，解放后他便到部队工作。1954 年我到北京工作，一雄在总政治部，我们曾会面一次。许多年以后，他任上海音乐学院院长贺绿汀的秘书，我每回上海，便约一雄、亲辅等老同学一聚。一雄离世最早，我一次回沪，突然得悉他已辞世。想想当年在一起都是不知愁滋味的，如今一个个退出舞台，十分可悲。

六

我的青少年时期最快乐的日子从 1945 年暑期开始，日本投降和考上南模，一件是全民的大喜事，一件是个人的小喜事，两件喜事碰撞在一起，人生进入一个新阶段。从初中进入高中，从少年进入青年，人生确实进入到一个新阶段，夸张的说法是跳跃到一个新阶段。高一和初三是大不相同的，十六岁和十五岁是很不一样的，跨出一步心里就蠢蠢欲动了，这个“蠢”字古人设计得好，仔细看看，年龄不饶人的。

我在一次朋友聚会中认识了 Katherine，向她要了地址和电话，然后约她参加另一个聚会。整个过程我做得非常得体，非常顺利，其实这是我第一次约一个女孩参加活动，我做得像个极有教养的人，其实这就是我想要做到的。

Katherine 姓顾，抗战胜利后，她随父母从美国回到上海，说着地道的上海话，但谈吐表情更像美国孩子。她的家在衡山路的一幢公寓里，我在一个星期前打电话约她，她当即同意赴约。我告诉她何时去接她，去什么地方，参加什么活动，何时送她回家。后来的活动完全如约进行。那天的活动是在静安寺路一幢别墅里，此宅的主人是汇丰银行唯一的华人副总裁李广钊，他的两个儿子是我的南模同学。我们组织的是一次茶会 Tea Party，有音乐，可以跳舞，整个活动很轻松活泼，真不像十几岁的少年们的聚会。当年的她只有十四五岁，不要笑她年幼，我自己也才十七岁，而李氏昆仲忠衡和忠权是十五岁和十四岁，我们是装成绅士淑女，很可笑的。茶会结束，我送 Katherine 回家，她的情况我只知道这么一点。那次约会之后，我再没有约她，再没有见过她，许多年过去，我才感到很失礼，当然再也找不到她了。我移居美国后，回忆往事，Katherine 出现在记忆中，我想她可能也在美国，如能重逢，可称奇遇。但茫茫人海，何处觅芳踪。因知道她的情况极有限，便无从探寻，但我记着今生我第一个约会的女孩是 Katherine。

在漫长的人生之路中，会遇到许许多多的人，各种各样的人，有的相伴终身，有的擦肩而过，有的刻骨铭心，有的形同陌路，说白了是缘分。在我幼稚无知的时候，曾在天际见到一颗星，这颗星的名字是 K 星，那次约会是一次浅浅淡淡的缘分，但留下长长久久的记忆。我一辈子不会忘记 Katherine，一个天真无邪、纯净素雅的少女，曾经和我在一起度过一个周末的下午。我们说的话不多，彼此知道的极少，没有照片，记不得她的模样，愿她一生幸福，至今仍在人间。

七

圣约翰大学的学生称自己的学校为“约大”，圣约翰中学就被称作“约中”。约大极出名，被称为东方的哈佛，但约大的规模只有千余人，不足哈佛规模的十分之一。约大有文学院、理工学院、医学院、农学院和神学院，每个学院至少有三四个系。约大的医学院极负盛名，上海执业的西医中，出名者大多出自约大医学院。约大的建筑系、英语系也出了大量人才。约大新闻系也为中国培育了最早的一批新闻工作者。

约大规模很小，约中规模更小。约中只有高中，没有初中；约中只有男生，没有女生。约中分春秋班，每班只有十数二十人，全校也就一百多人。除中文课，其他课程都用英文教材。

约中位于约大校园内的最后一幢楼西门堂内，一楼是教室，二楼是宿舍。约中的校友最出名的是顾维钧，中国最负盛名的外交家。很多介绍顾维钧的文章把他列为约大校友，是错误的，他没有进约大，高中毕业就去美国升学了。

约中没有初中，对我来说是太遗憾了，如果约中是一所六年制的完整中学，我中西小学毕业便进约中是最理想的了。约中离家近，还可以住校，祖父一定会同意，那么我就不会走曲线求学之路。我的求学之路不同，人生之路也一定不同，一定会好很多。

八

回顾人生最早的一段，很不好，太多的叹息，太多的遗憾。中学阶段是人生最重要的一个阶段，依我的条件应该过得很好，但走得曲曲弯弯，甚不理想。究其原因，这就是梅英姐对我说的心里话了："你和我一样，幼年丧母是可怜的。"如果我有一个健康的母亲，当然我会在她身边成长，父亲也不会离开母亲和我，我就和上海同年代的孩子一样，上幼儿园，上小学。我的曾祖母十分宠爱我，把我留在身边，祖父请个绍兴师爷在家塾为我启蒙。然后祖父又把我送进了当年中国最洋的洋学校，然后又把我送进了最平民化的公立学校，所有这些环节都格格不入，完全处在不同的时代，每换一处就差一大截，我完全是被动的。按现在流行的说法，使我输在起跑线上。

九

前面的回顾令我叹惜，我的童年、少年和青年时期的大部分时间是很被动的。我真正的转变是在我二十八岁的时候，那时一场“反右”运动把我定为右派分子，这种突然发生的重击要想得通实在太难了。我有一段时间想不通，想不通也没处申诉，向妻子申诉，她的回复永远是：“我理解你，不离弃你。”真正要想得通还要靠自己。

世界上的事情都是一分为二的，好也不能完全地好，坏也不会完全地坏。我比较快地想通了，我当然不可能想通自己真正错了，我没有错，为什么要承认错呢。但是我想通我不能从此消沉，必须振作。人生只有一次，我必须尽最大努力重写人生。因此从“反右”之后，我尽最大努力重写人生，所以此后的六七十年我扎扎实实地过日子，时刻想着人生不可虚度，一定要做到最好。

我当年是公司总经理一句话把我留下的，差点送去劳教。对段砚田总经理我永远感恩。他当时说：把程怀澄送走，永远要不回来了。他是珍惜人才而把我留下的，而在此之前我并没有主动地发挥我的能力。段总怎么知道我的能力呢？我想或许他是听我的科长说的，科长连传芳一直重视我，他不同意把我划为右派，因而在党内被批为右倾。

我留下来了，而且安排在重要的岗位上。当时我们在建造大同机车车辆厂，大大小小有十多个车间同时开工，我负责机械施工的调度。我们有六个工作队，各种各样的重型机械，我必须完全掌握工程的进度和特点，安排最适合的机械，安排好工程的互相配合、确定运输的准确时间，六个工作面都能按计划进行，我的安排天天顺利完成。当时有位机械工程师乐炳华，他说程怀澄善于大兵团作战。我们的生产部门负责人姓曾，凡有人找他解决问题，他便说找程怀澄去。从这些情况看，我是右派分子吗？我萎靡不振吗？

把我划为右派分子的人，丝毫不会考虑我今后的人生将如何度过。我的人生是我的，到了这一步，我必须认真地考虑。很长一段时间我一直在考虑，在想通这个问题。非常庆幸的是，我的思路是正确的，在当时的情况下，不是想得通想不通的问题，而是我该如何面对的问题。我经过熟思得出了如下三点结论：第一，我不是右派，绝对不是，不必去争，争也无用。第二，既然我不是右派，我的一切言行都要做到正常，力争做到最好。第三，不管别人如何看法，我的人生要过得精彩。

我的想法如此，我的行动也是如此。我毫不吹嘘地说，我当时的工作热情和工作成果是最好的人中的一个，让周围的人忘了我是右派。领导心里都明白，有些话当时不好说。一位工人钱师傅对我说："小程，别泄气，过两年我介绍你入党。"

我想对了，我做对了，人生这一关，我没有惨败，反败为胜，我赢了。

两年以后大同机车厂竣工，我们迁往广东茂名，建设石油城。我做着同样性质的工作，不过石油城工程不是标准厂房，非常特殊，必须更用心才能完全掌握整个工程情况。那是"大跃进"年代，提出"开门红、日日红"的口号，我每天安排施工进度决不保守，但一定努力完成。我每天整个工地走遍，中午工人回家午休，我在办公室编印一份快报，不用打稿子，我直接把报道刻在蜡纸上，刻完立即付印，工人下午上班路上人手一份，知道这一天还要做些什么。我很辛苦，但我很自信，我做着别人做不到的事情。整个公司的领导、所有同事、所有工人都看到我做了些什么。不久摘掉了我的右派分子帽子。

摘掉帽子便是摘帽右派，帽子拿在群众手里，随时可以再戴。右派分子是阶级敌人，有我这样全心全意、刻苦耐劳的阶级敌人吗？这是说戴着帽子时的表现。帽子是怎么戴的？经得起复查吗？在党整风的时候，我说过什么右派言论吗？所谓右派言论，完全是搞项目的人编的。后来隔了二十多年，我在中学任教，中学为我复查，对错定为右派作了改正。

从戴帽子到摘帽子，近三年；从摘帽右派到错定右派改正，十九年。人生几何？这二十多年我受伤害，我妻子受伤害，我的儿子受影响。受伤害最重的是阿兰，妻子以丈夫为荣是正常的，以丈夫为耻是极不正常的，阿兰承受不了，她受伤害甚于我。阿兰是好妻子，委屈她二三十年。她没有离开我，但她心中委屈，痛苦，使她的一生不美满。

十

我 1982 年出国前的十七年中转了三校，技术学校、“五七”干校和子弟学校。1965 年因为我不可接触国防工程，我主动要求去技校执教；1968 年技校解散，我被分到接受再教育的“五七”干校；最后于 1970 年底从干校调到子弟学校，由受教育到教育人。我的服务单位不断变更，但始终在建筑系统；我的工作内容不断改变，更说明我是个通才。我在出国前最后一个工作岗位上，做了两件事留下好印象：第一件事是带一个最乱的班，成为很正常的班；第二件事是带重点班两届考上六十多名大学生。我做了这点贡献，对我很重要，我感到心安，在我要告别祖国，离开我熟悉的单位、同事和同学的时候。我是一名中国人，我没有做过对不起中国的事，我以行动证明我对祖国的忠诚。曾经发生过的对我的怀疑、抹黑、丑化都是无知可耻的、无中生有的、不可理喻的，不影响我对祖国的忠诚。

到了美国，出乎意料地进入报社工作，从五十三岁到七十三岁，做报人二十年，当了四年执行编辑和十一年总编辑，做了我最喜欢做的工作。

十一

回顾我的一生，为社会服务四十八年。前二十八年在中国，始终服务于建筑工程部系统。后二十年在美国，始终服务于香港的星岛集团。我的求学过程呈现曲线，我的职业生涯却是直路一条。

我的学业很浅，没有攻读尖端科学，更没有深造，所以我是一个通才，只能做一般的事情。现在回顾一生，我自己满意了。凡是通才可以做的工作，我可以做得很出色，一定不负期望。

谈到学历和履历，我想说说智商和情商。我的想法是：

读书需要智商，为人需要情商。

科研发明需要智商，服务社会需要情商。

智商是先天的，情商是后天的。

为人处事情商比智商重要。

我的看法对不对？不一定对，但确实是我的想法。

我自己呢，智商不高，我自己最了解自己，并不是一目十行的那种学习尖子。最根本的是我不刻苦，不愿意花功夫，我从来不开夜车，不死记硬背，差不多就算了。我的智商是多少呢？不知道，从来没有测试过。我的情商却是比我的智商高。情商是后天培养的，受益于我的家庭，受益于影响我至深的我的曾祖母、祖父祖母，还有我的父辈们。

情商高的人，善于处世为人，凡事都为对方、为别人着想，因此很容易和周边的人建立良好的关系，人缘就好。就这一点很重要，社会就是人与人的关系。关系好，什么事情都容易处理，什么事情都顺利。

日常的、平常的人际关系如此，不正常的、不平常的人际关系也是如此，人是有感情的，真诚待人，人亦真诚待你。我在受到冲击、处境最坏的时候，外围的人还是善意对我，我受益良多。其实不需要高深的学问，不需要专门的培养，想人际关系好，就是做每一件事、说每一句话，都要站在对方的角度想一想，对方是否能接受，是否不反感，如果事事如此、时时如此，良好的人际关系便建立了。

人生赢家

一

我喜欢交朋友，对朋友真诚，和朋友们保持着良好关系，因此有许多朋友，有许多老朋友，有相识七十年以上的老朋友。

十岁以前我生活在杭州，住在高墙围住的大宅门里，一个小朋友都没有的。1938 年到了上海，搬到江苏路的弄堂里居住，有了邻居，便有了朋友。今生的第一批朋友有十数人，有两三个与我同龄，其余都比我大两三岁，现在都是九十岁以上的老人了。只有一位比我大两岁的人强还保持着联络。人强姓朱，是名画家朱屺瞻的第三个儿子，他的大哥人杰、二哥人良和四弟人文都早已离世，唯他接受其父的优良基因，至今甚健。他的画家父亲是一位百岁人瑞，再过四五年人强也是百岁老人了。人强还有两位姐姐人荃和人萍，应都健在。人强是我最早的朋友，交往最久的朋友，我们从 1939 年相识，做朋友八十三年了，其中有两年我们还是同学。人强服务于人民银行芜湖分行，我常去芜湖，因此我俩的交往一直没有中断，八十三年的朋友或许是一项纪录。

我的老朋友中比较多的是上海南模同学和约大同学，在香港两年有两批朋友，一批是南模的，一批是约大的；到了美国还是这样，南模同学一大批，约大同学也不少。南模同学中，最早是1945年认识的，现在能联络上的已极少，我的同班同学张忠谋事业成就巨大，身体非常健康，但我们素无联络。还有一位南模同学吴锡九，事业上贡献良多，2021年秋辞世，在这一年春的同学聚会中，我们还坐在一起畅叙。另一位南模同学吴大钧居住在金山湾区，他与我同龄，我们时有交往。约大同学居住金山湾区的有很多位，但都年事已高不便行动了。我经常保持联络的是学长李宜华和她的先生涂继正，继正是约大最后一任校长涂羽卿的公子，但他不是约大学生。

二

最近我有一位忘年之交在香港辞世，这位朋友姓凌名建凡，另一位忘年之交龚南文告诉我不幸的消息，我就联络上建凡的女儿表示哀悼。建凡、南文和我都是同龄人，都出生在上世纪二十年代末，现在都年过九旬。我们四十年代末相识于上海，交往不长久的一段时间后，各奔东西再无重聚，但仍保持着联络。要问何年在何地认识？因年久而记不清了，所以是另类忘年之交。

凌龚二人，均就读于上海交大，非我同学。我们又是如何相识的呢？这都是缘分。我由港返沪之时，家父嘱我，到上海后尽快去看望他的好友韩文信。韩伯父是一位地位显赫的牙医，他毕业于南开大学，与周恩来是同学，而且关系极亲密。抗战胜利后，他由重庆下江南，在上海斜桥弄开设诊所，家父带我上门祝贺开张，便见到了梅兰芳。去他诊所治牙者，非富即贵，都是政要名流。总理亦安排他进京，为主席治牙。我回到上海便去看望韩伯伯，正巧建凡也在，韩伯父说建凡是吴克斌之外甥，吴叔叔是家父学弟，我家常客，因此我与建凡立即就成了朋友。我与建凡交往后，他又介绍交大同学龚南文与我相识，并介绍其女友王玮与我相识，王玮是我约大新闻系同学，本是相识的。

我的两位忘年之交老朋友，左为凌建凡，石为龚南文。此影摄于何时，他俩多大年龄，我不知其详。我们五十年代初一别，再无重逢。七十年未见，未忘友情，却忘了年份。

建凡的父母在香港，1950年春他决定停学去港。到了1950年暑假，南文和我都转了学校，因此我们三人各奔东西，交往中断，若干年后我们再次联络上，真是缘分未尽。我的堂弟怀洛分到成都铁道部设计所工作，巧遇南文，南文见其姓名与我的仅半字之差，一问果然是我的兄弟，我们就重新交往。南文亦很巧得到建凡的

我的朋友凌建凡的女儿 Teresa。

地址，我们三人便都知道彼此的下落了。建凡居于香港，经营一服装公司，做进出口生意。建凡的夫人王玮及其爱女 Teresa 来旧金山曾约我一聚，次年 Teresa 单独来金山，亦与我聚餐。可惜建凡不利于行，我因妻病不能远行，因此始终未得再见。七十年老朋友，七十年未见，七十年老交情，七十年不忘。诚难得也。

三

现在我要介绍一位真正的忘年之交，我认识这位新朋友时，正值米寿之年，米寿者，八十八也。这位新朋友的年龄是我年龄的一半，她四十四。对，我没有写错，你也没有看错，她是一位女士。四十刚出头，还是年轻人呢。一老一少，真正的忘年之交。不要想过头，老与少当然可以做朋友的，男与女当然也可以做朋友的，我们就很正常地做了朋友。我们是忘年之交，是知己之交，也是君子之交，现在我们的友谊进入第七年。

她姓冯名维纳，祖籍四川，北京长大。北京中医药大学毕业，来美国进了春田大学（Springfield Univercity）。春田大学位于麻省，是一所私立大学，也是一所很出名的大学，因为有两项活动是诞生于这所大学的，一是篮球比赛，另一是男青年会。维纳主修康复，她学业完成后，来到旧金山湾区，自己开了个中医诊所，又在一家大型医疗集团任康复科的医生，她一周工作六天，一天工作九个到十个小时，十分勤劳。我的妻子患老人失忆症，医院派她来观察和优化家中治疗的设施和环境，她每个月都会来一两次。久了，慢慢熟悉了，就成了朋友。

我们的谈话从艺术欣赏开始的。我爱书画，收藏了一些国内现代一流画家的作品，挂于屋内四壁，想不到引起维纳的兴趣，她和我谈的第一个话题便是画，于是我给她介绍了阎振铎的油画和他的功力，也欣赏了 John Singer Sargent 的作品。我家虽然挂着许多画，但是客人们关注书画的是少数，维纳爱艺术，使我们有了共同的兴趣，有话可说。

第二年我的《穿越三个世界》出版，我把一本书、一包零食放进一只礼品袋里，说明如果书看不下去了，就吃零食消遣。她没有想到这是我自己的故事，很感意外。过了两年，我写第二本《穿越三个世纪》，她来了坐在一旁，仔细读《拙园老人自述》和两册《硃卷》，使我感到维纳真是知己之交，关心着我最重视的事情。

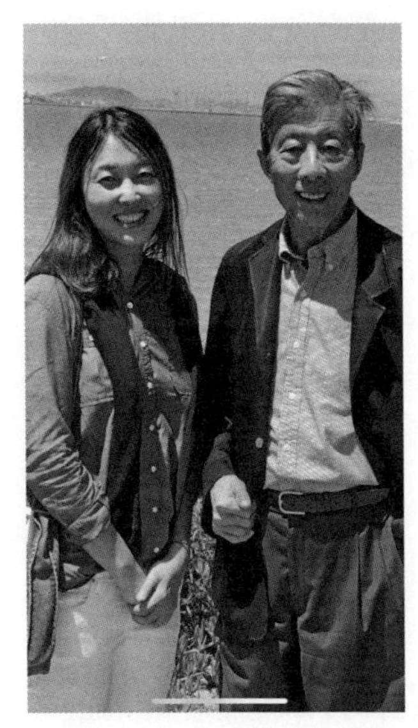

这是我的真正忘年之交维纳。此影 2018 年摄于旧金山湾区的海湾之滨，维纳的妈妈摄。

维纳是个极聪明的人。她对我说：她的母亲极聪明，她的妹妹也极聪明，只有她不聪明。她们母女三人谁智商最高，姑且不论。看女性聪明不聪明，最简单的只要看她开汽车：会不会看地图？开着车识不识方向？塞车了怎么突围而出？我经常乘维纳的车，我最知道她的灵活程度，因而知道她是多么聪明。

维纳的智慧还表现在她对社会百态的见解上，她对美国共和、民主两党的政策，前总统特朗普的政见都有非常正确客观的认识，远高于大多数人。她很坚持她自己的观点，我常常会请教她。因为我们观点接近或相同，我们有共同语言，成了真正的忘年之交、莫逆之交。维纳认为我们相识相知是缘分，这缘分很深，绝非偶然，下一辈子或再下一辈子，我们还会相遇、相识、相知。

维纳的观念我很感兴趣，很神，下辈子或再下辈子的事情我可不知道，下辈子我不姓程，她不姓冯，相见不相识，友谊要重新开始，如何相遇，又如何相识，这太神了。但我希望我们缘分很深，朋友如维纳者，一生中能遇上一位便是大幸。心里想有一位观念如此相同的朋友，是可遇而不可求的。维纳为人完全脱俗，如今世俗女性的爱好和追求，她是几乎不沾边的，她不尚名牌，她不施脂粉，因而我们交谈的内容没有使我不知如何对答的，我们有年龄差别，但我们没有代沟。我们不可能成为同学，也没有成为同事，缘分如何安排我们相识呢？我在妻子病榻旁遇见维纳，这便是缘分的安排，在我们不知不觉的情况下安排我们相见相识了。

四

我的朋友多，我喜欢朋友，重视朋友之间的感情。我写的书的内容，一半以上是叙说朋友间的故事，写到最后了，回顾一生还是回想起许多朋友的故事。而写到最后仍叫我念念不忘的正是我最想念的朋友。

人与人之间的非亲属关系，包括同学、同事、邻居和朋友，朋友是最友好、真诚和亲密的。人与人之间因为成了同学或同事而相识，相识后因为观念相同、爱好一致而成为深交的朋友。真正的朋友关系是高尚的、纯真的、稳固的，是人间关系中最尊贵无价的。

我的朋友中，我的高中同学和大学同学是重要的组成，同学之间的感情是纯洁的。我最难忘的是整个大学期间都和我在一起的金耀庭，他不仅是朋友，他是挚友，他是我的兄弟。他离世后，他的遗孀向虹时常给我发微信，就是因为耀庭和我情同手足，向虹深知耀庭不在了，但和我的友谊不会断了。

然后在我工作以后，同事中间的一部分成了朋友，有一小部分成了莫逆之交。我在前面讲述的故事中，失联五十年又重新联络上的叶宏儒，我们不失时机地于 2019 年 10 月约在天津重聚。

何发复由港北上，我由美西渡，不失天时在疫情暴发之前实现了我们三方重聚的愿望，诚是我们真诚的友情感动了上苍，才有如此美好的安排。也让我能到西安和一大批以前的同事和学生重聚。见一面都是不容易的，如技校老师王世林、王颂汤、那荣华、左春晖等，都是一别五十年没有见过面的。我的中学学生中有个白桦四十多年没有见面了，我一直在挂念着的，也是特别的缘分，2019 年终于重聚。

我在技校执教，学生三百，初上技校年十五,三年前重聚年七旬。当年的学生，现在都是朋友。中学执教，学生逾千，我送他们上考场时，他们年十八，现在他们退休了，年六十，也都是我的朋友。他们都青出于蓝而胜于蓝，这些朋友使我感到骄傲。

然后我到了美国，在美国又交了许多新朋友，因为我的职业原因，结交社会各界，因此朋友面很广，朋友很多。

社会活动多了，照片也多了。我来美国后，每年留影数百张，逐年收藏在相册内，积累了一大堆。退休后我静下来，感到这一大堆太多、太重、太占地方，于是把所有照片揭下来，又买了一批插入式的新相册，不按年份，而按内容分册，“朋友”还是主题。我有四本相册的内容是各类朋友，分别是挚友、文友、艺友和报友，每册精选二百张。另有两册不是朋友，而是名人，有美国的总统、加州的州长、旧金山的市长；有中国的外长李道豫，曾经的上海市长汪道涵、他的谈判对手辜振甫；有最负盛名

我晚年的好朋友，是人生中最重要、最亲近的人，后排左起马大京、郑培蒂、维纳、陈愉庆，坐我侧者为许世敏。马陈伉俪毕业于北大中文系，许郑伉俪毕业于北大外文系。

的电影演员孙道临、知名音乐指挥李德伦、中国的绘画大师吴冠中、程十发、吴作人、侯北人、娄师白等等，有中国最负盛名的摄影师郎静山，中国的排球名将郎平，所有这些人都是名人，但不是朋友。个别人例外，如周小燕、孙道临者，他们待我如朋友，保持通讯联络，是够交情的朋友。

国内的朋友呢，现在也可以很容易地在相册里找到他们，每次回国和国内朋友的留影，我也每次选择四百张装满两本相册。从二十一世纪开始，用手机拍照，废了胶卷，废了纸质的照片，也废了相册。2019 年回国，五大都市转一大圈，拍照以千计，都在手机里。我怕丢失了手机或不小心删了照片，便存储在计算机里，但我还是比较喜欢传统的，有自己精选的相册最好。

这世界不知不觉中变成现在这个样子，我不大喜欢。我情愿生活在唐朝，家居于长安，生活慢吞吞。维纳说生活在宋朝更好，因为词比诗美。如果生活在南宋，家居杭州，山外青山楼外楼，真美。唐宋年代，朋友不会很多，也不需要一本厚厚的通讯录。现在通讯渠道太多，我查一查有多少朋友：

第一，我有一本传统的纸质通讯录，我仔细地数了一遍，共有 220 个人的通讯地址、电话号码和一部分人的网址。

第二，2017 年我的《穿越三个世界》出版，当时我在上海通过邮寄赠书 177 册，四年多时间内在美国赠书 372 册，我全部列出收书人的清单，也有地址。

第三，手机里的通讯朋友有三部分，通过 WeChat 个人有 221 人，加入群的有近百人。通过 Messages 有 82 人，还有通过脸书的数以百计，无法点清。总的来说，朋友逾千，保持着联络的至少有一半，五六百以上，但无法给一个准确的数字。

五

回顾一生，说了不少，但没有精彩的内容，原因是我的一生平平淡淡，根本没有什么精彩。反过来说，如能平平淡谈过一辈子，既无功亦无过，岂不甚好。我只想做个最平常的人，过非常平常的一辈子。看来这个愿望是基本达到的了。

中国有位很有独特见解的经济学家张维迎写了一本书，书名为《人生是一连串的偶然》。我很赞同这个观点，人一生下来就落入无穷无尽的偶然之中。我们每跨出一步，却不知道走一百步以后到达何处，更不知道走一千步以后进入一个什么境界，一路上处处都是意想不到的偶然，现在快到人生终点的我，大可不必介意过去走过的路如何如何，不必想当时作另一种选择是不是会美好得多。幸亏有我的祖父对我宽松，有我的父亲对我臂长莫及，我就由一个个的偶然带领我一生，非常好，特别好，至少我现在还健康地生活在不断发生的偶然中。

不论是在当学生时期，还是在当教师时期，或是两者之间的当“干部”时期，无功不受禄，我没有得过任何奖，没有奖状，没有锦旗，墙上干干净净，这一点不用我解释，大家都很容易理解。职业生涯的后半场，到了美国，当编辑，做新闻，墙上仍是干净的，一直维持到 2001 年的最后一天。

2001 年 12 月 31 日，旧金山市市长布朗 Willie Brown 在他的办公室颁给我装在镜框里的证书，宣布这一天为旧金山的程怀澄日。这不是奖状，我并没有在任何某一个方面立功，这种宣布是比较虚的，既不是经过比赛的，也不是经过评选的，只不过是市长高兴，把旧金山的这一天给了我。其实我除了得到这张纸以外，也没有得到任何实惠的东西。我的妻子阿兰和我站在市长身旁照相时，她笑得灿烂，以夫为荣，补偿了她长久的委屈，这一点是我最感快乐的。第二天我们自己的报纸在本地版的头版报道这个消息，再没有其他报纸给点面子。倒是上海的《新民晚报》当作华人的好消息见了报，于是有了很实惠的好处，我的约大新闻系同学郭慧秋、朱炎仁终于知道了我的下落，联络上了我。这二十年我们一直保持着联络，尽管三人三地，远隔重洋。我还有一个额外的收获，前往市政府采访这一活动的记者，是早一日刚刚聘请的新记者，她上班第一天采访我在职的最后一天，从此她成了我的又一个忘年之交，我们的友谊维持二十年了，我有聚会的活动一定不会忘了她，她叫卓肇君。

我的两位圣约翰大学新闻系同学朱炎仁和郭慧秋终于知道了我的下落，从此我们保持着联络，生怕再断了线。

六

没有勋章，没有奖状，也没有锦旗。不是英雄，不是模范，也不是冠军。什么都没有，什么都不是，但是有人给我一个最美满的嘉奖，她说我是人生的赢家。这个嘉奖我喜欢，这个嘉奖比较软性，充满人情味，人的一生最后是赢家，还有其他追求吗？

说这话的是我的一个学生，非常聪明的人。我在西安主持第一期重点班时，她是同学中年龄最小的一个，大多数学生 1960 年生，她生于 1961 年，高考结果她榜上有名，进了陕西师范大学物理系，本科毕业以后，她又考进上海复旦大学物理系研究生班，得到硕士学位后来到美国西雅图，就读华盛顿大学，主修会计。物理转会计，跨度很大，不知她当时怎么想的。她叫郑文杰，个子小小的，智商极高。一般来说，矮小的人特聪明，你不妨盘点一下你周边的人，看看这是不是一个规律。文杰读了这么多年的物理，可是余生没有消耗在实验室里，而是消磨在房地产市场上，做得很成功。聪明的人做什么都出色，这是一定的。文杰是我的学生中唯一在美国安家立业的，自然成了我的亲近的朋友。2018 年到 2021 年的三年中，她南下金山看我三次，每次都说我是人生的赢家，让我好开心。

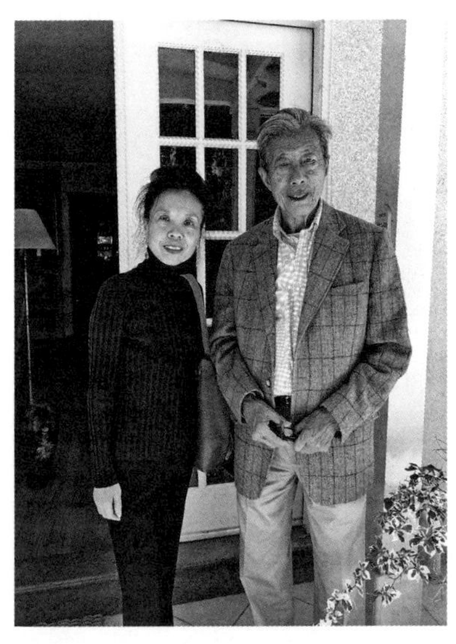
我的学生郑文杰，她给了我一个最高的荣誉“人生的赢家”。

是不是人生的赢家呢？很难说，达到什么标准可称人生赢家？没有一个硬指标。我没有显赫的地位，没有丰厚的财富，人与人比我唯一可以说赢的是健康长寿，我现在跨进九十四岁，九十岁以上者为人口的百分之零点六，我现在处于千分之一的尖端上。

百岁寿星是人瑞，接近百岁可以称准人瑞吧，我正在努力走向准人瑞的路上。离开真正赢还有一段路呢，我希望能够真赢，我一定尽力而为之。

对于人生的赢家之说，我还有一点想法，人生赢家主要是自我感觉，一个人如果对自己的人生感到满意、感到幸福、感到无憾，那就算赢了。想想我一生的各个方面，特别是进入晚年后的各个方面，我很满意很幸福，可算是我的人生没有失败，那就算赢了吧。

七

既然我喜欢“人生赢家”这样的嘉奖，我就说说我在哪些方面赢了。自己夸自己，这叫吹嘘，有点不好意思，这一点我明白。

我一生中最关键的一次赢是赢在我最坎坷的时候。人生总难免遇到坎坷，如何解脱、如何改变命运则完全在于自己怎么去正确对待。首先要有正确的认识。千万不要一遇到坎坷，跌倒了再爬不起来，那一生就输光了。

我最大的赢是赢在 1957 年，那年我二十八岁，正值人生最重要的年龄段。那一年多少人倒下了再没有站起来，但我站起来了，而且比原来站得更自信，更发挥我的潜力。在自我奋搏中，除了我自己的努力，便是靠我的妻子阿兰的默默支持。我现在回忆那许多年是真不容易的，我不容易，阿兰更不容易。没有经历过的人体会不到，那压力有多大。我只是一个小小的生命，面对着巍峨的泰山。所有的小小生命都不可能赢过泰山，但可以赢过自己的脆弱，重新站立起来。

我在 1982 年初出国，离开我任教的三中之前，我为学校做了两件事，为学校领导排忧解难，使我走得也心安。第一件事情发生在 1975 年，全校最乱的一个班发生一件相当严重的意外，一名捣蛋的学生从窗外飞一块砖头进教室，正中班主任林老师的后脑，林老师当即倒地不省人事。祸闯大了。林老师急送医院抢救。突然发生如此严重的事，摆在魏校长面前要急办的工作很多，这个最乱的班得有个人管起来。据说魏校长向多位老师提出去接乱班班主任的工作，无人接受。魏校长想起了我，传话要我去见他。我立即想到是要用我应急，我当即决定接受校长之托，当时我只想到一句话：士为知己者死，你有困难想到我，我怎么可以拒绝？所以校长话一出口，我立即说我尽责。

当时还在“文化大革命”中，有一批学生无法无天，我要捣蛋的学生服，不能软而要硬。当时我还是摘帽右派，帽子还在群众手里，我对我的处境很清楚，但我愿意帮校长解忧，我可以不计个人得失。有一天教室内大乱，几个捣乱学生正大打出手，好学生躲避在一旁。我踏入教室见此情景，立即出手，一把抓住捣乱的头头，使尽全力将他向一排课桌推去，只听到哗啦啦一片响，那个学生倒在那儿。我立即宣布，大家把课桌放好放整齐，统统坐下，刚刚发生的乱象以后不准再有。我的行动使捣乱学生感到意外，也使好学生感到意外，不得已，我以暴制暴，这个乱班从此太平了。而那个被我一把推倒的学生是邻厂保卫科科长的儿子，“我的爸爸是李刚”就是他的心态。我一动手，告诉全班同学，我是不怕“李刚”的。后来这个最乱的班成了好班，在防地震中负责全校的值班工作，成了先进班。

又过了两年，到了1978年底，恢复高考，学校对本校学生的升学问题，没有任何行动，结果全军覆没，学校吃了个鸭蛋。我见此情况，觉得必须有所行动。我想唯一可行的办法，也就是把学习底子比较好的学生集中起来，组成重点班突击补课。我决定向校领导建议，我也想好如果我去建议，这份工作一定又落在我的头上。果然如此，书记听完我的建议之后，立即表示赞同，而且说这个任务就交给你了。于是我在中国的最后两年半，忙于办好重点班。这两年半我很累，特别是第一个半年。学生不分昼夜地上课、考试，我也不分昼夜地备课、策划。结果第一期三十名考上大学，引起轰动，要知道当年考大学是百里挑一的。当时我还是摘帽右派，帽子拿在群众手里。接下来的第二期又有三十多名学生考上大学。我感到心安，我将要出国，我对学校、学校领导和教师同事们，同学们和他们的家长尽了我的心。

我出国前做的这些事，正好证明1957年我的三点想法付之于行动，第一我绝对不是右派，第二我用言行来证明，第三我的人生要过得精彩。我的认识是完全付之于行动的。因而我一丁一点地赢了，这个过程长达二十五年，我一生中最精力充沛的二十五年。

我要补充一点，我的所有想法和行动，我的全部努力和拼搏，都得到我的妻子的全心全意的支持。她是多么地高兴和骄傲，她的丈夫是个真正的男子汉，敢作敢为敢当赢家。

八

1982 年是我一生中的分水岭。从东方世界到西方世界，在初步安定下来后，我给自己作了三点规定：第一，各个方面都尽我努力；第二，任何方面都不能出错；第三，任何机会都不要放弃。

从 1982 到 2002 年，我在星岛日报工作。回顾一下，做新闻二十年，没有出过错误，没有给报社带来麻烦。1982 年我进星岛日报社，每天做本地新闻一版；1991 年我任星岛日报美西版总编辑，旧金山星岛每天做美国新闻十八版。发行量增加二十倍，成为美国西部发行量最大的华文报纸。星岛的突飞猛进主要归功于社长刘世添和一个好班底，但报纸的服务靠新闻，我主持的编辑部尽了最大努力。

在新闻工作以外的时间，我做了大量介绍中国文化艺术方面的活动，办了多次中国一流画家的画展，办了中国顶尖得奖歌唱家的音乐会，介绍许多中国艺术家给美国社会。社会上有各种活动，我尽可能参加。业余生活过得很丰富。

九

人的一生中，可以赢许多：赢了比赛、赢了决斗，赢了时间、赢了机会、赢了金钱、赢了地位。不过所有这些赢了又如何？都可能是一场空。唯有赢了友谊、赢了感情，才是珍贵的。我有成千的朋友，每一位朋友和我的友谊如星星般放着光，而上千朋友的友谊，汇成一片，便是一大片光明。我很享受友谊带给我的快乐、温暖和光明。

我有一个正统的、厚道的、善良的家族，现在我的家族成员人数大约一百五十人，我和所有家族成员保持着良好的关系。如今我是整个家族中年龄最大的。

我的小家庭现在是十口之家，宝字辈是宝平和露露，他俩是家庭的中坚。与我的关系是最好的父子父媳关系，很大程度上像朋友，现代父子关系最高境界便是如同朋友，我们做到了。昌字辈有昌宁、昌安、昌宓、昌宇、昌宾和昌守，孙媳英达，现有四孙子、二孙女、一孙媳，日后六人发展成十二人。与先辈比，曾祖有七孙子、一孙女，祖父母有十孙子、十四孙女，我远不能

我的小家庭成员十人 2021 年 8 月团聚时合影。左起昌宇、英达、昌宁、怀澄、昌宓、露露、昌守、昌安、昌宾、宝平。

及，但现在家族中、亲友中竟无人超越我，这一点我赢了。

我在年届九旬的年龄，写作出版了两本书，详述了家族的发展史和家族成员的各方面信息，为杭州义井巷程氏这一支赢得了一份记录。

点点滴滴的碎碎小小的作为，拼成一个赢字，我真想做人生的赢家呢。别笑话我，一辈子没有当英雄模范，只想当个赢家。文杰说我是人生赢家，逗我开心。知我者，文杰也。人生进入最后阶段，仅此小小期盼，再无奢求，可以谅解吧。

十

我的故事接近结束了，我最后决定把这本书的书名定为《穿越三个世纪》，和前一本《穿越三个世界》仅一字之差。

真正能穿越三个世纪的人是极少极少的真正的人瑞，此人必须出生在某一个世纪之末，此人健康地度过紧接着的整个世纪，也就是整整的一百年，然后又跨入再一个新世纪，此人进入第三个世纪了。这样的人瑞是有的，但真的极少极少。

我出生于二十世纪二十年代，现在是二十一世纪二十年代，我只经历两个世纪，不可能经历三个世纪，但我写了许多十九世纪的事情，有我曾祖父的故事和我祖父的故事，约占全书的五分之一，所以用《穿越三个世纪》作书名亦无不妥。

这两册《穿越》书名都用了“三个”，但篇章用了不同的数字。前一册分三篇，每篇有九章，共二十七章，是三的立方，后一册分五篇，每篇五章，共二十五章，是五的平方。我谑称我的这两本拙著为“三立方”和“五平方”。哈哈，我这种想法和做法是深受我的祖母的影响。我的祖母表面对我冷淡，心里是关心我的，让我跟随在她身边，观察她的一举一动，她的一丝不苟、追求完美的精神深深地影响了我。我的祖母是我终生的偶像，无人可以取代的典范。

最后我要说的是：我的运气真的很好。谢谢编者，谢谢读者。

图书在版编目(CIP)数据

穿越三个世纪 / 程怀澄著. —上海: 文汇出版社, 2022. 11

ISBN 978-7-5496-3926-7

Ⅰ. ①穿… Ⅱ. ①程… Ⅲ. ①家族—史料—中国 Ⅳ. ①K820.9

中国版本图书馆CIP数据核字(2022)第221182号

· 文汇新观察丛书 ·

穿越三个世纪

著　　者 / 程怀澄

责任编辑 / 黄　勇
特约编辑 / 建　华
封面装帧 / 张　晋

出版发行 / **文匯出版社**
上海市威海路755号
(邮政编码200041)
经　　销 / 全国新华书店
排　　版 / 南京展望文化发展有限公司
印刷装订 / 上海颛辉印刷厂有限公司
版　　次 / 2022年11月第1版
印　　次 / 2022年11月第1次印刷
开　　本 / 890×1240　1/32
字　　数 / 380千字
印　　张 / 13.75

ISBN 978-7-5496-3926-7
定　　价 / 78.00元